Trennungskinder

AF636365

In Erinnerung an den Freund
und Kollegen Jesper Juul

Claus Koch

Trennungskinder

Wie Eltern und ihre Kinder nach Trennung und Scheidung wieder glücklich werden

Patmos Verlag

VERLAGSGRUPPE PATMOS

PATMOS
ESCHBACH
GRÜNEWALD
THORBECKE
SCHWABEN
VER SACRUM

Die Verlagsgruppe
mit Sinn für das Leben

MIX
Papier | Fördert gute Waldnutzung
FSC® C083411

Die Verlagsgruppe Patmos ist sich ihrer Verantwortung gegenüber unserer Umwelt bewusst. Wir folgen dem Prinzip der Nachhaltigkeit und streben den Einklang von wirtschaftlicher Entwicklung, sozialer Sicherheit und Erhaltung unserer natürlichen Lebensgrundlagen an. Näheres zur Nachhaltigkeitsstrategie der Verlagsgruppe Patmos auf unserer Website www.verlagsgruppe-patmos.de/nachhaltig-gut-leben

Bibliografische Information der Deutschen Nationalbibliothek
Die Deutsche Nationalbibliothek verzeichnet diese Publikation in der Deutschen Nationalbibliografie; detaillierte bibliografische Daten sind im Internet über http://dnb.d-nb.de abrufbar.

Alle Rechte vorbehalten
© 2024 Patmos Verlag
aktualisierte Neuausgabe des 2019 mit gleichem Titel erschienen Buches
Verlagsgruppe Patmos in der Schwabenverlag AG, Ostfildern
www.verlagsgruppe-patmos.de

Umschlaggestaltung: Finken & Bumiller, Stuttgart
Umschlagabbildung: © shurkin_son/shutterstock
Gestaltung, Satz und Repro: Schwabenverlag AG, Ostfildern
Druck: CPI books GmbH, Leck
Hergestellt in Deutschland
ISBN 978-3-8436-1559-4 (Print)
ISBN 978-3-8436-1202-9 (eBook)

Die Geschichte von Vater und Mutter,
warum hört die niemals auf?

PETER HANDKE

Inhalt

Einleitung

Kinder und Jugendliche getrennter und geschiedener Eltern treffen wir überall. Bei unseren Freunden, Verwandten und Bekannten, bei Nachbarn, in Kitas und Schulklassen, in Sportvereinen und auch auf Reisen, wenn Züge sie manchmal über große Entfernungen hinweg am Wochenende zu ihrem Vater oder ihrer Mutter bringen. Ihre Anzahl lag allein im Jahr 2023 bei etwa 110.000, hinzukommen noch die Kinder von Paaren, die nicht verheiratet waren und sich trennen und in keiner Statistik erfasst werden. Berücksichtigt man nur die letzten zwanzig Jahre, haben wir es also mit fast drei Millionen Scheidungskindern zu tun, was der Einwohnzahl einer Millionenstadt entspricht. Mit anderen Worten: Trennungskinder und ihre Eltern sind im Gegensatz zu früher alles andere als eine »Randgruppe«. Auch dies ein Grund, dass ich mich als Psychologe und in meiner therapeutischen Arbeit seit vielen Jahren mit der Frage beschäftige, wie Kinder und Jugendliche auf die Trennung ihrer Eltern reagieren und sie verarbeiten und welche Spuren das Trennungsgeschehen in ihrem Leben »danach« hinterlässt.

Das vorliegende Buch habe ich nach Durchsicht zahlreicher wissenschaftlicher Artikel, die dem neuesten Forschungsstand entsprechen, und nach vielen familientherapeutischen Beratungsgesprächen geschrieben. Dazu kamen Workshops und Vorträge, bei denen ich von teilnehmenden Eltern und Fachleuten immer wieder neue Facetten des Trennungsgeschehens kennenlernen durfte. Und schließlich habe ich mit vielen Trennungskindern gesprochen, die in diesem Buch, wenn auch unter anderem Namen, zu Worte kommen. Dabei wurde mir immer bewusster, dass Trennung und Scheidung vielschichtige Prozesse sind und es keine »einfachen« Lösungen gibt. Trennung und Scheidung ihrer Eltern erleben Kinder und Jugendliche ganz unterschiedlich, wobei auch die bislang in ihrer Familie gemachten Erfahrungen im Zusammenleben mit ihren Eltern eine bedeutende Rolle spielen. Andererseits ergeben sich Gemeinsamkeiten, wie Kinder und Jugendliche die Trennung ihrer Eltern am besten verarbeiten und bewältigen können. Werden einige wichtige Grundsätze und Verhaltensregeln eingehalten, werden Trennungskinder später zu der großen Mehrheit derer gehören, die sich im Erwachsenenalter in vielerlei Hinsicht kaum noch von denen unterscheiden, die in traditionellen Familienzusammenhängen aufgewachsen sind.

In diesem Buch geht es mir darum, möglichst vielen Kindern und ihren Eltern zu helfen, die Zeit der Trennung und danach *gemeinsam* gut bewältigen zu können. Dabei gilt es, was leider nur selten der Fall ist, vor allem *die Perspektive der Kinder* einzunehmen. Auch die wechselnden Stimmungen der Eltern, in denen ihre Kinder sich spiegeln, spielen eine wichtige Rolle. Aber einfache Ratschläge, die hauptsächlich den Trennungsstress der Erwachsenen im Auge haben, helfen nicht weiter und werden besonders den Gefühlen der Kinder nicht gerecht.

Trennungskinder begegnen uns nicht nur ständig in unserem Alltag, sondern auch in zahlreichen Büchern und Filmen, und dies nicht nur, weil es sie so häufig gibt, sondern auch, weil sich über ihr Schicksal gute und spannende Geschichten schreiben lassen. Zahlreiche Biografien handeln davon, wie das eigene Leben durch die Trennung der Eltern durcheinandergewirbelt wurde, wie sich von einem Moment auf den anderen eine neue Welt auftat, in der sich alles veränderte, das eigene Leben und das der anderen. Romane blicken zurück auf die Kindheit und erzählen davon, wie die Trennung der Eltern den weiteren Lebensweg ihrer Kinder bestimmt hat. Sie erzählen, häufig aus Sicht eines Kindes, von Gefühlen von Leere, Verlassenheit und Verzweiflung, aber auch von Mut, Hoffnung, Durchhaltevermögen und Zuversicht besonders dann, wenn die betroffenen Kinder die Zuneigung und Liebe beider Eltern oder eines Elternteils weiter erfahren haben. Spannende Filme verfolgen Spuren einer Trennung, die das zukünftige Leben ihrer Hauptdarsteller immer wieder von Neuem durchkreuzen. Und viele Trennungskinder erkennen sich in allen diesen Schilderungen wieder, weil sie als Kind oder Jugendliche dasselbe Schicksal geteilt haben. Auch Eltern denken oft an die Zeit ihrer Trennung zurück, weil der Entschluss, sich vom einst geliebten Lebenspartner und oft auch den eigenen Kindern zu trennen, das eigene Leben so nachhaltig verändert und maßgeblich beeinflusst hat. Menschen, die Trennung an ihrem eigenen Leib erfahren haben, ob als Kinder oder als Eltern, reagieren eben besonders aufmerksam und sensibel auf die Berichte und Erzählungen derer, in denen sie sich zum Teil selbst wiederfinden.

Um verstehen zu können, warum Trennung und Scheidung der Eltern zu den prägendsten Erfahrungen im Leben von Trennungskindern gehört, hilft uns der Blick auf die frühe Kindheit. Kinder, diese Erfahrung machen alle Eltern, kommen »unfertig« auf die Welt und sie brauchen noch lange ihren Schutz und ihre Nähe. Ihre ersten Blicke, die sie auf uns richten, ihre ersten Gesten und später ihre ersten Worte suchen uns und hoffen inständig auf unsere Bereitschaft, sie entsprechend wohlwollend in der Welt, in die sie hineingeboren wurden, zu empfangen. Sie strecken ihre Ärmchen nach uns aus und wir nehmen sie auf in unsere Welt, die immer mehr auch zu ihrer Welt wird. Kaum geboren, sehen sie uns an und vertrauen darauf, dass wir unseren liebevollen Blick auf sie richten. Ihr erstes Lächeln berührt uns wie kaum eine andere Gefühlsäußerung zuvor und wir lächeln zurück.

Wenn ein Kind auf die Welt kommt, wollen wir Eltern ihm unsere ganze Liebe schenken. Die Natur hat es so gewollt. Wie von allein stellt sich so ein Band her, das wir als Eltern fortan so fest wie möglich knüpfen wollen, damit es niemals reißt. So entsteht, was Psychologen und Bindungsforscher »Bindung« nennen. Sie ist lebensnotwendig für jedes Kind. Und nahezu alle Eltern wünschen sich, dass sie ein Leben lang hält. Fast automatisch bemühen wir uns, unserem Kind Geborgenheit zu geben, und sind stolz, wenn es sich schon in seinen ersten Lebensmonaten offensichtlich nach uns sehnt und dann später, wenn es die ersten Schritte allein zurücklegt, sich nach uns umdreht, um damit zum Ausdruck zu bringen, dass es uns immer noch braucht und um unsere Präsenz fürchtet. *»Wenn ihr da seid, dann fühle ich mich sicher, dann kann ich die Welt nach und nach für mich selbst erobern«* – dieses grenzenlose Vertrauen, das ein Kind seinen Eltern entgegenbringt, genießen wir und wollen, dass es niemals aufhört und ein Leben lang weiter besteht. Eltern wollen die Welt für ihre Kinder zu einem guten Ort machen.

Inmitten dieses Geschehens, in dem wir die ersten Lebensjahre unserer Kinder genießen, treffen viele Eltern die Entscheidung, sich scheiden zu lassen. Und sagen ihren Kindern, dass sie fortan getrennte Wege gehen werden. Oft zögern sie den Zeitpunkt, ihnen diesen Entschluss mitzuteilen, immer wieder hinaus, ganz einfach deswegen, weil es so schwerfällt, ihnen diese Botschaft zu überbringen. Eltern, die doch immer nur das Beste für ihr Kind oder ihre Kinder wollten, sich um sie Sorgen machten, dass ihnen nichts Schlimmes passiert, fühlen sich oft schlecht dabei, das Vertrauen ihrer Kinder mit ihrer Trennung jetzt so auf die Probe zu stellen. Denn sie wissen, dass sie mit ihrer Entscheidung ihren Kindern gleich welchen Alters und ganz unabhängig davon, wie sie sich selbst gerade fühlen, ein Leid nicht ersparen können. Sie wissen und erfahren, dass bis auf wenige Ausnahmen *alle* Kinder, besonders aber die jüngeren, *aus ihrer Perspektive* wollen, dass ihre Eltern zusammenbleiben. So wie es ganz am Anfang war, als sie auf die Welt kamen und sie sich auf beide Eltern verlassen konnten, so soll es für sie bleiben. Kinder sind diesbezüglich konservative Wesen. Glückliche Scheidungskinder gibt es selten, aber Scheidungskinder können wieder glücklich werden, so die zentrale Botschaft dieses Buches.

Dafür stehen die Chancen nach allem, was wir heute wissen, gut. So ist die Trennung von Eltern heutzutage für die allermeisten Kinder kein Makel mehr. Wenn ihre Eltern die vielfältigen Herausforderungen, die sich zum Zeitpunkt ihrer Trennung und danach stellen, für sich annehmen und ihnen nicht aus dem Weg gehen, werden sie damit belohnt, dass ihre Kinder ihren Kummer und ihre häufig empfundenen Verlustängste und Ohnmachtsgefühle schon bald besiegen können. Dann geht die Welt nicht unter, wie es viele Kinder zunächst befürchten. Und auch für die Eltern eröffnen sich in der Beziehung zu ihren Kindern schon bald neue Perspektiven, die ihnen helfen, die Trennung gut und selbstbewusst zu überwinden. Übergänge und Lebenskrisen können immer auch positiv gewendet werden und schärfen oft sogar den Blick auf das Wesentliche, auf das, worauf es im Leben wirklich ankommt. Übergänge und Krisen bringen uns unseren Gefühlen, die so häufig von alltäglichen Aufgaben verdeckt werden, wieder näher. Und manchmal bringt uns eine Trennung sogar wieder näher zu unseren Kindern, weil wir in der Krise entdecken, wie wertvoll sie für uns sind.

Aber es gibt auch eine Kehrseite. Väter, selten die Mütter, verlieren nach und nach den engen Kontakt zu ihren Kindern. Andere Paare streiten sich vor Gerichten und stürzen ihre Kinder in unerträgliche Loyalitätskonflikte und Zerreißproben: Oft pendeln diese Kinder später in ein Leben hinein, das ihnen immerfort unsicher vorkommt und in dem ihnen das Vertrauen zu sich selbst und in andere durch die Trennung ihrer Eltern abhandengekommen ist.

Jede Trennung bedeutet einen Schritt ins Ungewisse. Das Leben muss neu organisiert werden, Zukunftsängste und Verlustängste stellen sich sowohl bei den Kindern als auch bei den Eltern ein. Sie aber gilt es jetzt *gemeinsam* zu überwinden. Und die Voraussetzungen dafür sind für jedes Kind anders. Dem einen fällt die Trennung leichter als der anderen. Das eine Kind schöpft schneller wieder Lebensmut als das andere. Einige trauern länger, andere kürzer um das verlorene familiäre Glück, selbst wenn es keines war. Auch die Erwachsenen reagieren ganz unterschiedlich. Eine übernimmt mehr Verantwortung als eine andere, einer leidet, der andere bagatellisiert. Viele Trennungen verlaufen asymmetrisch, da gibt es Gewinner und Verlierer, Täter und Opfer. *Und dennoch fällt die Trennung den meisten Erwachsenen leichter als ihren Kindern.* Denn sie bleiben, im Gegensatz zu ihren Kindern, trotz Trauer und Wut, trotz Ängsten und Einsamkeit die handelnden Akteure. Sie sind es, die *für sich* beschlossen haben, sich zu trennen. Die Kinder aber sind dieser Entscheidung ohnmächtig ausgesetzt, denn es bleibt ihnen gar nichts anderes übrig, als sie zu akzeptieren, ganz gleich, ob die Gründe ihrer Eltern aus ihrer Sicht berechtigt oder unberechtigt sein mögen.

Weil sie, die Kinder und Jugendlichen, bei der Trennung ihrer Eltern eindeutig den schwächeren Part einnehmen, habe ich dieses Buch also hauptsächlich aus *ihrer Perspektive* geschrieben, was offensichtlich keine Selbstverständlichkeit ist. In einem kürzlich erschienenen Buch zum Thema Trennung und Scheidung mit dem vielversprechenden Titel »Trennung ohne Drama« werden die Sicht und Gefühle der Kinder wie nebenbei erwähnt, ganz im Vordergrund stehen Ratschläge und Tipps, wie *die Erwachsenen* mit den nun eintretenden »familiären Veränderungen«, wie es dort lapidar heißt, am besten fertig werden können. Natürlich nötigt der Entschluss, sich zu trennen, auch den Eltern gegenüber Respekt ab, gerade wenn sie sich bewusst sind, dass ihre Kinder darunter leiden werden. Und tatsächlich wollen die meisten Eltern alles unternehmen, damit es ihren Kindern trotz Trennung und Scheidung möglichst bald wieder gut geht. Sie treffen mit dem Entschluss, sich zu trennen – zumindest in den meisten Fällen – eine für sie stimmige Entscheidung, wollen sich nicht länger verstellen, wollen die Kinder mit ihrem ständigen Streit nicht mehr belasten, wollen mit ihrer verloren gegangenen Liebe nicht länger am Leben vorbeileben. Aber sie und nicht ihre Kinder haben beschlossen, sich zu trennen, und die Verantwortung, was sie für ihre Kinder daraus machen, liegt ganz bei ihnen. Dazu gehört zuallererst zu verstehen, was in den Kindern zum Zeitpunkt ihrer Trennung vorgeht. Nur so ist Unterstützung und nachhaltige Hilfe möglich.

Kinder lernen mit zunehmendem Alter, immer selbstständiger über ihr Leben zu bestimmen. Aber dafür brauchen sie lange das Gefühl von Schutz und Geborgenheit, von Respekt und Anerkennung und dies bis hinein in ihr Erwachsenenleben. Ich spreche in diesem Zusammenhang häufig von ihren existenziellen Bedürfnissen, die es zu wahren gilt. Ihr eigener Blick auf das Leben ist besonders in den Jahren der frühen Kindheit bis weit in ihre Pubertätszeit ein anderer als der Blick von Erwachsenen, die gerne rationalisieren, die gerne verdrängen und sich an ihren Pflichten und Aufgaben orientieren, die ihnen der Alltag stellt. Auch dies ein Grund, in diesem Buch immer wieder auf die Perspektive der Kinder und Jugendlichen zurückzukommen, darauf, wie *sie* die Trennung ihrer Eltern erleben und lernen können, gut damit umzugehen. Es ist für uns Erwachsene lohnend, die Augen dafür offen zu halten, denn der Blick eines Kindes auf die Trennung seiner Eltern ist häufig viel unverstellter als der eigene, und seine Gefühle sind näher an dem, was wirklich in ihm vorgeht, als unsere eigene Perspektive. Gerne flüchten wir uns als Erwachsene in rationale Begründungen und manche Rechtfertigungen, um im Alltag weiterhin gut bestehen zu können. Kinder aber erfahren Glück und Leiden noch ohne Filter, sie leben ganz im Augenblick. Sie sehen selten zurück und seltener nur nach vorn. Die Trennung oder Scheidung ihrer Eltern aber wird immer fester Bestandteil ihres Lebens bleiben. Die meisten von ihnen, darin sind sich die Forschungsergebnisse einig, können diese Lebensphase mithilfe ihrer Eltern gut bewältigen, viele sind sogar daran gewachsen und stark geworden. Und darauf können sie stolz sein.

Das vorliegende Buch gliedert sich in drei Teile. Es handelt vom Zeitpunkt der Trennung selbst, vom gemeinsamen Leben mit den Kindern davor und danach und schließlich von den bedeutendsten Faktoren, die dazu beitragen, dass Kinder wie ihre Eltern Trennung und Scheidung gut überstehen. Diese »Schutzfaktoren«, wie ich sie nenne, sind aus unterschiedlichen fachlichen Perspektiven, insbesondere der Bindungstheorie, die ich im zweiten Kapitel vorstelle, wissenschaftlich gut begründet und abgesichert. Einfache Lösungen oder »Rezepte«, die sich auf jede und jeden ohne Unterschied übertragen lassen, gibt es jedoch nicht. Nicht nur für Kinder ist jede Trennung eine einzigartige Erfahrung, die sich vom Erleben anderer Kinder unterscheidet, sondern auch für ihre Eltern. Jede Familie ist anders. Die von mir angeführten Beispiele sind authentisch, ich habe sie von Eltern, Kindern und Jugendlichen, aber auch von Erzieherinnen und Lehrern erfahren und erzählt bekommen. Lediglich die Namen und einige Äußerlichkeiten wurden verändert.

Dieses Buch soll über alle Aspekte des Trennungsgeschehens und wie es sich auf die beteiligten Eltern und Kinder auswirkt, informieren. Für einseitige Stellungnahmen ist das Thema zu komplex, weil ganz unterschiedliche Faktoren wirksam sind. Die in diesem Buch angeführten Forschungsergebnisse bestätigen dies und bieten wichtige Anhaltspunkte zum Verständnis individueller Trennungs- und Scheidungsbiografien sowohl bei Kindern wie bei ihren Eltern. Mein Buch wird die Risiken und Chancen von Lösungen aufzeigen und soll Eltern dabei helfen, Vor- und Nachteile des von ihnen gewählten Weges abzuwägen und zu sortieren. Es soll seinen Leserinnen und Lesern eine wertvolle Hilfestellung sein, dass alle ihr Leben nach einer Trennung oder Scheidung wieder gestärkt und voller Hoffnung auf eine gute Zukunft in Angriff nehmen können. Vieles spricht dafür, dass sich dann schon bald, besonders für die Kinder, eine neue Tür für ein glückliches Leben »danach« öffnen wird.

TEIL I: Die Trennung

1. Wenn Eltern auseinandergehen

Trennungskinder sind die neue Normalität

2023 wurden 129.000 Ehen geschieden. Laut Statistischem Bundesamt lag die Scheidungsrate bei etwa 30 Prozent, womit auf drei Eheschließungen rechnerisch etwa eine Scheidung kam. Die Anzahl der Scheidungen mit minderjährigen Kindern betrug etwa die Hälfte, insgesamt waren etwa 109.600 minderjährige Kinder von der Scheidung ihrer Eltern betroffen. Rechnet man die Kinder nicht verheirateter Eltern dazu, die in den amtlichen Statistiken nicht auftauchen, ergibt sich nach vorsichtigen Schätzungen eine Gesamtzahl von ungefähr 150.00 Kindern und Jugendlichen, deren Eltern sich 2023 getrennt haben. Kitagruppen und Schulklassen, in denen mehr als die Hälfte der Kinder mit einem Elternteil aufwachsen, sind in Großstädten keine Seltenheit mehr. In jeder fünften Familie wachsen heute ein oder mehrere Kinder mit nur einem Elternteil auf. Mit 2,27 Millionen tragen nach wie vor die Mütter die Hauptverantwortung, hinzukommen etwa 487.000 Väter, die ihre Kinder allein erziehen, Tendenz steigend.

Darüber, wie alt die Kinder zum Zeitpunkt der Trennung ihrer Eltern sind, liegen keine genauen amtlichen Zahlen vor. Allerdings gehen vorhandene Studien davon aus, dass sich die meisten Paare im Krippen- und Kitaalter ihrer Kinder bis hin zu deren ersten Schuljahren trennen, wohl auch deswegen, weil diese Lebensphase für frisch gebackene Eltern die deutlichsten Veränderungen auch in ihrer Paarbeziehung mit sich bringt. Durchwachte Nächte, damit einhergehender Schlafentzug und später die Schwierigkeit, Kind und Beruf zu vereinbaren, belasten viele Beziehungen. Die Intimität leidet, wenn jetzt ein neues Familienmitglied hinzugekommen ist, aus Männern werden Väter, aus Frauen Mütter. Man ist nicht mehr allein für sich verantwortlich und muss auf einen noch ganz unfertigen kleinen Menschen Rücksicht nehmen. Der in unserer

Gesellschaft allerorten propagierte Anspruch auf Konsum und Vergnügen trifft auf eine Wirklichkeit, die ganz anders aussieht und die in der Werbung selten realistisch, sondern meistens romantisch überhöht vorkommt. Hinzukommt, dass veränderte Rollenmodelle ebenfalls Verwirrung stiften. Waren bis Mitte des letzten Jahrhunderts allein die Mütter für die Fürsorge ihrer Kinder zuständig, hat sich dies, auch zum Vorteil der Kinder, bis heute grundlegend verändert. An die neue »Gleichberechtigung« müssen sich dennoch viele Paare immer noch gewöhnen. Auch die Beziehungsmuster zu den eigenen Eltern werden mit der Geburt eines Kindes oft wiederbelebt und scheinen sich in der neuen Partnerschaft manchmal zu wiederholen. Unterschiedliche Auffassungen in puncto Erziehung machen sich bemerkbar und führen zu Diskussionen und Abstimmungsprozessen, die in der Paarbeziehung bislang keine Rolle gespielt haben. Und manche Eltern werden mit der Verantwortung, die sie jetzt für ein Kind tragen, einfach nicht fertig, fühlen sich in ihrer Freiheit eingeschränkt: Gerade jüngere Paare haben dann das Gefühl, ihr Leben sei zum Stillstand gekommen. Statt das neue Glück zu genießen, sich an ihrem Kind zu freuen, an seiner Offenheit und Liebe, daran, wie es nach und nach die Welt für sich erobert, neugierig und immer bestrebt, etwas dazuzulernen, überwiegen plötzlich Zweifel an sich selbst und Zukunftsängste. Die unteilbare Liebe zu ihrem Kind, der Wunsch, ihm einen guten Start ins Leben zu ermöglichen, bleiben bestehen, aber die Beziehung zum Partner, zur Partnerin zerbricht. Es ist oft ein schleichender Prozess, der sich schon länger angekündigt hat, bevor die Partnerschaft endgültig aufgelöst wird. Eltern trennen sich aber nicht nur, solange ihre Kinder noch klein sind oder im »verflixten siebten Jahr« ihrer Beziehung, sondern in allen Lebensaltern ihrer Kinder, und zunehmend auch, wenn ihre Kinder bereits junge Erwachsene sind.

Die meisten Kinder von Scheidungseltern wachsen bei ihrer Mutter auf. Nahezu alle Eltern teilen sich heutzutage weiterhin das Sorgerecht, aber in manchen Fällen kommt es zu so schweren Zerwürfnissen, sodass sich langwierige gerichtliche Auseinandersetzungen um das Sorgerecht oder den Aufenthaltsort der Kinder anschließen. Ein Fünftel der Kinder verliert laut Zahlen einer Studie der Hertie School in Berlin den regelmäßigen Kontakt zu einem Elternteil. Es sind, aus unterschiedlichen Gründen, hauptsächlich die Väter, deren Kontakt zum Kind nach einiger Zeit und manchmal sogar völlig erlischt.

Andererseits hat sich gerade die Rolle der Väter und die Einstellung ihren Kindern gegenüber früheren Generationen positiv geändert. Auch wenn der alltägliche Umgang in den meisten Fällen noch ungleich verteilt ist, betreuen heutzutage viele von ihnen ihre Kinder liebevoll von Geburt an. Väter mit Babys vor ihrem Bauch oder mit ihren Kindern auf dem Spielplatz sind zum gewohnten Bild geworden. Aktuell spiegelt sich diese neue Vaterrolle in der Trennungs- und Scheidungsdebatte um das beste Aufenthaltsmodell für die Kinder wider: Väter wollen mehr Zeit mit ihren Kindern verbringen als jedes zweite Wochenende und zusätzlich einen Nachmittag in der Woche, wie es nach wie vor häufig die Routine und starre Regel ist. Sie machen sich für eine gemeinsame Erziehung stark, dem ab einem gewissen Alter besonders das sogenannte »Wechselmodell« entgegenkommt, bei dem sich Väter und Mütter wöchentlich abwechselnd um ihre gemeinsamen Kinder kümmern. In den skandinavischen Ländern ist es bereits besonders bei Kindern im Lebensalter zwischen 6 und 12 Jahren die Regel, bei uns wird es immer noch selten in dieser strikten Form praktiziert, auch wenn der Gesetzgeber diesbezüglich auf eine Lösung drängt, die allen gerecht wird.

Man braucht kein Scheidungsforscher zu sein, um sich über die Folgen von Trennung und Scheidung klarzuwerden. Aufgrund ihrer von Geburt an engen Bindung an *beide* Eltern bedeutet jede Trennung und Scheidung einen tiefen Einschnitt im Leben der betroffenen Kinder und Jugendlichen und gehört zu den prägendsten Erfahrungen in ihrem Leben.

Angesichts der hohen Anzahl von Trennungs- und Scheidungskindern müsste es eigentlich eine ganze Reihe von wissenschaftlichen Studien geben, die sich mit diesem Thema und seinen Auswirkungen beschäftigen, besonders damit, wie die Trennung oder

Scheidung der Eltern das Leben der davon betroffenen Kinder langfristig prägt. Aber so zahlreich das Phänomen auftritt und so offenkundig die Folgen selbst für den Laien erkennbar sind, desto erstaunlicher ist, dass sich die psychologische Forschung hierzulande, die doch sonst so bemüht ist, alles und jedes zu erklären, lange ausschwieg – im Gegensatz zu den USA und den skandinavischen Ländern. Erst jetzt häufen sich die Studien, wohl auch deswegen, weil mit Trennung und Scheidung verbundene gesellschaftliche Probleme immer offenkundiger wurden, sei es in erzieherischen Institutionen wie Kita und Schule oder auch im Zusammenhang mit der bereits erwähnten großen Anzahl von Alleinerziehenden. In München arbeitet das Deutsche Jugendinstitut (DJI) bereits länger an einer Langzeitstudie zu den Folgen von Trennung und Scheidung und im Oktober 2018 fand eine Internationale Bindungskonferenz in Ulm statt, die sich ausschließlich mit diesem Thema befasst hat.

Populäre Zeitschriften wiederum stellen, oft reißerisch aufgemacht, eher das Schicksal der Eltern und ihre Probleme in den Vordergrund und die innere Erlebniswelt der Kinder, die doch eindeutig das schwächste Glied in der Entscheidungskette sind, gerät dabei in den Hintergrund. Hinzukommt, dass eine Gesellschaft, in der sich meistens alles um Effizienz und materiellen Erfolg dreht, reibungsloser Abläufe auch im Privatleben bedarf. Kinder und deren Bedürfnisse werden dann eher als Störfaktoren betrachtet. Auch ihr unbedingtes Streben nach Sicherheit, Geborgenheit und elterlicher Präsenz lässt sich mit einer »Spaßkultur« oft wenig vereinbaren. Insgeheim überwiegt dann bei vielen die Hoffnung, dass der Preis, den die Kinder bei einer Trennung zu zahlen haben, nicht zu hoch ist.

Natürlich ist es heute kein Stigma mehr, Kind von geschiedenen Eltern zu sein, wie es noch bis in die 60er Jahre des letzten Jahrhunderts der Fall gewesen ist. Scheidungskinder machen die Erfahrung, dass viele ihrer Freundinnen und Freunde oder die Sitznachbarin in der Schule mit ihnen dasselbe Schicksal teilen. Das entlastet nicht nur sie, sondern auch ihre Eltern. Gleichzeitig schürt es Ängste. Wenn die Eltern Konflikte miteinander haben, sich streiten und sich gegenseitig vorwerfen, kaum noch Zeit für sich selbst zu haben, dann erzeugt dies nicht nur Schuldgefühle bei den Kindern, sondern auch ihre Sorge, dass sich ihre Eltern, wie so viele andere auch, demnächst trennen werden.

Trennung und Scheidung sind also, gerade weil sie so häufig vorkommen, zu einem »normalen« Phänomen geworden. Was im Gegensatz zu den Gefühlen der meisten betroffenen Kinder und Jugendlichen steht, die es zumindest am Anfang alles andere als »normal« finden, wenn ihre Eltern beschließen, fortan getrennte Wege zu gehen.

Glückliche Scheidungskinder gibt es nicht

Äußerungen wie die von Niklas (8 Jahre): »Ich wünsche mir, dass meine Eltern wieder zusammenkommen. Dafür würde ich dieses Jahr und auch das nächste Jahr alle meine Weihnachtsgeschenke zurückgeben«, oder die von Nelly (13 Jahre): »Ich wünsche mir, dass mein Vater seine neue Freundin verlässt und wieder bei uns einzieht«, beschreiben ganz gut den inneren Zustand der meisten Kinder von Eltern, die sich trennen: Kein Kind ist glücklich, wenn seine Eltern sich trennen. Fast alle Kinder wollen, ausgesprochen oder unausgesprochen, dass ihre Eltern zusammenbleiben. Familie steht hoch im Kurs. Auf die Frage: »Was ist für dich am wichtigsten?«, nimmt die Antwort »Familie« in nahezu allen Jugendstudien der letzten Jahre einen Spitzenplatz ein.

Die Gründe dafür, dass nahezu alle Kinder wollen, dass ihre Eltern zusammenbleiben, haben mit ihrem Wunsch nach Bindung, Sicherheit und Geborgenheit zu tun. Dieser Wunsch ist tief in ihnen verankert, darauf gehe ich im nächsten Kapitel ausführlich ein. Für Kinder geht, wenn ihre Eltern sich trennen, eben unwiderruflich eine Epoche zu Ende: Ihre Eltern mögen dabei eine Hälfte ihrer Welt (den Partner, die Partnerin) verlieren, die sie im Übrigen irgendwann durch einen anderen oder eine andere ersetzen können. Die Kinder aber verlieren ihre ganze Welt, da sie ihre Eltern immer als Einheit sehen. Schließlich sind sie als Dritte aus der Vereinigung ihrer Eltern hervorgegangen. Sie empfinden die Trennung ihrer Eltern in zwei fortan unabhängig voneinander existierende Hälften als »künstlich« oder von außen an sie herangetragen, als Riss, den sie, im Gegensatz zu ihren Eltern, mit keinem anderen Menschen mehr »ganz« machen können – und dies ein Leben lang.

Was nicht bedeutet, dass Scheidungskinder später im Leben diesen Riss nicht überwinden können. Sie können es immer dann, wenn ihre Eltern für sie weiterhin, wenn auch getrennt, gemeinsame Eltern bleiben. Dann haben sie sogar gegenüber jenen aus »normalen« oder traditionellen Familien durch die Bewältigung einer Krise an Lebenserfahrung gewonnen und können zukünftigen Problemen in ihrem Leben mit viel Selbstständigkeit und Mut begegnen. Auch sind die meisten von ihnen durchaus in der Lage, später langfristige Beziehungen mit ihrem Partner oder mit ihrer Partnerin einzugehen, die gerade wegen der eigenen Trennungserfahrung oft von großem Einfühlungsvermögen in den anderen geprägt, oft aber auch von der Angst begleitet sind, die Beziehung könne vielleicht doch, so, wie bei ihren Eltern, zerbrechen. Eine Sorge, die aber auch viele Paare aus traditionellen Familien angesichts hoher Scheidungsraten mit ihnen teilen. Sicher ist: Das spätere Glück der Trennungskinder hängt davon ab, ob sie die dafür notwendige Unterstützung ihrer Eltern und darüber hinaus auch ihres Umfelds erfahren, wenn ihre Mutter und ihr Vater beschlossen haben, getrennte Wege zu gehen.

Unter der Trennung leiden nicht nur die Kinder, sondern auch ihre Eltern

Nahezu sämtliche wissenschaftlichen Studien bestätigen, dass eine Trennung oder Scheidung auch für die meisten Eltern zunächst eine hohe psychische Belastung bedeutet. Dafür verantwortlich sind zahlreiche Faktoren, auf die ich später noch einmal ausführlich zurückkommen werde: die vorübergehende Instabilität im Leben, der Verlust der Partnerin oder des Partners mit der Folge, sein Leben jetzt allein in Angriff nehmen zu müssen, der Wegfall familiärer Geborgenheit, soziale Isolation, damit verbundene gesundheitliche Probleme, Geldsorgen und vieles mehr. Auch für Eltern ist die Trennung keine einfache Angelegenheit, auch wenn manche von ihnen gerne zu dem Mittel greifen, sie zu bagatellisieren, oft mit dem Hinweis, dass Trennungen heute ja gang und gäbe seien und sie nicht die Einzigen seien, denen das passiert.

Blickt man hinter die Kulissen und bohrt ein wenig tiefer, erweist sich diese Haltung, die Folgen einer Trennung vor sich und anderen zu verleugnen, oft als Schutzbehauptung, mit der die eigene Unsicherheit, oft begleitet von Scham und Schuldgefühlen, vor sich selbst, vor anderen und auch vor den eigenen Kindern verborgen werden soll. Womit aber hat diese Unsicherheit zu tun?

Wenn unser Kind ins Wasser fällt, springen wir sofort hinter ihm her, um es zu retten, wenn es noch nicht schwimmen kann. Wir würden dafür sogar unser eigenes Leben riskieren. Wir stehen ihm bei, wenn wir das Gefühl haben, dass es ungerecht behandelt wird, machen uns Sorgen, wenn es das erste Mal allein den Weg zur Schule zurücklegt, durchwachen eine ganze Nacht, wenn es als Jugendliche oder Jugendlicher erst frühmorgens nach Hause kommt, wenn es sich krank oder unglücklich fühlt und unsere Hilfe braucht. Mit anderen Worten: Wir wollen, dass es unserem Kind immer gut geht, und dafür sind wir bereit, alles zu geben, was in unserer Macht steht. Diese Fürsorge und diesen unbedingten Einsatz für unsere Kinder teilen wir mit unseren tierischen Artgenossen, sie sind tief verwurzelt und folgen einem mütterlichen und väterlichen Instinkt, unseren Kindern immer dann beizustehen, wenn ihnen eine Gefahr droht. Genau das erwarten sie übrigens auch von uns Eltern und tun nicht nur zu Beginn ihres Lebens alles, sich dieser Zuneigung von uns immer wieder zu versichern.

Wenn Eltern sich trennen, verstoßen sie gegen diese Regel, weil sie ihren Kindern bewusst etwas antun, von dem sie (zumindest die meisten von ihnen) wissen, dass es ihren Kindern nicht guttut. Woraus Schuldgefühle resultieren, Wut und Aggressionen auf »den anderen«, Ohnmachtsgefühle, Ängste und depressive Verstimmungen. Das sind völlig normale Reaktionen darauf, dass wir unsere Kinder leiden sehen, wenn wir uns trennen. Und sie zeugen von unserem Verantwortungsgefühl für sie. Später jedoch gilt es, diese Gefühle zu überwinden und eine neue Perspektive einzunehmen.

Natürlich dürfen sich Eltern auch gut bei ihrer Entscheidung fühlen, wenn sie mit ihrer Trennung eine bereits lang anhaltende, sie belastende Situation endlich lösen konnten. Und ebenso wie die Trennungskinder haben auch sie ein Recht darauf, wieder Glück in ihrem Leben zu finden. Und am schönsten ist es, wenn sie dieses neue Glück dann auch mit ihren Kindern teilen können.

Trennungen verlaufen (meistens) asymmetrisch

Nur selten gehen Paare in gegenseitigem Einverständnis und ohne die Trennung begleitende Emotionen, also völlig »cool«, auseinander. Wer beschließt schon in trauter Runde bei einem Gläschen Wein, sich »in aller Freundschaft« zu trennen? In den meisten Fällen beherrschen eher negative Gefühle das unmittelbare Geschehen nach einer Trennung. Dies hat besonders damit zu tun, dass Trennungen und Scheidungen oft »asymmetrisch« verlaufen, dass derjenige, der den anderen verlässt, schnell in eine »Täterrolle« gerät, besonders dann, wenn er bereits vor der Trennung eine neue Beziehung eingegangen ist. Der oder die »Verlassene« sieht sich dann sehr schnell als »Opfer«, auch wenn eine Trennung niemals einfach nur so vom Himmel fällt und oft jahrelange Auseinandersetzungen zu dem Entschluss geführt haben. Wären keine Kinder im Spiel, könnte man die Überwindung dieses »Täter-Opfer-Schemas« getrost den Erwachsenen überlassen, im Wissen, dass es sich im Laufe der Zeit wohl auflöst, sich jeder seines Anteils am Trennungsgeschehen bewusst wird oder zumindest jede oder jeder irgendwann seinen eigenen Weg geht. Kinder jedoch werden in ein solches Täter-Opfer-Verhältnis immer mit einbezogen. Sie spüren, dass der eine Elternteil emotional mehr betroffen ist als der andere, besonders wenn die Trennung für einen von beiden neues Liebesglück verspricht. Oder sie bekommen es direkt durch entsprechende Äußerungen desjenigen gesagt, der sich hintergangen, ungerecht behandelt und verlassen fühlt. So entstehen für Kinder und Jugendliche häufig tiefgreifende und für sie unlösbare Loyalitätskonflikte. Vielleicht halten sie, besonders wenn sie noch jünger sind, spontan und aus Mitgefühl eher zu dem, der in ihren Augen am meisten leidet, und machen demjenigen innere Vorwürfe, der die Familie »absichtlich« verlassen hat. Aber auch demjenigen, der eher die »Täterrolle« hat, wollen sie ja eigentlich nicht wehtun, sie wollen ja zu beiden Eltern halten und weder den einen noch die andere verlieren.

Aber auch, wenn die Trennung weniger dramatisch verläuft und noch keine anderen Beziehungen im Spiel sind und die Eltern versuchen, dem Täter-Opfer-Schema entgegenzuwirken (was keine leichte Aufgabe ist), können später neue Lebenspartner hinzukommen, und alte Gräben brechen wieder auf. Wird dann mit dem oder der »Neuen« noch ein weiteres Kind gezeugt, führt dies häufig nicht nur für die Kinder selbst, sondern auch zwischen den Eltern zu neuen Problemen, die erneut Loyalitätskonflikte hervorrufen. Von daher ist es immer gut, möglichst schnell das Täter-Opfer-Schema aufzulösen, von damit verbundenen Schuldzuweisungen abzusehen und ganz vom Empfinden des Kindes her zu denken, das sich *zu beiden Eltern* ein in sich stimmiges und positives Verhältnis wünscht. Das Kind fühlt sich, wie bereits erwähnt, immer als ein Teil *beider* Elternteile und Vorwürfe gegen den einen von ihnen empfindet es so auch immer gegen sich gerichtet.

Fest steht: Die Verantwortung für eine Trennung und Scheidung liegt ausschließlich bei den Erwachsenen und sie sollte nie, auch nicht indirekt, auf die Kinder übertragen werden. Deren Wohlbefinden sollte an oberster Stelle stehen. Dafür müssen Eltern nicht auf ihre eigenen Gefühle verzichten, sollten sie aber nicht gegen den ehemaligen Partner ausspielen. Später löst sich diese Asymmetrie des Trennungsgeschehens bei den meisten wieder auf, wenn jede und jeder sein eigenes Leben in die Hand genommen hat. Dauern Wut und Enttäuschung, Hass und Trauer aber zu lange an, sollte professionelle Hilfe in Anspruch genommen werden. Im Wissen darum, damit auch den eigenen Kindern wirksam zu helfen. Eltern bleiben ihren Kindern immer Vorbilder. Anklagen und Verbitterung lassen sich zum Zeitpunkt der Trennung sicherlich nicht einfach abstellen, aber langfristig sind sie keine gute Hilfe im Bemühen, das ursprünglich vorhandene Vertrauen der Kinder zurückzugewinnen. Gelingt es Eltern, das asymmetrische Geschehen zu überwinden, sich nicht mehr nur als Täter und Opfer zu sehen, hilft dies den Kindern und Jugendlichen ungemein, positiv in die eigene Zukunft zu sehen. Und auch das bei den Eltern zum Zeitpunkt der Trennung häufig anzutreffende Gefühl, dem Wohlbefinden ihres Kindes zu schaden, weicht der Überzeugung, dass ihr Kind die Trennung am besten überstehen wird, wenn sie nach wie vor gemeinsam für es da sein können.

2. Die Vorgeschichte

Familien sind ganz unterschiedlich

Ich habe bereits einige Punkte angesprochen, die zum Zeitpunkt der Trennung mehr oder weniger für alle Eltern von Bedeutung sind. Die neue Rolle als Alleinerziehende oder als abwesender Vater, die erforderliche Reorganisation des Alltags, getrennte Wohnungen, Geldprobleme und vieles mehr. Aber auch intensive Gefühle wie Verlustängste, Schuldgefühle, Trauer und Scham, Wut und Aggression begleiten, wenn auch in unterschiedlichem Ausmaß, viele Paare in ihrer Trennungsphase und haben Einfluss auf das Wohlbefinden ihrer Kinder. Auf diese Weise setzt eine Trennung oder Scheidung eine Dynamik in Gang, die über den Einzelfall hinausreicht und der sich Eltern wie ihre Kinder kaum entziehen können.

Abgesehen von solchen Erfahrungen, die nahezu alle Eltern und ihre Trennungskinder miteinander teilen, handelt es sich jedoch bei jeder Familie um etwas Einzigartiges, um eine einmalige Konstellation ganz unterschiedlicher Individuen mit ganz unterschiedlichen Persönlichkeiten, die sich hier zusammengefunden haben. Und genau dies macht es für Scheidungs- und Trennungsforscher auch so schwierig, zu allgemeingültigen Aussagen und Ergebnissen zu kommen. Denn jede und jeder der beiden Eltern bringt seine ganz eigene Geschichte in die Beziehung ein. Und oft resultieren die Trennungsfolgen eben auch aus dieser jeweiligen Vorgeschichte und weniger aus dem Zerwürfnis selbst. So können es psychische Probleme beim Partner, der Partnerin oder bei beiden sein, die vielleicht schon vor der Trennung bestanden und die den Verlauf der Partnerschaft oder der Ehe ungünstig beeinflusst haben. Dazu zählen zum Beispiel Bindungsprobleme, neurotische Dispositionen oder auch bereits vorhandene Trennungserfahrungen als Kind oder Erwachsener. Sie wirken sich dann ebenso auf das Leben nach der

Trennung aus, auf die Art und Weise, wie die Expartner miteinander umgehen und inwiefern die Kinder weiterhin in die Konflikte ihrer Eltern mit einbezogen werden.

Daneben gibt es noch weitere Faktoren, die das jeweilige Familienleben und das Verhältnis der Eltern zu ihren Kindern bestimmen und die später Einfluss auf den Verlauf der Trennung, besonders wie die Kinder sie erleben, nehmen können. So spielt es eine Rolle, ob die Kinder näher mit der Mutter aufwachsen, weil der Vater nur selten zu Hause ist, oder ob der Vater für die Kindererziehung bewusst auf eine berufliche Karriere verzichtet und die Mutter einen Ganztagsjob hat. In anderen Familien wiederum herrscht diesbezüglich ein nahezu ausgewogenes Verhältnis und Vater und Mutter kümmern sich gemeinsam um den Haushalt und die Kindererziehung.

In den meisten Familien gilt heute, wie Studien zeigen, ein »autoritativer« Erziehungsstil, der dadurch gekennzeichnet ist, dass Eltern bemüht sind, sich in ihre Kinder einzufühlen, sie zu verstehen und ihnen, wo es notwendig ist, Grenzen zu setzen, aber auch Freiheitsspielräume zu gewähren, damit sie ihre Bedürfnisse und angeborene Neugierde ausleben können. Man begegnet sich untereinander »gleichwürdig« (was nicht »gleichberechtigt« bedeutet) und die Atmosphäre ist von großer Offenheit geprägt. In anderen Familien herrschen dagegen traditionelle Rollenaufteilungen zwischen Mann und Frau, es geht autoritärer zu, hier geben die Erwachsenen den Ton an und die Kinder haben sich ihren Wünschen mehr oder weniger zu fügen. Hinzu kommen auch kulturell-religiös begründete Unterschiede im Erziehungsstil, zum Beispiel in Bezug auf die Rollenzuweisungen an Mann und Frau, eine ungleiche Behandlung von Jungen und Mädchen usw.

Was die Kinder selbst betrifft, so sind auch sie in ihrem Temperament und Charakter von Geburt an ganz unterschiedlich. Die einen sind eher still und lieben die Zurückgezogenheit, die anderen sind impulsiv und fordern ihre Bedürfnisse lautstark ein. Einige Kinder achten hypersensibel auf jede Veränderung, die sie in ihrer nächsten Umgebung empfindlich wie ein Seismograf registrieren, andere wiederum ruhen mehr in sich und lassen sich von dem, was um sie herum geschieht, nicht so schnell aus der Ruhe bringen. Es gibt »Mama-Kinder« und »Papa-Kinder«, Kinder, die auch schon vor der Trennung ihrer Eltern mit Problemen zu kämpfen hatten. Dies alles beeinflusst sowohl ihre Beziehung zu den Eltern, der Eltern zu ihnen und die Art und Weise, wie alle zusammen mit der Trennung umgehen, wenn sich ein jeweils ganz unterschiedliches, dennoch festgefügtes familiäres Muster, in dem jede und jeder seinen eigenen Platz hatte, auflöst. Später kommen dann oft noch neue Familienmitglieder dazu, Halbgeschwister oder die Kinder des neuen Partners oder der neuen Partnerin von Mutter und Vater. Und wiederum nehmen Erwachsene wie Kinder diese neuen Konstellationen, die sich in ihrem Leben ergeben haben, ganz unterschiedlich an. Einige Kinder fordern offensiv und mit Nachdruck ihre Rechte ein, andere ziehen sich eher zurück und werden immer stiller. Ebenso verhält es sich mit den Erwachsenen. Manche spielen ihre Dominanz auch in der neuen Beziehung aus, andere wiederum gehen zurückhaltend und eher vorsichtig mit der sich neu ergebenden Dynamik und miteinander um.

Bei der Beurteilung, was jeweils »besser« oder »schlechter« für die Kinder ist, ist Zurückhaltung geboten. Ein offener und respektvoller Umgang miteinander und das Respektieren der Bedürfnisse des jeweils anderen dürfte in den meisten Fällen eine Trennung für die Kinder erleichtern und kann die Situation positiv beeinflussen, aber garantiert ist das nicht. Eher autoritäre Strukturen in der Familie können vorhandene Konflikte und vorhandenes Leiden unter den Teppich kehren und sorgen andererseits für klare Verhältnisse, was es den Kindern einfacher macht, sich den Gegebenheiten anzupassen. So, wie allzu große Offenheit im Umgang miteinander auch für Unsicherheit und Überforderung sorgen können, kann das Beharren auf einer starken Elternrolle aber auch bewirken, dass aufseiten der Kinder Ängste und Sorgen unausgesprochen bleiben und sich anschließend anderswo als im Elternhaus, zum Beispiel in der Kita oder Schule, bemerkbar machen. Die »ideale« Familienkonstellation für Trennungen und Scheidungen gibt es also nicht. Dennoch zeigen fast alle wissenschaftlichen Studien, dass »Coparenting«, also ein verständnisvoller Umgang der Eltern untereinander und eine gemeinsame Kooperation in Erziehungsfragen, auch schon vor der Trennung, großen Einfluss darauf hat, wie gut die betroffenen Kinder und Jugendlichen die Trennung ihrer Eltern verarbeiten und überwinden können.

Bindungswelten

Wie sich individuelle Unterschiede auf die Verarbeitung einer Trennung und Scheidung auswirken, hat auch mit der Bindungsvorgeschichte der jeweils Beteiligten zu tun, ein Gedanke, den ich an vielen Stellen dieses Buches immer wieder aufnehmen möchte. Und dies gilt sowohl für die Eltern wie auch für die Kinder.

Die Bindungstheorie, von dem Psychoanalytiker und Bindungsforscher John Bowlby in der Mitte des letzten Jahrhunderts entwickelt, misst dem Vorgang der »Trennung« innerhalb der Beziehung zwischen Kindern und Eltern besondere Bedeutung zu. Denn daran, wie Kinder in ihrer frühen Kindheit mit einer kurzfristigen Trennung von ihren wichtigsten Bezugspersonen, Mutter und Vater, umgehen, lässt sich ablesen, wie stark oder »sicher« die Bindung zu ihnen ist.

Jede Trennung von seinen wichtigsten Bezugspersonen, das Auftauchen von äußeren Gefahren, erlebter Schmerz oder Kummer aktivieren das Bindungssystem beim Säugling und Kleinkind. Jetzt kommt alles auf die Befriedigung ihrer existenziellen Bedürfnisse an, bedingungslos von den Eltern geliebt zu werden und auf diese Weise Sicherheit und Geborgenheit zu erfahren. Das feinfühlige Eingehen auf diese fundamentalen Bedürfnisse in der frühen Kindheit bestimmt aber nicht nur den weiteren Lebensweg der Kinder, sondern genau diese Bedürfnisse und weitere, die mit zunehmendem Alter dazukommen, werden, wie ich noch zeigen werde, von einer Trennung oder Scheidung der Eltern am stärksten berührt. Dann nämlich drängt das kindliche Streben nach Sicherheit und Geborgenheit erneut in den Vordergrund und damit zusammenhängende Ängste und Zweifel werden reaktiviert, im Übrigen nicht nur bei den noch kleinen, sondern auch bei den schon älteren Kindern und Jugendlichen. Und vieles hängt davon ab, wie Eltern mit diesen Bedürfnissen jetzt umgehen. Ob sie selbst in ihrer frühen Kindheit Zugewandtheit, Sicherheit und Geborgenheit erfahren haben, wie die überwiegende Mehrzahl aller Kinder, oder sich eher abgewiesen fühlten. Zum besseren Verständnis solcher Vorgänge führe ich im Folgenden aus, wie unterschiedliche »Bindungstypen« entstehen und warum sie so eine wichtige Rolle in unserem Leben spielen. Im Anschluss an diese Ausführungen komme ich in den folgenden Kapiteln anhand von zahlreichen Beispielen dann zum alltäglichen Umgang mit Trennung und Scheidung selbst.

Wie Bindung entsteht

Alle Kinder suchen von Geburt an die Bindung zu ihren Eltern. Als Wesen, die mehr oder weniger hilflos in die Welt hineingeboren werden, ist dies zunächst für ihr weiteres Wohlergehen lebensnotwendig. Von Geburt an sind Kinder soziale Wesen: Mit ihrem Blick und ihren Gesten suchen sie, kaum auf die Welt gekommen, ihre Eltern und sind aktiv damit beschäftigt, eine Bindung zu ihnen herzustellen und sie in den folgenden Lebensmonaten und Jahren dann immer mehr zu festigen. Würde ein Säugling schon sprechen können, würde er sagen: *Ich brauche euch. Wenn ihr da seid, bin ich sicher und kann mir die Welt erobern. Dafür suche ich ständig Kontakt zu euch, sehe euch an, strecke meine Arme nach euch aus, weine, wenn es mir schlecht geht, und richte später meine ersten Worte an euch. Und immer hoffe ich, dass ich bei euch auf Resonanz stoße, dass ihr mir antwortet. Bleibt die Antwort für längere Zeit aus, werde ich ständig abgewiesen, bekomme ich große Angst.*

Eltern werden spätestens nach dem sechsten Lebensmonat zu festen Bezugsgrößen ihrer Kinder. In einem Prozess ständigen gegenseitigen Gebens und Nehmens entstehen mit der Zeit unterschiedlich »sichere« Bindungsmuster, für die zunächst die Haltung der Eltern zu ihren Kindern verantwortlich ist. Wichtig ist, wie der Prozess zwischen dem Kind und seinen Eltern abläuft. Die meisten

Eltern gehen dabei geradezu »automatisch« wohlwollend auf die Bindungsangebote ihrer Säuglinge und Kleinkinder ein. Instinktiv halten sie den Säugling in einem Abstand so von sich, dass der sie erkennen und so ihre Gesten wahrnehmen kann. Eltern beantworten den suchenden Blick ihrer Kinder mit eigenem liebevollen Blick und freuen sich über diese Art der Kontaktaufnahme ihres Kindes, die sie mit zärtlichen Worten begleiten. Streckt das Kind seine Ärmchen und Beine nach ihnen aus, nehmen sie es auf den Arm, drücken es an sich oder spielen mit seinen kleinen Händen und Füßen. Ebenso antworten sie auf seine ersten lallenden und glucksenden Laute. Alles in allem geben sie dem Kind auf diese Weise also schon früh das Gefühl, angenommen und umsorgt zu werden, und kümmern sich darum, dass es sich bei ihnen sicher und geborgen fühlt. Bindung erfüllt also zunächst die Funktion, dem Kind ein elementares Gefühl von Sicherheit und Geborgenheit zu vermitteln.

Ein Highlight dieses Prozesses gegenseitigen Gebens und Nehmens bedeutet das erste Lächeln des Kindes, das wiederum die Eltern fühlen lässt, von ihrem Kind angenommen und empfangen zu werden. Später setzt sich dieser wechselseitige Austausch mit den ersten Lauten, die das Kind formt, und Worten, die es spricht, fort. Mit seinem unbedingten Bindungswunsch setzt das Kind also einen Dialog zwischen sich und seinen Eltern in Gang, der, wenn alles gut geht, ein Leben lang anhält. Ein wechselseitiger Dialog, der seine Fortsetzung im offenen Gespräch bis weit ins Erwachsenwerden hinein findet und die Kommunikation zwischen den Eltern und ihren Kindern positiv beeinflusst.

Verschiedene Bindungsmuster

Solcherlei Bindung sorgt also dafür, dass das Band zwischen Eltern und Kindern so festgezogen ist, dass es auch in Krisen hält. Bindungsforscher nennen sie eine »gute« oder »sichere« Bindung. Und diese spielt, wie wir heute wissen, eben auch bei der Trennung von Eltern eine bedeutsame, und zwar positive Rolle. Aber nicht immer verläuft dieser Bindungsprozess so problemlos, wie wir ihn uns wünschen. Von Geburt an können sich auch andere Konstellationen ergeben, die den Bindungsprozess stören. Vornehmlich haben sie damit zu tun, auf welche Weise Eltern auf das frühkindliche Bedürfnis ihres Kindes nach Bindung eingehen.

Manchen Eltern gelingt es einfach weniger gut, auf den Bindungswunsch ihres Kindes adäquat einzugehen. Daran sind sie keinesfalls »schuld« und sie sind deshalb auch keine »schlechten Eltern«, denn auch sie wollen eigentlich nur das Beste für ihr Kind, aber es gelingt ihnen nicht immer. Ihre Probleme, Zugang zum Kind zu finden, haben häufig mit ihrer eigenen »Bindungsgeschichte« als Kind zu tun. Eventuell wurden sie von den eigenen Eltern in ihrer Suche nach Bindung im Stich gelassen und kommen so mit den frühen Lebensäußerungen ihres eigenen Kindes einfach nicht so klar. Mal fühlen sie sich überfordert, dem Kind »alles recht zu machen«, mal überfordern sie ihr Kind, wenn sie in übertriebener Manier auf seine Bindungswünsche auch dann eingehen, wenn es diese gar nicht äußert und lieber in Ruhe gelassen werden will. Prägen diese Verhaltensweisen über längere Zeit ihren Umgang mit dem Kind, entwickelt sich bei diesem eine »unsichere Bindung«, Bindungsforscher sprechen dann von einem *ambivalenten Bindungsmuster* des Kindes. Das Kind macht die Erfahrung, dass seine Eltern seinem Bindungswunsch, seinem Bedürfnis, sich bei ihnen sicher und geborgen zu fühlen, manchmal entsprechen und dann wieder nicht. Einmal erfolgt eine positive Reaktion auf seine Gesten und Worte, ein anderes Mal greifen die Kinder mit ihrem Beziehungswunsch buchstäblich ins Leere. Und dieses unsichere Bindungsmuster macht sich besonders in Krisensituationen, wie eine Trennung der Eltern sie darstellt, bemerkbar und beeinflusst die Folgen der Trennung für das Kind oder den Jugendlichen auf nachhaltige Weise. Während das sicher gebundene Kind ein Polster besitzt, das den durch die Trennung hervorgerufenen Schmerz gleichsam abfedert, verliert das unsicher gebundene Kind schneller seinen Halt. Für dieses Kind ruft die Trennung seiner Eltern die frühkindlich gemachte Erfahrung, mit seinem Wunsch nach Sicherheit und Geborgenheit erneut ins Leere zu greifen, wieder hervor. Das Gefühl existenzieller Unsicherheit, das nahezu jedes Kind überkommt, wenn seine Eltern sich trennen, ist dann viel stärker als bei den sicher gebundenen Kindern.

Bindungsforscher haben noch ein weiteres früh erworbenes Bindungsmuster entdeckt, das bei einer Trennung womöglich eine Rolle spielen kann. Sie nennen es »vermeidend« oder »distanziert«. Dies kann sich entwickeln, wenn das Kind nach seiner Geburt die Erfahrung macht, von seinen Eltern zwar gut versorgt zu werden, aber auch spürt, dass dies irgendwie »teilnahmslos« geschieht. Auch daran haben seine Eltern nicht »schuld«, sondern meistens spielten »Gefühle« in ihrem eigenen Elternhaus keine besondere Rolle, wurden eher vermieden und anderen Erziehungszielen untergeordnet. Das Verhältnis untereinander blieb distanziert, eine Haltung, die sie auch auf ihre eigenen Kinder übertragen. Es liegt dann auf der Hand, dass auch ein solches unsicher-vermeidendes Bindungsmuster Einfluss darauf nimmt, wie Kinder die Trennung ihrer Eltern empfinden und verarbeiten. Oft zeigen sie sich dem Geschehen gegenüber eher distanziert, kaschieren ungute Gefühle, wirken ein wenig teilnahmslos, obwohl sie durchaus Verlustängste und Trauer empfinden, die sie aber nicht oder nur selten und wenn doch, dann eher Dritten, Unbeteiligten, gegenüber äußern können.

So, wie also Kinder entlang ihrer jeweils eigenen Bindungsgeschichte die Trennung ihrer Eltern ganz unterschiedlich erleben, beeinflussen auch die unterschiedlichen Bindungserfahrungen der Eltern die Art und Weise, wie sie die Trennung von ihrem Expartner verarbeiten. In ihrer eigenen Kindheit gut gebundene Eltern dürften mit der Trennung und den Folgen für sich und die Kinder angstfreier und souveräner umgehen als Eltern mit unsicheren Bindungserfahrungen. Die Trennungserfahrung schmerzt sie zwar wie alle anderen auch, besonders wenn sie sich, wie schon im ersten Kapitel erwähnt, im asymmetrischen Trennungsgeschehen als Verlierer fühlen. Aber sie können aus dem sicheren Gefühl heraus, anderswo wieder Anschluss, Sicherheit und Geborgenheit zu finden, die Folgen der Trennung besser verarbeiten. Und ihre insgesamt sichere, mehr auf die Zukunft als auf die Vergangenheit gerichtete Haltung überträgt sich positiv auch auf ihre Kinder und deren Zukunftsbild. Bei erworbenen unsicher-ambivalenten Bindungsmustern der Eltern ist zu erwarten, dass sie auf die Trennung selbst mit stark ambivalenten Gefühlen reagieren. Wut, Verlust- und Zukunftsängste resultieren dann aus ihrer frühkindlichen Erfahrung heraus, nicht angenommen worden zu sein und buchstäblich ins Leere gegriffen zu haben. Und häufig (nicht immer!) reagieren sie dann auch ängstlich-abweisend und ambivalent auf die Gefühle, die ihre Kinder bei der Trennung zeigen.

Unsicher-distanzierte Bindungsmuster aus der eigenen frühen Kindheit sorgen wiederum bei Eltern häufig dafür, dem Trennungsgeschehen, auch wenn es sie innerlich schmerzt, eher teilnahmslos zu begegnen. Dies geschieht aus der Erfahrung heraus, mit den eigenen Bedürfnissen und Gefühlen beim anderen in ihrer Kindheit nicht angekommen zu sein und es jetzt erst gar nicht versuchen zu wollen. Eine Haltung, die sich auch auf ihre Kinder überträgt, wenn Trennung und Scheidung bagatellisiert oder »weggeredet« werden. Kinder fühlen sich dann hilflos, wagen aber nicht zu widersprechen.

Die existenziellen Bedürfnisse von Kindern und Jugendlichen

Im Gegensatz zu früheren Vorstellungen, dass Kinder gleichsam wie »leere Schachteln« (black boxes) auf die Welt kommen, ohne Gefühle, ja sogar ohne Schmerzempfindungen in ihren ersten Lebensmonaten, weiß man heute, dass sie von Beginn ihres Lebens nicht nur auf soziale Beziehungen angewiesen sind, sondern selbst alles daransetzen, von ihren Eltern wahrgenommen zu werden. Sich dabei sicher und geborgen zu fühlen, ist die Grundvoraussetzung ihrer weiteren positiven Entwicklung, was zur Voraussetzung hat, mit seinen Kontaktversuchen zu den Eltern auch auf **Resonanz** zu stoßen. *Ich fühle mich sicher und geborgen, weil sie meinen Blicken antworten, mich aufnehmen, wenn ich weine und es mir schlecht geht, sich über meine ersten Gesten und Worte freuen. Damit zeigen sie, dass sie mich so, wie ich bin, akzeptieren und umsorgen.*

Eng damit verbunden ist das existenzielle Bedürfnis nach **Anerkennung**: *Ich werde gesehen, ich werde gehört, ich werde verstanden, also bin ich.* Anerkannt zu werden, steht dabei für die bedingungslose Liebe zum Kind, was nichts anderes bedeutet, als es so zu lieben, wie es ist. Derlei Anerkennung führt darüber hinaus zu dem für das Kind (im Übrigen auch für den Erwachsenen!) beruhigenden Gefühl, für andere wirklich wertvoll zu sein. Bedingungslose Liebe zum Kind lässt sich natürlich nicht in jeder Situation ausleben, aber es genügt, dass das Kind im Laufe seines Heranwachsens die Erfahrung macht, auf diese Haltung seiner Eltern, wenn auch nicht zu jeder Gelegenheit, grundsätzlich vertrauen zu können. Anerkennung vermittelt Vertrauen und befreit von der Angst, »übersehen« zu werden, nicht gehört, nicht gespürt. Ein Kind so zu empfangen, wie es ist, führt bei ihm zu einem **guten Selbstgefühl**, das eng mit seinem **Selbstwertgefühl** verknüpft ist. Ein hohes Selbstwertgefühl beruht dann nicht auf »Leistungen«, die es den Eltern später in Kita und Schule zu beweisen gilt, sondern auf der Erkenntnis: *Ich bin es wert, geliebt zu werden!* Das Gefühl, mit all seinen Gesten und Worten angenommen zu werden, führt darüber hinaus auch zum Gefühl der **Selbstwirksamkeit**, das für das ganze spätere Leben so wichtig ist: *Mit dem, was ich möchte, kann ich, was um mich geschieht, beeinflussen und positiv verändern.* Um sich selbstwirksam zu fühlen, braucht das Kind die Erfahrung, dass seine Versuche, sich bemerkbar zu machen, den anderen nicht nur erreichen, sondern ihn auch dazu anregen, seinerseits den Kontakt zu ihm zu suchen. Ohne dass auf sein Bedürfnis nach Selbstwirksamkeit eingegangen wird, verkümmern die selbstständigen Handlungen und die Intelligenz des Kindes. Dann macht es zu häufig die Erfahrung, mit seinen Absichten nicht auf Resonanz zu stoßen, sondern auf Ablehnung oder auch nur auf Gleichgültigkeit. Das Gefühl, selbstwirksam zu sein, ist der Motor für die Zugewandtheit zur Welt, es steht für die Überzeugung, positive Veränderungen für sich und andere bewerkstelligen zu können, der Welt nicht ohnmächtig ausgeliefert zu sein. Die Befriedigung und spätere Ausgestaltung dieser Bedürfnisse hängt also davon ab, dass Kinder in einem Resonanzraum aufwachsen, der ihnen das Gefühl gibt, in ihren Absichten wahrgenommen und angenommen zu werden. Bindungsforscher nennen das Vermögen von Eltern, ihren Kindern diese Grundausstattung in ihrem Leben mitzugeben, **Feinfühligkeit**.

Wenn Eltern sich trennen, werden alle genannten existenziellen Bedürfnisse nach

- Resonanz,
- Sicherheit und Geborgenheit,
- Vertrauen,
- Anerkennung,
- Selbstwert,
- Selbstwirksamkeit

berührt und wiederbelebt und von entsprechenden Fragen begleitet:

- Resonanz: *Hören sie mich noch?*
- Sicherheit und Geborgenheit: *Wer ist jetzt für mich da?*
- Vertrauen: *Wenn der eine geht, geht dann vielleicht auch die andere?*
- Anerkennung: *Akzeptieren sie mich so, wie ich mich gerade fühle, mit dem, was ich gerade empfinde?*
- Selbstwert: *Bin ich weiterhin wertvoll für sie?*
- Selbstwirksamkeit: *Kann ich etwas gegen ihre Entscheidung, sich zu trennen, ausrichten oder bin ihr ohnmächtig ausgeliefert?*

In den folgenden Kapiteln geht es immer wieder auch darum, wie wir als Eltern mit diesen existenziellen Gefühlen unserer Kinder umgehen, die im Übrigen auch bei uns Erwachsenen eine bedeutende Rolle spielen, wie wir mit Trennung und Scheidung umgehen. Zunächst aber wende ich mich einigen grundsätzlichen Fragen zu, die sich viele Eltern stellen: Gibt es eigentlich einen »richtigen« Zeitpunkt, sich zu trennen? Welchen Einfluss hat in diesem Zusammenhang das Alter des Kindes zum Zeitpunkt der Trennung? Und reagieren Mädchen und Jungen auf die Trennung eigentlich unterschiedlich?

3. Welche Rolle spielen Lebensalter und Geschlecht des Kindes zum Zeitpunkt der Trennung? Wie können Eltern darauf passend reagieren?

Gibt es einen »richtigen« Zeitpunkt, sich zu trennen?

Manche Eltern, die auseinandergehen wollen, stellen sich die Frage, ob es mit dem Blick auf ihre Kinder so etwas wie einen richtigen Zeitpunkt gibt, sich zu trennen. Abgesehen davon, dass Eltern, die sich trennen wollen, kaum so lange warten werden, bis ihre Kinder in einem dafür »passenden Alter« sind, gibt es ein solches auch nicht. Ob klein oder groß, egal wie alt die Kinder sind: Die Nachricht, dass ihre Eltern sich trennen, schmerzt. Und auch noch die 18- oder 25-Jährigen leiden darunter, wenn ihre Eltern sich trennen und sie das Gefühl haben, womöglich über Jahre hinweg etwas vorgemacht bekommen zu haben. Allerdings reagieren die Kinder je nach Alter, in dem ihre Eltern sich trennen, unterschiedlich. Um darauf entsprechend eingehen zu können und das Gespräch mit ihnen ihrem jeweiligen Entwicklungsstand anzupassen, sind einige entwicklungspsychologische Kenntnisse nützlich, auf die ich im Folgenden eingehe. Dabei sind die Übergänge von einem Entwicklungsalter ins andere fließend, manche Kinder sind im gleichen Alter schon etwas weiter und manche hinken in ihrer Entwicklung noch ein wenig zurück, was Eltern im Übrigen nicht beunruhigen sollte, da sich solche Unterschiede später wieder ausgleichen werden. Wie also empfinden und verarbeiten Kinder und Jugendliche die Trennung ihrer Eltern entlang ihres Entwicklungsalters, und welche Schlussfolgerungen ergeben sich daraus für ihre Eltern?

Die Trennung vor der Geburt oder kurz danach

Erfolgt die Trennung vom Vater bereits vor der Geburt oder kurz danach und spielt er fortan keinerlei sichtbare Rolle mehr im Leben des Kindes, kann es zu ihm keine Bindung aufbauen. Dies ist auch der Grund, warum kurz nach ihrer Geburt adoptierte Kinder oder Kinder, die von Beginn ihres Lebens an keinen Kontakt zum anderen Elternteil, ob Mutter oder Vater, hatten, später große Schwierigkeiten haben, eine authentische Beziehung zu ihnen herzustellen. Denn tritt ein neuer Partner kurz nach der Geburt in ihr Leben, stellt das Kind zu ihm oder ihr eine Bindung her, die sich von der zu seinen biologischen Eltern nicht unterscheidet. Wenn es älter wird, kann das Kind oder der Jugendliche natürlich um den Verlust des leiblichen Elternteils trauern, ihn treffen wollen und in manchen Fällen auch nachträglich idealisieren. Dennoch lässt sich die in der frühesten Kindheit verloren gegangene Bindung nachträglich nur in ganz seltenen Fällen kompensieren, auch wenn die Sehnsucht danach bei manchen bestehen bleibt.

Die Trennung in den ersten drei Lebensjahren

Aus der Bindungsforschung wissen wir, dass die Bindungsphase zwischen Eltern und Kind ab einem Alter von etwa sechs Wochen beginnt und das Kind spätestens mit etwa sechs Monaten eine feste Bindung zu seinen Eltern hergestellt hat. Der Säugling fängt in dieser Zeit an, auf ihm vertraute Personen, zu denen er ständig intensiven Kontakt hat, anders zu reagieren als auf fremde Menschen. Zum Beispiel streckt er nur seinen Eltern und vielleicht noch einigen wenigen ihm vertrauten Personen wie Geschwistern oder Großeltern seine Ärmchen entgegen, um aufgenommen zu werden. Die im letzten Kapitel hinsichtlich unterschiedlicher Bindungserfahrungen angesprochene Resonanzbeziehung zu den wichtigsten Bezugspersonen entsteht genau in dieser Zeit. In diesem Zusammenhang ist auch die sogenannte »Achtmonatsangst« zu sehen, die freilich nicht alle Kinder gleich stark und gleich lange zeigen.

Das »Fremdeln« zeigt an, dass das Kind nun zwischen seinen wichtigsten Bezugspersonen und ihm fremden Personen unterscheidet. Der Bindungsvorgang setzt sich in den kommenden Jahren fort und Mutter und Vater werden immer mehr zu einem »sicheren Hafen« oder einer sicheren »Basisstation«.

Im Alter von etwa zwei Jahren macht das Kind einen weiteren bedeutenden Entwicklungsschritt. Es entdeckt, dass Objekte auch dann weiterexistieren, wenn es sie nicht sieht. Jetzt trägt es das Bild seiner Eltern in sich, was ihm zunehmend erlaubt, sich von ihnen zu entfernen und den Blickkontakt zu ihnen vorübergehend ganz zu verlieren. Viele Kinder benutzen, um ihre Angst zu mindern, dann noch ein »Übergangsobjekt«, ein Kuscheltier oder Tuch, um sich über die zeitweilige Abwesenheit ihrer Eltern hinwegzutrösten. Sie weiten ihren Radius immer weiter aus und spätestens mit ihrem Eintritt ins sogenannte »Kindergartenalter« sind sie so selbstständig geworden, dass sie die Abwesenheit der Eltern auch längere Zeit ertragen, weil sie fest davon überzeugt sind, sie bei ihrer Rückkehr wieder vorzufinden.

Eine Trennung in den ersten drei Lebensjahren fällt somit in eine Lebensphase, in der sich die Bindung des Kindes zu seinen Eltern nach und nach aufbaut – eine Bindung, deren positives Zustandekommen sein weiteres Leben in vielfältiger Weise beeinflussen wird. Eine Trennung in dieser Lebensphase führt keinesfalls automatisch dazu, dass der Bindungsprozess zwischen dem Kind und seinen Eltern scheitern muss. Aber dafür ist es in dieser so sensiblen Zeitspanne wichtig, dass die Eltern dem Kind das Gefühl geben, sich auch weiterhin bei ihnen *beiden* sicher und geborgen zu wissen. Bricht der Kontakt zum anderen Elternteil nach der Trennung mehr oder weniger ganz ab, kann sich das Kind auch mit dem verbliebenen Elternteil weiterhin sicher gebunden fühlen.

Die mit den ersten Lebensmonaten beginnende und sich in den ersten drei Jahren verfestigende Bindung zu den Eltern sorgt jedoch dafür, dass das Kind deren Trennung, anders als ganz zu Beginn seines Lebens, als *Verlust* eines Elternteils erfährt, auch wenn es diesen Vorgang sprachlich noch nicht formulieren kann. Aus der Säuglingsforschung wissen wir, dass schon zehn Monate alte Kinder auf offen zwischen seinen Eltern ausgetragene Konflikte ängstlich reagieren und ihr Gesichtsausdruck sich verändert. Jetzt geht es darum, ihm diese Verlustangst zu nehmen, um zu einer für das Kind hinreichend guten Lösung zu kommen. Vielen Eltern, das wissen wir aus den vorhandenen Langzeitstudien, gelingt dies, indem sie ihre Rolle als Paar, das jetzt nicht mehr weiterexistiert, von ihrer Rolle als gemeinsame Eltern trennen, indem sie beide weiterhin für das Kind da sind und ihm auf diese Weise Zugehörigkeit zu beiden vermitteln, auch wenn sie von nun an getrennte Wege gehen. Gesten, Worte und Gespräche, die ihm das Gefühl geben, bei beiden weiterhin sicher und geborgen zu sein, sind jetzt wichtig. »Erklärungen«, warum man sich getrennt hat, kann das Kind hingegen noch nicht verstehen und sollten deswegen auch gar nicht erst unternommen werden. Was zählt, ist der weiterhin liebevolle Kontakt zum Kind.

Die zunehmende Bindung zu seinen Eltern führt, mit anderen Worten, dazu, dass auch das Kleinkind Verlustängste entwickelt, wenn seine Eltern sich trennen. Kinder in diesem Alter reagieren darüber hinaus häufig mit Symptomen, die sich als Durchschlafstörungen bemerkbar machen, sie weinen mehr als früher, klammern sich an die übrig gebliebene Bezugsperson, bekommen plötzliche Wutanfälle und zeigen aggressives Verhalten. Schon jetzt empfinden sie die Angst, auch der andere Elternteil könnte sie verlassen. Es kommt darauf an, diese Ängste zu akzeptieren, Wut und Entwicklungsrückschritte der Kinder nicht zu bestrafen, sondern ihnen immer wieder das Gefühl für Sicherheit und Geborgenheit zu vermitteln: *So wie du bist, bist du für uns gut, so wie du bist, lieben wir dich, so wie du bist, bleiben wir bei dir.*

Die Trennung im Kita-Alter

Es hat einen Grund, dass unsere Kinder mit etwa drei Jahren in den Kindergarten oder die Kita kommen. In diesem Alter hat sich die Bindung zu denen, die im Mittelpunkt ihres Lebens stehen, gefestigt. Die Eltern, aber auch andere nahe Bezugspersonen wie

Großeltern nehmen jetzt einen festen Platz im Leben des Kindes ein. Eine gute Bindung verschafft ihnen Selbstständigkeit und sie können die Welt auch ohne die ständige Anwesenheit von Mutter und Vater erkunden. Sie sind neugierig, sie wollen immer wieder dazulernen und dies gelingt ihnen zumeist im Spiel.

Ähnlich wie die noch ganz Kleinen reagieren auch die Kinder im Kita-Alter auf die Trennung ihrer Eltern. Aber die jetzt bereits gefestigte Bindung zu ihren Eltern wird für sie noch deutlicher infrage gestellt: *Wird das Band, das zwischen ihnen und ihren Eltern bestand, auch weiterhin halten?* Verlustängste stellen sich ein, denn wenn der eine geht, kann ja auch die andere gehen. Erfolgt die Trennung zwischen drei und sechs Jahren, gilt es also, die gute Bindung zu beiden Elternteilen durch die regelmäßige Anwesenheit des einen oder der anderen, durch Weiterführung von gewohnten Ritualen und auch dadurch, dass das Kind möglichst in seinem sozialen Umfeld bleibt, aufrechtzuerhalten. Der Grundstein dafür ist in diesem Alter jedenfalls gelegt – jetzt liegt es an den Eltern, wie sie ihre erworbene Stellung, ein »sicherer Hafen« für ihre Kinder zu sein, weiterhin nutzen.

Alles, was für eine gute Bindung ausschlaggebend ist, ist auch jetzt gefragt. Dem Kind gegenüber offen zu sein, ihm im Gespräch, bei dem möglichst beide Eltern anwesend sind, zu sagen, dass Mama und Papa sich trennen werden und trotzdem beide weiterhin für es da sein werden. Ihm sagen, dass der eine oder die andere ausziehen wird und seine Reaktion darauf respektieren. Im Kapitel 6 und 9, wenn es um die Gesprächsführung mit Kindern geht, komme ich darauf ausführlich zurück.

Wichtig ist, dem Kind seine Ohnmachtsgefühle zu nehmen, sein Selbstgefühl zu stärken und seine Verlustängste und mögliche Schuldgefühle, an der Trennung beteiligt zu sein, offen anzusprechen. *Wir trennen uns, aber wir werden beide weiterhin immer für dich da sein. Es ist unser Entschluss, aber er hat mit dir nichts zu tun.*

So mit dem Kind zu sprechen, es zu beruhigen, in den Arm zu nehmen, ihm Sicherheit und Geborgenheit zu vermitteln, ist in diesem Alter auch deshalb so bedeutend, weil sich Kinder entwicklungspsychologisch zwischen drei und sechs Jahren in der sogenannten »magischen Phase« ihres Denkens befinden und ihre Phantasie oft keine Grenzen kennt, auch nicht bei der Zuschreibung von Gründen für das, was in ihrer nächsten Umgebung geschieht. Alle Eltern kennen diesen Vorgang, wenn sich ihr Kind bei ihnen vergewissern will, dass unter dem Bett auch wirklich kein wildes Tier lauert, weil es dort manchmal knackt, sich hinter dem Vorhang, der sich im Wind bewegt, kein Monster versteckt oder der Schatten an der Wand nicht von einem Räuber stammt, der es holen will. Auf gleiche Weise schreibt das Kind in diesem Alter äußeren Vorgängen in seiner Vorstellung oft völlig irrationale Gründe zu, sieht sich selbst als Auslöser und »begründet« sie entsprechend. Was manchmal so drollig ist und Erwachsene gerade an diesem Alter so entzückt, hat auch eine Kehrseite. Im Fall einer Trennung könnte das Kind sich selbst für etwas verantwortlich machen, wofür es gar keine Verantwortung trägt. Es sucht nach einem Grund für die Trennung seiner Eltern und landet dann bei sich selbst. Seine Vorstellungskraft findet dabei oft keine Grenzen.

Wichtig ist also, dass die Eltern vor ihrem Kind immer die *alleinige Verantwortung* für ihre Trennung mit einfachen Worten ausdrücken: *Wir streiten ständig miteinander, deswegen haben wir beschlossen, uns künftig mehr in Ruhe zu lassen und uns zu trennen. Es ist wegen uns und nicht wegen dir (euch).* Zwar prallen derlei »Argumente«, sich zu trennen, häufig an dem oft unausgesprochenen Wunsch fast aller Kinder ab, ihre Eltern sollten zusammenbleiben. Und um sich die Situation weiterhin erklären zu können, versuchen manche von ihnen – und dies beschränkt sich keinesfalls nur auf diese Lebensphase –, auch über klare Schuldzuweisungen an einen Elternteil wieder Boden unter den Füßen zu bekommen: »Der böse Papa«, die »böse Mama« ist schuld. Diesem Erklärungsversuch allerdings sollten die Eltern energisch entgegentreten. Denn jetzt geht es zunächst nur darum, dem Kind zu versichern, dass es sich bei beiden Eltern weiterhin gut aufgehoben fühlen kann, und alles zu tun, was ihre Ängste und Phantasien, alleingelassen zu werden, mindert.

Auch in diesem Alter zeigen sich die Ängste der Kinder wie bei den Kleinkindern oft unausgesprochen und indirekt. Viele von ihnen leiden unter Schlafstörungen, nässen wieder ein, manche wirken lethargisch, andere reagieren mit plötzlichen Wutanfällen. Auch jetzt gilt es, ihr existenzielles Bedürfnis nach Vertrauen und Anerkennung zu erfüllen, das zu einem guten und sicheren Selbstgefühl führt: *Wir lieben dich, so, wie du bist, wir bleiben immer bei dir und helfen dir, wo wir können.* Klare Strukturen und Verlässlichkeit sorgen darüber hinaus für Sicherheit und Geborgenheit.

Die Trennung im Grundschulalter

Mit dem Eintritt ins Grundschulalter übt sich das Kind mehr und mehr in seinem logischen Denken. Immer noch spielt seine Phantasie beim Erklären von Sachverhalten eine wichtige Rolle, doch zunehmend ist es in der Lage, auch Gründe anzuerkennen, die nicht mit ihm selbst zu tun haben. Entwicklungspsychologen nennen diesen Vorgang »Dezentrierung« – das Kind ist in seinem Denken nicht mehr nur auf sein eigenes Befinden zentriert, es wird zunehmend gegenüber Argumenten, die von außen kommen, aufgeschlossen. Da sie jetzt über ein präziseres Zeitgefühl verfügen, sind die Kinder in diesem Alter erstmals in der Lage, die Veränderungen, die sich für sie in Zukunft durch die Trennung ihrer Eltern ergeben, genauer zu erfassen. Auch können sie sich gedanklich stärker in andere Menschen einfühlen und ihre Absichten und Ziele besser verstehen. Ihre eigene Trauer und Wut über die Trennung ihrer Eltern können sie jetzt auch sprachlich »überlegter« ausdrücken, was eine große Hilfe bedeutet, wenn sie mit ihren Äußerungen auf eine entsprechend feinfühlige Resonanz stoßen. Während viele Kinder mit sechs oder sieben Jahren immer noch mit einem Bein im »magischen Denken« stehen, wird ihr Denken mit zunehmendem Alter rationaler.

Situationen, die das Schulkind für sich als bedrohlich empfindet, setzen Ängste frei, und auch das jetzt schon etwas ältere Kind sucht häufig noch bei sich selbst nach Gründen dafür, warum seine Eltern sich trennen. Und so gilt es auch in dieser Lebensphase, dem Kind das Gefühl, für die Trennung seiner Eltern (mit)verantwortlich zu sein, zu nehmen. Behutsam kann man jetzt nähere Gründe dafür nennen, warum man sich trennt. Dass man sich zu viel gestritten hat. Dass Mama einen neuen Freund hat oder Papa eine neue Freundin. Es sollte dabei nur um die Fakten gehen, um das Kind bei den Gründen der Trennung nicht im Ungewissen zu lassen. Rechtfertigungen sind dagegen völlig fehl am Platz, das Kind wird sie nicht verstehen und auch gar nicht hören wollen. Auch sollten, etwa aus eigener Betroffenheit, keine irrationalen Hoffnungen geweckt werden, dass man vielleicht doch zusammenbleibt, wie es sich zunächst fast alle Kinder auch in diesem Alter noch wünschen.

Viele Eltern empfinden es als große Erleichterung, ihrem Kind zu sagen, dass sie sich trennen werden. Und meistens sind Kinder in diesem Alter auf diese Nachricht innerlich auch schon vorbereitet. Sie haben gespürt, dass in der Beziehung ihrer Eltern etwas nicht stimmt, und können die Anzeichen für sich auch klar benennen, was jüngeren Kindern noch nicht so gelingt. *Immer streitet ihr euch, dann bekomme ich große Angst. Könnt ihr nicht damit aufhören? Der Papa kommt gar nicht mehr nach Hause, warum?* Und oft erkennen die Kinder auch einfühlsam, dass eine Trennung für beide Eltern nicht dasselbe bedeutet, dass der eine mehr leidet als der andere. Das kann dazu führen, dass sie sich mit dem einen gegen den anderen Elternteil solidarisieren. Halten sich ihre Eltern mit Schuldzuweisungen zurück oder versuchen sie zumindest, sie vor ihren Kindern nicht offen auszusprechen, helfen sie ihren Kindern dabei, mit den sie stark belastenden Loyalitätskonflikten besser umgehen zu können. Schließlich wollen sie weiterhin zu beiden Eltern ein liebevolles Verhältnis haben beziehungsweise von beiden Elternteilen weiterhin geliebt werden. Und vorteilhaft ist auch, dass sich die Kinder jetzt mit anderen Kindern austauschen können, deren Eltern sich ebenfalls getrennt haben. Dann fühlen sie sich nicht mehr so allein und stellen häufig sogar fest, dass andere ganz gut mit ihrer Situation klarzukommen scheinen.

Auch Kinder im Schulalter fühlen sich häufig hilflos, traurig oder wütend, wenn ihre Eltern sich trennen. Auch sie können immer noch auf frühere Entwicklungsstadien hin regredieren, wollen wieder im Bett der Mutter schlafen, tauchen plötzlich wieder mit einem Kuscheltier auf, und manche von ihnen machen vorübergehend wieder in die Hose. Schulleistungen verschlechtern sich. Auch hier gilt es, diese »Symptome« ihrer Trauer und Angst zunächst anzunehmen und die Kinder dafür nicht zu bestrafen. Geduld ist gefragt, zumal die Auffälligkeiten meisten innerhalb weniger Wochen und Monate wie von selbst wieder verschwinden. *Wir verstehen dich und lieben dich so, wie du bist,* lautet auch jetzt die passende Botschaft. Behutsam und ohne sich ihnen aufzudrängen, kann man die Kinder auf ihre inneren Gefühle ansprechen, wenn sich die Gelegenheit dazu ergibt, zum Beispiel beim Vorlesen oder bei der Gute-Nacht-Geschichte. Dies hilft ebenso, ihnen weiterhin das elementare Gefühl für Sicherheit und Geborgenheit zu vermitteln.

Die Trennung in der Pubertät (12 bis 18 Jahre)

Die Pubertät ist die Zeit, in der neben den vielen anderen Veränderungen, die jetzt auf die Jugendlichen zukommen und mit denen sie sich intensiv auseinandersetzen, auch die Identitätsfindung wichtig ist: *Wer bin ich? Wohin will ich?* sind die Fragen, die zeitgleich mit dem Erwachen ihrer Sexualität im Vordergrund stehen. Das Verhältnis zwischen Eltern und ihren Kindern verändert sich. Galten die Eltern bislang als Vorbild und erste Anlaufstelle für auftauchende Probleme, geht es den Jugendlichen jetzt darum, sich ihnen gegenüber abzugrenzen und immer selbstständiger zu werden. Der Einfluss der »Peergroup«, also von gleichaltrigen Freunden, nimmt zu. Doch gerade zu Beginn der Pubertät sind die Jugendlichen immer noch hin- und hergerissen zwischen dem Wunsch, sich von der kindlich geprägten Beziehung zu ihren Eltern zu lösen und gleichzeitig bei ihnen Geborgenheit und Schutz zu suchen.

In der Pubertät verändert sich die Gesprächsebene zwischen Kindern und ihren Eltern. Jugendliche in diesem Alter können sehr gut argumentieren und scheuen dabei oft keine Auseinandersetzung. Häufig zählt dann nur noch ihre eigene Meinung, auch ein Mittel, sich vom Einfluss der Eltern auf ihr eigenes Denken zu befreien. Das eigene Urteil ist ihnen besonders wichtig und wird mit entsprechendem Nachdruck vertreten. Phasenweise totaler Rückzug wechselt sich ab mit provozierenden Äußerungen und Handlungen, um die Aufmerksamkeit auf sich zu ziehen.

Manche Jugendlichen verlieren den Respekt vor ihren Eltern, wenn sie mitbekommen, dass die sich ständig streiten. Wenn sie mit abfälligen Worten übereinander herfallen, sehen sie ihre Eltern nicht mehr als Vorbilder und wenden sich von ihnen ab und manchmal vermeintlich starken Gemeinschaften, Cliquen oder auch älteren Jugendlichen zu. Politischer Extremismus, auch übermäßiger Alkoholgenuss oder Drogenkonsum können die Folge sein, wenn sich die Jugendlichen von ihren Eltern im Stich gelassen und ohne sicheren Rückhalt fühlen. So weit sollte es nicht kommen. Eltern älterer Kinder, die sich trennen, sollten darauf ein Auge haben. Und sie sollten ihre eigenen Ängste ernst nehmen und die Situation nicht bagatellisieren, wenn sie das Gefühl haben, ihre Kinder würden sich zu weit von ihnen entfernen oder irgendetwas »anstellen«. Darüber das Gespräch mit den Jugendlichen zu suchen, ist viel besser, als ihnen nur Vorhaltungen zu machen oder alles kontrollieren zu wollen. In erster Linie geht es jetzt darum, verlorenes Vertrauen wiederherzustellen.

Je älter die Jugendlichen sind, desto »cooler« geben sie sich gerne: *War doch klar, dass ihr euch trennt. Ist mir doch egal, macht doch, was ihr wollt.* Oft verstecken sie ihre wahren Gefühle dann hinter einer Fassade und geben sich erwachsener, als sie sind. In der Pubertät geht es immer auch um Machtfragen: *Wer ist am Ende stärker, ihr oder ich?*

Das Beharren auf der eigenen Meinung und Eigenständigkeit bedeutet aber nicht, dass die Jugendlichen unter der Trennung ihrer Eltern nicht leiden und ihre Eltern nicht auch gerne wieder vereint sehen möchten. Lilly, eine 16-Jährige aus dem Jugendroman von Amalia Rosenblum mit dem treffenden Titel *Was ist, kann nicht verschwinden,* drückt dies stellvertretend für so viele andere ihres Alters folgendermaßen aus: »Ich wünschte, ich hätte

Krebs. Wenn ich Krebs hätte, hätten sie sich nicht getrennt. Ich müsste etwas tun, wonach sie sagen würden: ›Hauptsache, sie ist heil und gesund, warum sollten wir Gott nicht danken für das, was wir haben, und mit diesen Dummheiten aufhören.‹« Ganz in diesem Sinne provoziert sie ihre Eltern, indem sie von zu Hause wegläuft und sich versteckt.

In dem Maße, wie sich die Beziehung zu den Eltern lockert, wird in dieser Lebensphase der Einfluss von gleichaltrigen Freundinnen und Freunden immer größer. Man kann sich über die eigenen Erfahrungen austauschen und häufig überlagern die gemeinsamen Unternehmungen die schmerzhaft empfundene Trennung der Eltern und lenken ab. In Gesprächen mit anderen kann man sich auch Rat holen und über seine Sorgen und Ängste sprechen, zum Beispiel mit den Großeltern oder älteren Geschwistern. Viele Jugendliche nutzen auch Gesundheitsportale oder soziale Netzwerke, um sich bei auftretenden Problemen Rat zu holen.

Suchmaschinen können aber auch problematisch sein und die Jugendlichen auf eine falsche Fährte locken, besonders, wenn sie nach Erklärungen für ihre kurzfristig auftretenden psychischen Probleme suchen, die im Zusammenhang mit der Trennung ihrer Eltern stehen. Dann kann sich das, was zunächst eine völlig normale Reaktion ist, nämlich Ängste, Schlaflosigkeit, Essstörungen oder bestimmte Phantasien, für sie in »unheilbare psychische Störungen« verwandeln. Ängste werden zu »schweren Depressionen«, körperliche Symptome zu »unheilbaren Krankheiten«. Auch daran sollten Eltern denken, wenn sich das Verhalten ihres Teenagers verändert, er oder sie schweigsam wird, sich zurückzieht und die Leistungen in der Schule nachlassen.

Die Pubertät ist auch die Zeit, in der die Jugendlichen zu ihrer Geschlechtsrolle finden. Die Eltern als immer noch wichtigste Bezugspersonen spielen dabei keine unwesentliche Rolle, besonders, wie sie jetzt als Frau und Mann miteinander umgehen. Lassen sie vor ihren Kindern kein gutes Haar am anderen, beschimpfen sich lautstark und machen ihn oder sie unter Verwendung von Geschlechtsstereotypien im Beisein der Kinder nieder, bleibt dies nicht ohne Einfluss auf die Art und Weise, wie die Kinder sich mit ihrem eigenen Geschlecht identifizieren. Wie schon mehrfach betont, sehen sich Kinder jedweden Alters immer noch als Teil der Mutter *und* des Vaters und beziehen Gehässigkeiten bis hin zu körperlichen Angriffen auch auf sich. Hinzu kommt, dass die Trennung der Eltern in diesem Alter auch ihre eigenen Vorstellungen von Liebesbeziehungen, die sich jetzt entwickeln, beeinflussen kann. Positiv im Sinne: *Wenn ich erwachsen bin, mache ich alles anders*, negativ, wenn sich gerade in dieser Zeit, in der ihre Gedanken viel um Glück und Liebe kreisen, ein bitterer Beigeschmack einschleicht: *Man sieht doch, wohin Liebe führen kann.* Eltern sollten (aber nur bei passender Gelegenheit!) durchaus das Gespräch darüber suchen, zum einen erklären, dass Trennungen bei vielen Paaren vorkommen und nicht bedeuten, dass man unfähig ist, jemanden zu lieben, andererseits aber, dass Trennungen kein Naturgesetz für alle späteren Beziehungen darstellen.

Auch in dieser Lebensphase kommt es darauf an, dass die Eltern ihren Kindern gegenüber authentisch auftreten – so zu tun, als ob noch alles stimmt, durchschauen sie sofort. Und ganz besonders sollte man den Jugendlichen gegenüber seine Wertschätzung ausdrücken: *So wie du bist, bleibst du das Wertvollste in meinem Leben und wir wollen alles tun, dass es dir weiterhin gut geht.*

Die Trennung im jungen Erwachsenenalter (18 bis 30 Jahre)

Nina, 24 Jahre alt, war gerade in Neuseeland, als sie einen Anruf von ihrer Mutter bekam. »Ich wollte dir nur sagen, dass der Papa und ich uns scheiden lassen«, sagte ihre Mutter. »Wir waren schon sehr lange unglücklich miteinander, aber sind wegen dir und deinem jüngeren Bruder zusammengeblieben. Jetzt wollen wir uns trennen und jeder von uns will sein neues Leben aufbauen. Ich habe übrigens einen neuen Partner gefunden, mit dem ich sehr glücklich bin.« Die Nachricht traf Nina völlig unerwartet, hatte sie doch immer geglaubt, dass ihre Eltern sich trotz der Auseinandersetzungen, die sie immer wieder mal mitbekommen hatte, im Prinzip gut verstanden. Nachdem sie den Hörer aufgelegt hatte, fühlte sie zunächst gar nichts. »Sollen sie doch machen, was sie wollen«, war ihre erste Reaktion. Aber nach ein paar Tagen stellte sich bei ihr eine große Leere ein. Sie fühlte sich plötzlich jahrelang um etwas betrogen.

Seit etwa 20 Jahren werden Ehen in Deutschland immer später geschieden. 1993 waren es noch 14.300 Ehen, die nach 26 und mehr Ehejahren geschieden wurden, 2014 schon 23.600, also etwa fünfzehn Prozent aller Scheidungen. Man kann also davon ausgehen, dass auch die Anzahl der erwachsenen Scheidungskinder stetig steigt. Wie viele es sind, lässt sich nicht genau sagen, da in die amtlichen Statistiken nur die minderjährigen Trennungskinder eingehen.

Dafür, dass Eltern sich erst nach Jahren trennen, mögen unterschiedliche Gründe ausschlaggebend sein, doch ist naheliegend, dass viele von ihnen ihren späten Entschluss auch damit begründen, ihren Kindern nicht zu früh wehzutun. Und es ist ja auch tatsächlich so, dass Kinder und Jugendliche der Trennungsabsicht ihrer Eltern hilfloser ausgesetzt sind als junge Erwachsene. Insofern sind bei ihnen auch weniger Ohnmachtsgefühle und Verlustängste vorherrschend als vielmehr das Gefühl, jahrelang bewusst getäuscht worden zu sein, das Gefühl, als hätte man in einem »falschen Film« gelebt. Kindheit und Jugend fühlen sich plötzlich »unecht« an, nicht real, sondern wie ein einziger »Fake«. Zudem zweifelt man plötzlich an seiner eigenen Wahrnehmungsfähigkeit: *Wieso habe ich nicht gemerkt, dass sie mir mit ihrer Beziehung jahrelang etwas vorgemacht haben?*

Und auch bei diesen jungen Erwachsenen kommen Schuldgefühle dazu. Nicht mehr, weil man sein Zimmer nicht aufgeräumt hat oder nicht »lieb« genug war, sondern weil die Eltern vielleicht wegen einem selbst über Jahre hinweg ein unglückliches Leben geführt, sich den Kindern zuliebe »aufgeopfert« haben. Diese Annahme ist naheliegend, schließlich geht ja die Begründung vieler Eltern genau in diese Richtung.

Weitere Gründe, auch in diesem Alter die Trennung der Eltern als schmerzhaft zu empfinden, kommen hinzu. Oft denken Eltern mit Blick auf ihre fast schon erwachsenen Kinder, sie seien »aus allem raus« und zeigen – im Gegensatz zu früher – keinerlei Verständnis dafür, dass ihre bereits älteren Kinder unter ihrer Trennung leiden könnten. Gerade aus diesem Grund haben sie doch so lange gewartet! Und sind enttäuscht, wenn sie jetzt nicht mit Verständnis für ihre lange Wartezeit belohnt werden.

Manche Eltern, die sich trennen, wenn ihre Kinder bereits älter und fast erwachsen sind, meinen, sie könnten sie in ihren eigenen Entscheidungsprozess einbeziehen. Dann appellieren sie nicht nur an ihr Verständnis, sondern erwarten von ihnen sogar noch zusätzliche Hilfe und Unterstützung. Aus ihrer Sicht müssten ihre Kinder im frühen Erwachsenenalter doch reflektierter mit der Trennung umgehen können, keine Ängste mehr haben, verlassen zu werden und hilflos dazustehen, was auf den ersten Blick auch einleuchten mag. Doch oft entsteht das Gefühl, verlassen zu werden, eben auch bei jungen Erwachsenen, nur anders als in der Kindheit. War es dort vor allem die Angst, seine Eltern zu verlieren und noch gar nicht in der Lage zu sein, sein Leben selbst zu bestreiten, geht es jetzt darum, wie man mit dem Gefühl, jahrelang getäuscht worden zu sein, in Zukunft umgehen soll. *Kann ich nach dem, was ich jetzt erfahren habe, überhaupt noch jemandem vertrauen? Ist nicht das ganze Leben eine einzige Täuschung? Was, wenn auch ich später einmal mit jemandem nur deswegen zusammenbleibe, weil es gemeinsame Kinder gibt?* Das sind andere Fragen als die, die sich die jungen Kinder und Teenager stellen, Fragen, die eben viel damit zu tun haben, dass die Zeit des Erwachsenwerdens auch die Lebensphase ist, für sich einen Sinn im Leben zu entdecken. Nicht mehr die Frage: *Wer passt auf mich auf*?, sondern: *Wohin will ich überhaupt*? steht an.

Die Trennung der Eltern fällt somit in eine allgemeine Aufbruchsstimmung und plötzlich ist man, ohne es zu wollen, wieder in der eigenen Familiengeschichte gefangen, von der man sich doch gerade befreien will. Plötzlich zerbricht die Vorstellung einer heilen Welt, die einem die eigenen Eltern offensichtlich nur künstlich vorgelebt haben. Der angestrebte Horizont verliert sich vor lauter Zweifel und Unsicherheit im Gegenwärtigen, das einem erneut die schmerzliche Erfahrung vermittelt, wie wenig man doch von den eigenen Eltern gewusst hat, wenn man jetzt diese Leere empfindet, die ihr Entschluss, sich zu trennen, hervorgerufen hat.

Kinder lassen sich im jungen Erwachsenenalter nicht mehr erziehen. Was aber weiter zählt, ist die elterliche Präsenz, das sichere Gefühl, sich ihnen mit seinen Sorgen und Problemen anvertrauen zu können, wenn es nötig ist. Eltern, die sich jetzt trennen, sollten ihre Kinder nicht in ihr Trennungsgeschehen aktiv mit einbeziehen, denn so verlieren sie ihre Vorbildfunktion und auch ihre Würde. Natürlich können sie ihnen in einem offenen und zurückhaltenden Gespräch – wenn nicht sofort, dann später – ihre Gründe für die Trennung mitteilen, wenn die Kinder es möchten. Wenn nicht, sollte man sie damit so lange in Ruhe lassen, bis sie selbst Fragen stellen, wie es in den meisten Fällen auch geschieht. Auch junge Erwachsene leiden, wenn ihre Eltern sich trennen. Nicht, weil sie sich hilflos fühlen, sondern weil sie sich plötzlich in ein Leben ausgesetzt sehen, das mit ihrer Vergangenheit bricht.

Reagieren Jungen und Mädchen unterschiedlich?

Jedes Kind, jeder Jugendliche reagiert auf die Nachricht, dass seine Eltern sich trennen wollen, anders, wobei, wie wir gesehen haben, das Entwicklungsalter des Kindes eine bedeutende Rolle spielt. Wenden wir uns jetzt noch der Frage zu, ob und inwieweit Jungen und Mädchen geschlechtsspezifisch, also unterschiedlich auf die Trennung ihrer Eltern reagieren.

Manchmal lesen oder hören wir von Freunden oder Bekannten, dass Mädchen mit einer Trennung und Scheidung der Eltern »besser« zurechtkommen als Jungen. Abgesehen davon, dass solche pauschalisierenden Urteile im konkreten Fall nicht weiterhelfen, mag es am Eindruck liegen, dass Jungen oft impulsiver auf die Trennung ihrer Eltern reagieren und sich auch in der Kita oder in der Schule damit »auffälliger« verhalten. Einige Studien legen nahe, dass Jungen besonders in der Pubertät unter der Abwesenheit ihrer Väter, wenn sie allein mit ihrer Mutter zusammenleben, stärker leiden als gleichaltrige Mädchen. Daraus abzuleiten, dass Mädchen die Trennung ihrer Eltern weniger ausmacht, wäre aber falsch. Sie mögen ihren Kummer und auch ihre Wut, wenn sie von der Trennung erfahren, vielleicht stärker in sich tragen und weniger herauslassen als die Jungen, dies aber auch, weil sie mit ihrem »stillen Leiden« einem bestimmten, von der Gesellschaft vielfach vorgegebenen Rollenmodell glauben entsprechen zu müssen. Ihre Wut und ihr Kummer machen sich später dann anderweitig und auf Umwegen, zum Beispiel durch Selbstverletzungen oder Essstörungen, bemerkbar.

Da die überwiegende Anzahl der Kinder getrennter Eltern die meiste Zeit mit ihrer Mutter verbringt und somit der Vater vielen Jungen als alltägliches Rollenmodell fehlt, könnten diese womöglich größere Probleme haben als die Mädchen, die sich von ihrem Geschlecht her eher mit ihrer Mutter identifizieren, auch wenn sie ihren abwesenden Vater vermissen oder ihn »aus der Ferne« manchmal idealisieren. Insgesamt aber gibt es keine verlässlichen Studien, die ein geschlechtsabhängiges Verarbeitungsmuster einer Trennung der Eltern zeigen. Deutlich gezeigt hat sich nur, dass Kinder und Jugendliche gleich welchen Geschlechts die Trennung ihrer Eltern am besten überwinden, wenn sie weiterhin regelmäßigen Kontakt zu ihnen haben und entsprechend den Alltag, wenn auch getrennt, mit beiden teilen können.

Die Trennung unserer Eltern begleitet uns ein Leben lang

Dass Eltern sich trennen, kommt in allen Lebensaltern ihrer Kinder vor. Und je nach Entwicklungsalter reagieren Kinder und Jugendliche, wie in diesem Kapitel beschrieben, unterschiedlich. »Magische« Erklärungen, wie: *Hätte ich immer mein Haustier gefüttert, hätten sie sich nicht getrennt,* werden abgelöst von »vernünftigen« Schlussfolgerungen: *So wie die sich die ganze Zeit gestritten haben, war das doch klar.* Andererseits halten sich bestimmte Deutungsmuster über Jahre hinweg, auch wenn sie sich unterschiedlich ausdrücken: *Vater ist ausgezogen, also ist er böse*, denkt die Achtjährige, und die Sechzehnjährige meint: *Männern ist nicht zu trauen, ich muss nur daran denken, wie sich mein Alter, als ich noch klein war, davongemacht hat.* Verlustängste stellen sich zum Zeitpunkt der Trennung in fast jedem Lebensalter ein. *Was mache ich, wenn zu Hause niemand mehr da ist, wenn ich aus der Schule komme?*, denkt sowohl die Siebenjährige wie auch der Vierzehnjährige. Egal, wie alt sie sind, immer müssen sich Kinder und Jugendliche auf eine neue Lebenssituation einstellen und suchen nach Erklärungen für das, was ohne ihr Zutun und meistens gegen ihren Willen geschehen ist. Älter und unabhängiger von den Eltern zu werden, bedeutet aber auch, die Trennung der Eltern mit mehr Abstand sehen zu können. Obwohl es den meisten Erwachsenen immer noch schwerfällt, mit ihren Eltern über deren Trennung zu sprechen, lösen sich manchmal anfangs übernommene Schuldzuweisungen: *Ich habe gar nicht mitbekommen, wie sehr du darunter gelitten hast, nicht mehr bei uns zu wohnen. Ich glaube nachträglich war es ein Fehler, immer nur dich dafür verantwortlich gemacht zu haben, dass ihr euch getrennt habt.* Es ist schön, wenn es auf diese Weise zu nachträglichen Versöhnungen kommt. Aber nicht immer ist dies möglich. Manchmal stellt sich zu beiden Eltern oder zu einem Elternteil kein vertrauensvolles Verhältnis mehr her. Und auch ein Knoten kann das zerrissene Band nicht ersetzen. Auch Erwachsene, die sich nach der Trennung ihrer Eltern später wohlfühlen, haben meist schmerzhafte Erinnerungen an dieses Ereignis.

Die Beziehung zwischen Eltern und Kindern ist immer emotional gefärbt und kein rationales Zweckbündnis. Sich aus der anfangs völligen Abhängigkeit von ihnen zu lösen und erwachsen zu werden, ist ein lang anhaltender, von vielen Emotionen begleiteter Prozess, der Kinder und Jugendliche vor große Entwicklungsaufgaben stellt. Je stärker und besser die Bindung, desto einfacher fällt es Kindern und Jugendlichen, diesen Weg der Selbstständigkeit zu gehen, unabhängig davon, welchen Weg ihre Eltern jeweils für sich einschlagen. Diese Bindung muss aber in jeder Lebensstation immer wieder neu gefestigt werden und dies gilt besonders, wenn sie, wie im Falle einer Trennung der Eltern, ernsthaft auf die Probe gestellt wird. Dazu gehört insbesondere das Verständnis für die Gefühle, die bei einer Trennung sowohl bei Kindern wie auch bei Eltern entstehen und mit denen wir uns in den folgenden beiden Kapiteln anhand von vielen Fallbeispielen näher beschäftigen werden. Denn auch hier gilt: Glücklich zu sein, wenn Eltern sich trennen, geht nicht – und dies gilt für beide Seiten. Getrennt und gleichzeitig gemeinsam das Glück wiederzufinden, geht aber schon.

4. Innenwelten I: Was geht in Kindern und Jugendlichen vor, deren Eltern sich trennen?

1+1 = *3*. Kinder wollen nicht, dass ihre Eltern sich trennen

In dem bereits erwähnten Buch *Was ist, kann nicht verschwinden*, das die Geschichte eines Mädchens erzählt, dessen Eltern ihr soeben ihre Trennung mitgeteilt haben, drückt die 16-jährige Lilly diesen Sachverhalt so aus: »1+1 = 2. Aber nicht immer. Was bei Zahlen stimmt, stimmt nicht bei Menschen. Bei Menschen bleibt 1+1 immer 1+1, ein Paar besteht letztlich aus zwei zusammengesetzten Einzelpersonen, die sich jederzeit trennen können. Ich weiß das, weil es meinen Eltern passiert ist, und ich bin in der Mitte geblieben, als Pluszeichen, das erfolglos versuchte, sie wieder zu verbinden. [...] Wir drei waren am Leben geblieben, aber unsere Familie nicht. Gestorben war das morgendliche Hüpfen im Bett der Eltern, wenn jeder von ihnen mich zur anderen Seite schob. Gestorben war das Lachen aus ihrem Schlafzimmer, während ich schon versuchte einzuschlafen. Gestorben waren sogar ihre Diskussionen im Auto wegen des richtigen Wegs zur Gärtnerei und die Streitereien, die manchmal verstummten, wenn ich aufwachte und in die Küche ging, um mir ein Glas Wasser zu holen. Das alles war gestorben und das Grab unbekannt.«

Egal, was auch passiert, Kinder wollen nicht, dass ihre Eltern sich trennen. Während ihre Eltern immer nur die Hälfte ihrer Welt verlieren (die, das wissen sie, im Laufe der Zeit durchaus wieder ersetzt werden kann), verlieren Kinder beide Seiten, die für sie zusammengehören, und bleiben mittendrin übrig, wie Lilly es in dem Zitat ausdrückt.

Hauptsache, sie bleiben zusammen, denken sich Kinder, selbst wenn es zu ständigem Streit zwischen ihren Eltern kommt, denn der drohende Verlust, wenn Eltern sich trennen, wiegt schwerer. So stört es Kinder auch nicht, wenn sich ihre Eltern getrennte Schlafzimmer einrichten oder ihre unterschiedlichen Aktivitäten, auch in ihrer Freizeit, getrennt ausüben. Hauptsache, sie bleiben zusammen! Wenn aber eine oder einer geht, dann schrumpft die Familie, wie Lilly es ausdrückt, zu der »kleinsten Familie der Welt«. Immerhin, könnte man sagen, empfindet sie das, was übrig bleibt, noch als Familie, aber was ist schon die kleinste Familie der Welt gegen eine *ganze* Familie?

Das Bestehen auf familiärem Zusammenhalt hilft Kindern in dieser Situation auch nicht weiter, weil sie spätestens ab dem Alter von fünf, sechs Jahren spüren, gegen die Entscheidung ihrer Eltern nichts mehr ausrichten zu können. Jüngere Kinder versuchen manchmal mit magischen Zaubertricks abzuwenden, was unausweichlich erscheint: *Wenn ich auf dem Schulweg nicht auf die Linien auf dem Bürgersteig trete, kommen meine Eltern wieder zusammen.* Den Gedanken, dass sich ihre Eltern trennen, wollen sie anfangs gar nicht an sich herankommen lassen, er erscheint ihnen unerträglich. Aber nicht nur sie, auch Jugendliche wie Lilly flüchten sich oft in eine Phantasiewelt. Sie legt sich in der Geschichte ein imaginäres Schaf zu, um die Aufmerksamkeit auf sich zu lenken und sich beschützt und geliebt zu fühlen. Auch wenn diese Phantasie mit zunehmendem Alter nicht mehr durchgängig gegenüber der Realität aufrechtzuerhalten ist.

Dass ihre Eltern vielleicht doch wieder zusammenkommen und aus 1+1 wieder 3 werden, beschäftigt die meisten Kinder für lange Zeit. Es ist aber wichtig, dass sie aus dieser Phase, ganz wie bei der Trauer um einen geliebten Menschen, nach einiger Zeit wieder herausfinden, zumal der geliebte Mensch ja weiterhin am Leben ist und sie die Beziehung zu ihm oder ihr, wenn auch unter anderem Vorzeichen, beibehalten und darin sogar auch Neues und Spannendes für sich entdecken können. Falsche Versprechen wie: *Vielleicht kommen wir eines Tages wieder zusammen,* um die Kinder zu trösten, oder gar »Notlügen« wie: *Papa verreist für eine Weile,* helfen hier überhaupt nicht weiter. Mit der Wahrheit umzugehen, dass ihre Eltern fortan getrennte Wege gehen, ist hart, aber für die Kinder allemal besser, als sich über lange Zeit noch Hoffnungen zu machen, die dann doch nicht erfüllt werden. In den allermeisten Fällen finden die Kinder aus dem vorübergehenden Schmerz, alles verloren zu haben, wieder heraus und zurück ins Leben. Denn sie sind meistens nicht nur stärker, als ihre Eltern glauben, sondern verfügen auch über einen guten Realitätssinn. Ein Jugendlicher, 15 Jahre alt, dessen Eltern sich vor sieben Jahren getrennt hatten, drückt es auf seine Weise aus: »Wehe, ihr findet noch einmal zusammen. Dann wären alle meine Anstrengungen, mit eurer Trennung fertigzuwerden, umsonst gewesen!«

Habt ihr mich noch lieb? – Wenn Bindung und Vertrauen erschüttert werden

Der kleine Jan ist vier Jahre alt. Als er am Montag, nachdem sein Vater von zu Hause ausgezogen war, morgens aufwacht und seine Mutter ihn fragt, was er am liebsten frühstücken wolle, sieht er sie ernst an und fragt: »Hab ihr mich denn noch lieb?« »Aber natürlich«, antwortete seine Mutter, »wir haben dich noch genauso lieb wie früher.« »Auch wenn der Papa jetzt weg ist?« »Ja, auch wenn der Papa jetzt nicht mehr hier wohnt, hat er dich noch genauso lieb.« Woraufhin Jan sein Müsli beruhigt in Angriff nehmen kann.

Ob Jan mit der Antwort seiner Mutter alle seine Sorgen losgeworden ist, weiß ich nicht. Aber das gelungene Gespräch am Frühstückstisch, von dem mir eine Mutter erzählte, zeigt, wie wichtig es ist, dem Kind nach der Trennung immer wieder das Gefühl zu geben, nach wie vor geliebt zu werden – mit freundlichen Gesten, Umarmungen und Worten. Aber wenden wir uns jetzt der Frage zu, warum Jan diese Frage überhaupt stellt.

Im zweiten Kapitel des Buches habe ich näher beschrieben, wie eine gute Bindung zwischen dem Kind und seinen Eltern entsteht. Um sich bei seinen Eltern geborgen und sicher zu fühlen, versucht das Kind von Geburt an, zu seinen Eltern eine feste, wechselseitige Bindung aufzubauen, so dass es sicher sein kann, von ihnen beschützt und umsorgt zu werden. Gehen seine Eltern auf seinen Bindungswunsch ein, sind sie bei ihm, wenn das Kind sie braucht, und antworten sie feinfühlig auf seine Versuche, Kontakt zu ihnen aufzunehmen und sich ihnen anzuvertrauen, entsteht beim Kind mit der Zeit eine Art von *Urvertrauen* in seine Eltern wie auch in seine nächste Umgebung. Wenn es sich als Zweijährige oder Zweijähriger auf dem Spielplatz von ihnen entfernt und noch einmal ängstlich nach ihnen umblickt, um dann seinen Weg fortzusetzen, bis es sie nicht mehr sieht, dann vertraut das Kind darauf, seine Eltern wieder dort anzutreffen, wo es sie verlassen hat. Sie sind für es da.

Und später, wenn das Kind in die Kita geht, weiß es, dass es von dort wieder abgeholt wird, auch wenn es nachmittags einmal etwas später wird und das Kuscheltier oder das Tuch (oder die Erzieherin) vorübergehend als Elternersatz herhalten muss.

Und kommt es später mit sechs oder sieben Jahren in die Schule, fällt es ihm nach einer gewissen Eingewöhnungszeit immer leichter, sich von den Eltern zu trennen und seine eigene kleine Welt aufzubauen. Das Kind ist jetzt in der Lage, sein Vertrauen auch auf diejenigen zu übertragen, die ihm dann ähnlich wie Eltern das Gefühl geben, gut bei ihnen aufgehoben zu sein. Auch auf Lehrerinnen werden vom Kind, das in die Schule kommt, oft Bindungswünsche projiziert. Man kann es daran beobachten, wie die Kinder zu ihr laufen, wenn sie Kummer haben, beim Ausflug an ihrer Hand gehen oder sie in manchen Situationen sogar ganz fest umarmen.

Mit der Trennung seiner Eltern wird auch für das bislang sicher gebundene Kind das bereits vorhandene Vertrauen in seine wichtigsten Bezugspersonen, die Eltern, zumindest kurzfristig infrage gestellt. Entgegen all seiner Erfahrung wird es nicht, wie es dies bereits gewohnt ist, für kurze Zeit verlassen, sondern von einem Elternteil »für immer«, zumindest fühlt es sich für das Kind anfangs so an. Was mag der Grund dafür sein?

Für die Konflikte der Eltern, die zu ihrer Trennung führen, hat der vierjährige Jan noch kein Verständnis. Für das, was er in diesem Moment selbst in sich fühlt, aber schon: *Vielleicht hat er mich nicht mehr lieb und zieht deswegen von zu Hause aus. Und die Mama schweigt dazu, vielleicht hat auch sie mich nicht mehr lieb.* Geliebt zu werden, hat bei einem Vierjährigen noch viel mit ständiger Anwesenheit zu tun, weswegen ihn die ersten Erklärungsversuche der Mutter, dass beide Eltern ihn natürlich weiterhin lieb haben, vielleicht auch nicht so recht überzeugen: *Warum geht er (oder sie) dann?*

Macht das Kind in den folgenden Wochen und Monaten die Erfahrung, sich weiter fest auf seine beiden Eltern verlassen zu können, erfüllen sie ihr Versprechen, weiter für es da zu sein, gewinnt es sein Vertrauen, das in den meisten Fällen ja bereits vorhanden war, schnell wieder zurück. Noch immer mag das Kind an die endgültige Trennung seiner Eltern nicht glauben wollen, aber die Sicherheit, das eigene Leben wieder in Angriff zu nehmen, kommt zurück.

Für Kinder, die in ihrer frühen Kindheit nur unsichere Bindungserfahrungen gekannt haben, stellt sich die Situation komplizierter dar. Sie reagieren auf die Trennung ängstlicher, oft panikartig und mit viel stärkeren Verlustängsten, bei distanzierter Bindung manchmal auch wie teilnahmslos. Nicht dass ihre Eltern sie nicht genauso lieben wie alle anderen Eltern auch, aber sie vermochten es einfach nicht, ihnen jenes Urvertrauen zu vermitteln, das für alle Kinder ein wichtiger Baustein auf dem Weg in ihre Selbstständigkeit ist. Ihrem Bedürfnis nach Sicherheit und Geborgenheit muss jetzt besonders stark stattgegeben werden und manchmal entwickelt sich eine tragfähige Bindung auch erst, nachdem sich Eltern getrennt haben, weil die eigenen Konflikte die Beziehung zum Kind nicht mehr so stark überlagern. Dann gehen Kinder nach anfänglichen Verlustängsten und Kummer sogar gestärkt aus der Trennungssituation hervor.

Für die bin ich nicht wertvoll genug – der Verlust von Selbstgefühl und Selbstwert

Die Frage, trotz Trennung der Eltern weiterhin geliebt zu werden, taucht aber nicht nur, wie man leicht vermuten kann, bei den jüngeren Kindern auf, auch ältere Kinder und Jugendliche können aufgrund ganz vernünftiger Überlegungen zu diesem Schluss kommen. *Wenn sie machen, was sie wollen, bin ich ihnen wohl egal.* Zum Schmerz über die Trennung kommt gerade bei ihnen noch das Gefühl hinzu, *es nicht mehr wert zu sein*, geliebt zu werden. Lilly, das 16-jährige Mädchen, das seine Eltern am liebsten wieder zusammenbringen möchte, sieht es so: »Viele Kinder, die ich kannte, waren in derselben Situation, doch irgendwie hatte ich das Gefühl, es sei eine Schande. Ein Kind sollte für seine Eltern das Wichtigste auf der Welt sein. Sie sagen immer, sie lieben dich so sehr, dass sie bereit wären, ihr Leben für dich zu geben. Wie war es dann zu verstehen, dass sie nicht bereit waren, für mich zusammenzubleiben? Ich weiß, dass ihre Ehe nicht schlimmer war als der Tod. Die einzige Schlussfolgerung war, dass sie mich offenbar nicht mehr so liebten, wie sie sagten.«

Die Erfahrung »wertvoll« zu sein, machen Kinder von klein auf, wenn sich ihre Eltern liebevoll um sie kümmern. Dies wird besonders deutlich in Situationen, wenn Eltern sich Sorgen um sie machen. Die Gründe dafür können je nach Alter ganz unterschiedlich sein, wenn ihr Kind krank ist, aber auch, wenn der Sechzehnjährige von der Party seines Freundes Stunden später als erwartet nach Hause kommt und sein Vater ihn sorgenvoll erwartet. Denn selbst, wenn er in diesem Moment ärgerlich ist und seinem Sohn Konsequenzen androht, macht der Jugendliche die Erfahrung, dass er offenbar sehr »wertvoll« für seinen Vater ist, so wertvoll, dass dieser nicht einschlafen kann, solange er nicht wieder zu Hause angekommen ist. In diesem Sinne wertvoll für seine Eltern zu sein, stärkt das Selbstwertgefühl eines Kindes mehr als gute Noten in der Schule, es vermittelt ihm Sicherheit und das Gefühl, geliebt zu werden. Wenn Eltern sich trennen, denken deswegen viele Kinder, nicht mehr wertvoll genug zu sein, dass sie zusammenbleiben, ganz so, wie Lilly es in ihren Gedanken beschrieb. Auch deswegen ist es so wichtig, dass Eltern, die sich trennen, dem Kind vermitteln, dass die Gründe für ihre Entscheidung bei ihnen liegen und nicht bei dem Kind und es für sie weiterhin so wertvoll bleibt wie vorher.

Ist zu Hause jemand da? – Verlustängste

Inga, eine engagierte Lehrerin, erzählt mir folgende Geschichte: Theo, neun Jahre alt, bislang ein lebhafter und unauffälliger Schüler, hält es im Unterricht seit einiger Zeit nicht mehr auf dem Stuhl. Ständig steht er auf, rennt hektisch im Klassenzimmer hin und her, bevor er sich dann wieder setzt. Er wirkt ständig abgelenkt, kann sich nicht länger als »drei Sekunden« auf eine Sache konzentrieren. In der letzten Schulstunde ist es am schlimmsten. Als sie seine Mutter auf dieses Verhalten anspricht, erfährt sie von ihr, dass sie sich kürzlich von ihrem Mann getrennt hat. Vor wenigen Wochen sei ihr »Ex« ausgezogen. Nicht nur, dass die Lehrerin das Verhalten von Theo sofort in einem anderen Licht sieht und schnell versteht, dass Theos Verhalten nichts mit ihr und ihrem Unterricht zu tun hat und ebenso wenig mit mangelnder Disziplin oder ADHS. Hinter Theos impulsiven Verhalten erkennt sie mit einem Mal die Angst des Jungen, mit etwas, was ihm ständig durch den Kopf geht, nicht fertigzuwerden. Um diese Angst zu besiegen, muss er ständig »in Aktion« sein. Am Ende einer Stunde bittet sie Theo, noch kurz im Klassenzimmer zu bleiben, und spricht ihn behutsam darauf an, was ihn so beschäftigen würde, dass er gar nicht mehr richtig am Unterricht teilnehmen könne. Und dass er ihr, wenn er etwas auf dem Herzen habe, es jederzeit sagen könne. Nachdem das Gespräch zunächst daran scheitert, dass Theo nur zuhört und selbst nichts sagt, bricht er einige Tage später sein Schweigen, kommt zu ihr und sagt schluchzend: »Ich habe Angst, dass sie auch weg ist, wenn ich nach Hause komme.« Am liebsten würde er gar nicht mehr zur Schule gehen, sondern »immer bei der Mama bleiben«.

Kinder, deren Eltern sich trennen, müssen mit ihren Verlustängsten umgehen lernen, gerade, wenn es den Eltern nicht leichtfällt, selbst mit der neu entstandenen Situation umzugehen und sie teilweise selbst Verlustängste empfinden. Immerhin müssen auch sie in den meisten Fällen erst einmal verkraften, dass der von ihnen einst oder immer noch geliebte Partner die Familie verlässt. Die neu entstandene Situation macht aber besonders den Kindern große Angst. *Wenn einer geht,* denken sie, und dies ist nicht mal unlogisch, *dann kann doch auch der andere gehen?* Was also, wenn Mutter oder Vater, bei denen sie jetzt wohnen, nicht zu Hause ist, wenn sie vom Kindergarten oder aus der Schule kommen? Wird die Trennung ihrer Eltern dann noch von heftigen Konflikten begleitet und haben sie vielleicht zugehört, als ihre Mutter oder ihr Vater einem Freund sagte, die Situation nicht mehr aushalten zu können, scheint diese Angst plötzlich gar nicht mehr so aus der Luft gegriffen. Ein Kind übersetzt diese Worte, auch wenn sie anders gemeint waren, für sich so, dass auch der übrig gebliebene Elternteil verschwinden kann.

Eine Mutter berichtete mir kurz nach der Trennung von ihrem Lebenspartner von einem Alptraum ihrer vierjährigen Tochter: Sie erzählte, in diesem Traum auf einem hohen Berg gesessen zu haben und dass ihre beiden Eltern sie zurückgelassen hätten: »Da war ich ganz allein.«

Jetzt ist es besonders wichtig, mit diesen Verlustängsten adäquat umzugehen. Verlässlichkeit und die Fortsetzung bislang erprobter Rituale stehen dabei an erster Stelle. Das Kind muss zum verabredeten Zeitpunkt von der Kita abgeholt werden und bei seiner Rückkehr aus der Schule sollte immer jemand zu Hause sein. Es muss nicht unbedingt die Mutter oder der Vater sein, auch Oma oder Opa oder eine Freundin oder Nachbarin vermitteln dem Kind, sich weiterhin sicher und angenommen zu fühlen. Dies gilt besonders für noch jüngere Kinder, aber auch Zwölfjährige sollten in den ersten Wochen und Monaten nach der Trennung ihrer Eltern, wenn irgend möglich, nach Schulschluss in keine leere Wohnung zurückkehren müssen, damit vorhandene Verlustängste nicht unnötig verstärkt werden und das Kind belasten. Nicht nur Konzentrationsstörungen, ein Nachlassen der Schulleistungen, Rückzug, aggressives Verhalten, um die Ängste zu überspielen, können die Folge sein, sondern auch suchtartiges Computerspielen, um das Alleinsein besser aushalten zu können.

Hätte ich nur mein Zimmer immer aufgeräumt – Schuldgefühle

Lea, 8 Jahre, ist ein aufgewecktes und fröhliches Mädchen. In ihrem Kinderzimmer herrscht immer ein großes Durcheinander. Zahnbürste, Kamm und Bürste fliegen auf dem Fußboden im Badezimmer herum, und ihren Teller lässt sie nach dem Essen oft auf dem Tisch stehen, um sich sofort einer spannenderen Beschäftigung zuzuwenden, statt ihn wenigstens in die Spüle zu stellen. Ihre Eltern lassen ihr viele Freiheiten und achten sehr auf ihre Bedürfnisse. Aber manchmal halten sie ihre Unordnung einfach nicht mehr aus. Dann hört Lea schon einmal Sätze wie »Deine Unordnung raubt mir noch den Verstand« oder »Ich habe schon genug mit deinem kleinen Bruder zu tun, gib dir endlich etwas Mühe beim Aufräumen«. Und der Vater hat einmal, halb im Scherz, zu ihr gesagt: »Wenn du weiter so ein Chaos in unserer Wohnung veranstaltest, dann muss ich wohl ausziehen.« Und dann ist er eines Tages, als ihre Eltern sich getrennt haben, tatsächlich ausgezogen.

Wie auch die Erwachsenen suchen Kinder, wenn ihnen etwas widerfährt, auf das sie unvorbereitet sind, nach Gründen, warum es so und nicht anders passiert ist. Und genau dies tun sie auch, wenn ihre Eltern sich trennen. Besonders die jüngeren Kinder, denen es noch nicht gelingt, die Trennung ihrer Eltern aus einem gewissen Abstand zu beurteilen, suchen dann häufig die Schuld bei sich selbst. Ob es sich nun um ein unaufgeräumtes Zimmer handelt, darum, die Schulaufgaben nicht immer ordentlich gemacht zu haben oder zu laut gewesen zu sein, sie verbinden die Trennung der Eltern und den Auszug eines Elternteils *mit ihrem eigenen Verhalten,* sehen das Geschehen *von sich* abhängig und nicht von den Konflikten zwischen ihren Eltern, die zu deren Trennung geführt haben. Mit der ihnen eigenen kindlichen Logik beziehen sie zwei Sachverhalte, die eigentlich gar nichts miteinander zu tun haben, ihre eigenen »Fehler« und die Trennung ihrer Eltern, aufeinander und landen dann bei sich selbst.

Oft haben sie auch Sätze ihrer sich streitenden Eltern aufgeschnappt, die ihnen, wörtlich genommen, durchaus recht geben: *Wären die Kinder nicht da, wäre ich schon längst weg,* oder: *Jetzt muss ich auch noch für die blöden Kinder zahlen.* Diese oft im Affekt gesprochenen Worte sind zwar nicht wörtlich gemeint, aber die Kinder nehmen sie für bare Münze und fassen sie dahingehend zusammen: *Wenn ich nicht wäre, wäre alles gut.* Nicht nur, dass sie sich nicht mehr als genügend wertvoll empfinden, dass man bei ihnen bleibt, sondern sie geben sich innerlich die Schuld dafür, dass die Eltern sich getrennt haben. Hinzu kommt, dass sie einfach nicht wahrhaben wollen, dass sich ihre bislang so verlässlichen Bindungspersonen jetzt von ihnen abwenden. Statt ihnen dafür die Verantwortung zuzuweisen, geben sie aus der Angst heraus, ihre Eltern damit »schlechtzumachen«, sich selbst die Schuld. Ein psychologischer Trick, ihre Eltern ungeschoren davonkommen zu lassen.

Umso wichtiger ist es, dass Eltern im Gespräch mit ihren Kindern die ganze Verantwortung auf sich nehmen: *Mama und Papa trennen sich, weil wir uns dauernd streiten. Euch aber haben wir genauso lieb wie vorher. Dass wir uns trennen wollen und der Papa (oder die Mama) auszieht, hat allein mit uns zu tun und nicht mit euch. Wir wollen uns trennen, weil es uns dann besser gehen wird. Gleichzeitig wissen wir, dass wir euch damit wehtun. Das tut uns sehr leid. Aber ihr seid nicht dafür verantwortlich, dass wir uns trennen. Es ist nicht eure Schuld.*

Es geht in diesem Fall um klare und deutliche Worte, denn es ist für die Psyche eines Kindes quälend und schlimm, sich für das, was es schmerzt und worunter es leidet, selbst verantwortlich zu machen.

Die tun sowieso, was sie wollen! – Machtverlust und Ohnmachtsgefühle

Aische ist sieben Jahre alt. Als ihre Eltern sich trennen, schweigt sie tagelang und will nichts mehr sagen, sosehr ihre Eltern sich auch bemühen, mit ihr zu sprechen. Auch später hat man manchmal noch den Eindruck, sie habe ihre Sprache buchstäblich verloren. Dann sitzt sie einfach da und sagt nichts.

Max ist Teenager, 14 Jahre alt und mitten in der Pubertät. Als seine Eltern ihm mitteilen, sich zu trennen, flippt er völlig aus, rennt aus dem Zimmer und knallt die Tür hinter sich zu. Kurze Zeit später kommt er noch einmal mit hochrotem Kopf zurück und brüllt: »Ihr macht ja eh nur das, was ihr wollt, spart euch euer Geschwätz.«

Jüngere Kinder empfinden die Trennung ihrer Eltern oft als existenzielle Bedrohung. Aber auch ältere Kinder empfinden Angst bei dem Gedanken, was jetzt auf sie zukommt. Der mögliche Verlust eines Menschen, den sie lieben und auf den sie sich auch weiterhin angewiesen fühlen, wiegt schwer. Genauso schwer ist es deshalb, sich mit dieser Situation abfinden und ihr ohnmächtig zusehen zu müssen. Ohnmacht zu empfinden, gehört, wie wir als Erwachsene wissen, zu den am schwierigsten auszuhaltenden Gefühlen: Einfach nur zusehen zu müssen, wie etwas Schlimmes passiert, ohne aktiv eingreifen zu können. Keine Chance zu haben, wenn sich der Vorgesetzte ständig über einen beschwert und sein Urteil »nach oben« weitergibt. Sich ohnmächtig zu fühlen, hat auch viel mit Anerkennung zu tun. Wenn man ohnmächtig bei etwas zusehen muss, fühlt man sich nicht anerkannt und empfindet große innere Leere. Machtlos zu sein, tut weh.

Kinder, deren Eltern sich trennen und die dabei hilflos zusehen müssen, fühlen oft genauso. All ihr Tun und Handeln nutzt nichts. Alle ihre Versuche, an der Situation etwas zu verändern, greifen ins Leere. Sie fühlen sich, als seien sie gar nicht vorhanden, ohnmächtig, machtlos und leer. Der eigenen Initiative beraubt. Kinder erleben solche Ohnmacht oft als Hilflosigkeit und fühlen sich in ihre frühe Kindheit, als sie ja wirklich noch hilflos waren, zurückversetzt. Entsprechend kehren viele jüngere Kinder von ihrem seelischen Zustand her vorübergehend in ihre frühe Kindheit zurück und zeigen entsprechende Verhaltensweisen. Sie klammern sich an ihre Bezugspersonen, wollen wieder als »Kleiner« behandelt und umsorgt werden. Die Symptome, die sie zeigen, dass sie wieder Einnässen, nur mit ihren Kuscheltieren unterwegs sind, wieder am Daumen lutschen, nennt man regressiv. Sie versuchen ihre Ohnmacht dadurch zu überwinden, dass sie erneut die Abhängigkeit von ihrer Bindungsperson suchen, ihren Schutz und ihre Geborgenheit. Das geht auf Kosten ihrer Selbstständigkeit und Initiative. Andere Kinder verlieren, wie Aische, vorübergehend ihre Sprache. Bis jetzt haben sie die Erfahrung gemacht, ihre Bedürfnisse in Worten ausdrücken zu können und damit gehört zu werden. Jetzt schweigen sie, zumindest vorübergehend, und zwar aus berechtigtem Trotz, aber auch aus Angst, nicht mehr angehört zu werden.

Die Ohnmachtsgefühle, die Kinder bei der Trennung ihrer Eltern fühlen, lassen sich nicht einfach ausreden, denn sie beruhen auf einem realen Vorgang. Auch hier ist das wichtigste Gegenmittel, ihnen für ihre Gefühle Raum zu lassen und sie zunächst so anzuerkennen, wie sie sind: *Ich verstehe, dass du jetzt traurig bist und dich danach sehnst, dass die Mama und der Papa zusammenbleiben. Damit du besser damit klarkommst, wollen wir dir helfen, auch wenn wir getrennt sind. Kannst du uns sagen, wie wir dir am besten helfen können?* Wichtig ist jetzt, den Kindern ihre Initiative wieder zurückzugeben, sie aktiv an den Zukunftsplänen zu beteiligen. Die Trennung der Eltern lässt sich zwar nicht rückgängig machen, aber Eltern können ihren Kindern das Gefühl geben, dass ihre Wünsche und Bedürfnisse auch weiterhin gehört werden.

Ältere Kinder und Jugendliche versuchen häufig, ihre Ohnmachtsgefühle und die damit einhergehende Leere mit aggressivem Verhalten zu überspielen. Es vermittelt ihnen Kraft und das Gefühl »etwas tun zu können«. Ihre Wut über ihre Macht- und Hilflosigkeit ist nicht nur berechtigt, sondern sie zu zeigen, ist auch hilfreich. Damit können sie sich von dem inneren Druck, der auf ihnen lastet, befreien. Gerade jetzt, da sie dabei sind, sich von ihren Eltern loszulösen, und auf eigenen Beinen stehen wollen, fühlen sie sich macht- und hilflos! Genau darin liegt aber auch die Chance, sie von diesen Ohnmachtsgefühlen zu befreien. Sich als Eltern engagieren, dass sie ihre eigenen Projekte weiterverfolgen oder Neues entdecken, das ihnen erlaubt, selbstwirksam zu sein: Musik, Theater, handwerkliche Vorhaben oder soziales Engagement. Das alles gibt ihnen das Gefühl, in eigener Verantwortung etwas zustande zu bringen, was allein für sie zählt und wichtig ist. Wenn Eltern sie darin unterstützen, verlieren ihre Kinder das Gefühl, bei dem, was sich in ihrem Leben ereignet, immer nur Zuschauer zu sein. Und sie gewinnen ihr Selbstvertrauen dadurch wieder zurück, dass sie etwas für sich Sinnvolles zustande bringen.

Was kann ich schon dagegen tun? – Selbstwirksamkeit

Laura ist 12 Jahre alt. Als ihre Eltern sich trennen, verschlechtern sich von einem Tag auf den anderen ihre Leistungen in der Schule. »Ich kriege wohl nichts mehr hin«, seufzt sie verzweifelt.

Schon an anderer Stelle in diesem Buch habe ich beschrieben, wie wichtig es für Kinder ist, selbstwirksam zu sein, ein Gefühl, das sie schon früh kennenlernen, wenn sie als Säugling ihre Eltern anlächeln und ein Lächeln zurückbekommen oder auf den Arm genommen werden, wenn sie ihre Arme nach uns ausstrecken. Mit unserer Unterstützung lernen sie, selbst etwas zustande zu bringen, etwa einen Turm zu bauen oder ein einfaches Instrument zum Klingen zu bringen. Die Eltern strahlen und das Kind bekommt immer mehr das Gefühl, was es sich vornimmt, auch hinzubekommen. Mit dem Erlernen der Sprache stellen sie zudem fest, dass Worte ihre Bezugspersonen umstimmen können und sie überhaupt ihre nächste Umgebung verändern können, wenn sie ausdrücken, was ihnen gefällt oder nicht gefällt. Nicht immer folgt ihren Worten auch das von ihnen erhoffte Ergebnis, denn natürlich macht jedes Kind auch die Erfahrung, dass in manchen Situationen Worte nicht mehr weiterhelfen: *Jetzt mache ich das Licht aus, jetzt wird geschlafen. Punkt.* Aber diese Situationen, wie sie sich im Alltag häufig ergeben, stellen für das Kind keine existenzielle Bedrohung dar.

Eng mit den im vorigen Abschnitt beschriebenen Ohnmachtsgefühlen verbunden ist also das Gefühl, bei der Trennung der Eltern nicht mehr selbstwirksam sein zu können. Machten sie bisher die Erfahrung, schaffen zu können, was sie sich vornahmen, zumindest einigermaßen, stößt ihr Vertrauen auf die eigene Selbstwirksamkeit jetzt auf eine Mauer aus Beton. Egal was sie unternehmen, ihre Eltern trennen sich. Das Empfinden von Machtlosigkeit beinhaltet also auch immer die Erfahrung, nichts zustande zu bringen. Auch hier gilt es, Kindern und Jugendlichen möglichst schnell ein Gefühl für ihre Selbstwirksamkeit zurückzugeben. In der Schule ihre Stärken zu fördern, statt auf ihren Schwächen herumzureiten. Dem Kind oder Jugendlichen zum Zeitpunkt der Trennung viel Freiheit für seine oder ihre eigenen Interessen zu geben. Lehrerinnen und Lehrer anzusprechen, wenn die Schulleistungen nachlassen, und sie zu bitten, auf die besondere Situation des Kindes oder Jugendlichen Rücksicht zu nehmen. Zumal die meisten Kinder nach einigen Wochen und Monaten wieder zum Glauben an sich selbst zurückfinden und ihre Handlungsfähigkeit wiedererlangen. Viele Studien weisen darauf hin, dass die kognitiven Fähigkeiten von Kindern und Jugendlichen von der Trennung auf längere Sicht weniger tangiert werden als ihr seelisches Vermögen, mit der Trennung fertigzuwerden. Zudem fühlt sich das Kind, wenn es seinen bisherigen Leistungsstand wieder erreicht, selbstsicherer. Aber bis dahin braucht es Geduld von allen Seiten, von Eltern und Schule.

Sollen sie doch spüren, was sie mir angetan haben – Wut, Aggression, Weglaufen

Als die Eltern dem 10-jährigen Sven sagen, dass sie sich trennen werden und sein Vater bald auszieht, rastet er völlig aus. Er schreit, verteilt Fußtritte nach allen Seiten, schmeißt eine Vase vom Tisch.

Er verlässt den Raum, tobt weiter in seinem Zimmer und die Mutter muss ihn ganz fest in den Arm nehmen, damit er sich wieder beruhigt. Am nächsten Tag kommt Sven nicht wie jeden Tag nachmittags von der Schule wieder nach Hause. Er habe die Nachmittagsbetreuung wie immer um 16 Uhr verlassen, sagt die Leiterin den besorgten Eltern. Als sie auf seinem Nachhauseweg nach ihm suchen, finden sie ihn auf dem nahe gelegenen Spielplatz auf einer Bank in sein Computerspiel vertieft.

Für das Verhalten von Sven mag es verschiedene Gründe geben. Vielleicht hat er auch schon vor der Trennung seiner Eltern die Erfahrung gemacht, sich nicht angenommen und geliebt zu fühlen. Vielleicht will er auch nicht nach Hause, weil er Angst hat, erneut mit der Trennung und den Streitereien seiner Eltern konfrontiert zu werden. Möglicherweise will er auch als »Liebesbeweis«, dass seine Eltern sich um ihn Sorgen machen und nach ihm suchen. Will ihnen Angst machen, dass sie sich das mit ihrer Trennung noch einmal gut überlegen. Im Kopf eines Kindes können viele Gedanken herumgeistern, um mit Ängsten und der schwierigen Situation, vor die es seine Eltern gestellt haben, umzugehen. Eine andere Erklärung lässt sich aber auch darin finden, dass vor allem ältere Kinder sich einfach nur »rächen« wollen, für das, was man ihnen in ihren Augen gerade antut. Fast jedes Kind hat schon einmal, als es sich von seinen Eltern zu Unrecht bestraft gefühlt hat, daran gedacht, einfach wegzulaufen. *Dann werden sie schon sehen, was sie damit angerichtet haben, und sich um mich gehörige Sorgen machen.* Alle diese Gedanken kann auch Sven im Kopf gehabt haben, als er beschloss, von der Schule nicht gleich nach Hause zu kommen. Nicht für immer wegzulaufen, aber ihnen einmal *richtig Angst* um ihn machen, um die Aufmerksamkeit wieder auf sich zu lenken. Dies sei, so mag es in ihm vorgehen, die *gerechte Strafe* für das, was sie ihm angetan haben.

Dass Sven seinen Eltern spontan seine Wut zeigt, ist durchaus positiv zu bewerten, weil er seinen Ängsten damit Ausdruck verschafft. Diese Ängste gilt es anzunehmen, auch wenn sie sich hinter seinem aggressiven Verhalten verbergen. Jetzt gilt es vor allem, ihm zu zeigen, dass er sich trotzdem weiter ernst genommen und anerkannt fühlen kann. Strafen bewirken hingegen das genaue Gegenteil, denn das Kind oder der Jugendliche fühlt sich dann noch weniger akzeptiert, als dies eh schon der Fall ist. Ihm seine Ängste zu nehmen, ihm zu versichern, weiterhin, egal was auch passiert, für ihn da zu sein, darum geht es jetzt. Dass seine Eltern sich so große Sorgen um ihn gemacht haben, als er nicht gleich nach der Schule nach Hause kam, zeigt ihm, wie sehr sie ihn lieben und dass er weiterhin auf sie zählen kann.

Andere Kinder oder Jugendliche tarnen ihre Aggressivität, indem sie bewusst etwas »anstellen«, ob zu Hause, in der Schule oder in ihrer Freizeit. Ähnlich wie beim aggressiven Verhalten geht es auch hierbei darum, die Aufmerksamkeit wieder auf sich zu lenken. Das Kind dafür nur zu verurteilen, stärkt sein Gefühl, von Gott und der Welt verlassen zu werden. Auch jetzt gilt es, dieses Verhalten anzunehmen, dem Kind zwar zu erklären, dass sein Verhalten nicht toleriert werden kann, es aber trotzdem weiterhin die ganze Liebe und Zuwendung seiner Eltern genießt. Vor allem geht es darum, nicht das Kind oder den Jugendlichen als ganze Person zu kritisieren, sondern nur das zu thematisieren, was es gerade angestellt hat.

Wenn manche älteren Kinder und Jugendliche nach der Trennung ihrer Eltern für einen längeren Zeitraum ganz »abtauchen« und kaum noch zu Hause sind, ist dies ein ernst zu nehmendes Warnsignal, das man nicht ignorieren darf. In diesem Fall ist es wichtig, nicht nur mit ihnen, sondern auch mit ihren Freunden, Lehrern oder Bekannten das Gespräch zu suchen, um herauszubekommen, was sie in ihrer Freizeit so treiben. Exzessives Computerspielen, Selbstgefährdung oder Drogenmissbrauch können in einzelnen Fällen den Versuch darstellen, den unerträglichen Schmerz, den die Trennung der Eltern in ihnen hervorgerufen hat, zu betäuben. Auch jetzt ist es wichtig, das Gespräch mit ihnen zu suchen. Vielleicht fühlte sich der oder die Jugendliche auch schon in der Zeit vor der Trennung nicht anerkannt und verlassen. Auf jeden Fall sollte in solchen Fällen professionelle Hilfe in Anspruch genommen werden.

Ich bin nur noch traurig – Rückzug und Depression

Britta, 16 Jahre alt, zieht sich nach der Trennung immer mehr zurück. Sie sehnt sich nach ihrem Vater, der die Familie verlassen hat, wirkt lustlos, und zunehmend macht sich bei ihr eine Essstörung bemerkbar. Zunächst ignorieren ihre Eltern ihr Verhalten, im Gegenteil, sie fühlen sich manchmal sogar erleichtert, dass ihre Tochter nicht offen gegen sie rebelliert. Als ihre Lehrerin sie beim nächsten Elterntag freundlich fragt, was mit Britta denn los sei, dass sie sich kaum noch am Unterricht beteiligen würde und eigentlich nur noch für die von ihr geleiteten Theater-AG etwas übrighabe, erzählen sie ihr von ihrer Trennung, die jetzt schon vier Monate zurückliegt. Und dass sie sich in dem anfänglichen Durcheinander kaum um ihre Kinder hätten kümmern können. Aber das Essverhalten von Britta würde ihnen schon Sorgen machen. Vielleicht habe es ja mit ihrer Trennung zu tun.

Viele Kinder und Jugendliche reagieren auf die Trennung mit Trauer und ziehen sich für eine Weile von dem, was in ihrer Umgebung vor sich geht, und auch von dem, was sie bislang interessiert hat, zurück. Trauer ist eine ganz normale Reaktion auf die Trennung der Eltern, einfach deswegen, weil sie wehtut. Manchmal resultieren aus ihr auch wirklich Schmerzen, Kopfschmerzen, Bauchschmerzen, Übelkeit. Die Trauer der Kinder anzunehmen, ist ebenso wichtig, wie das gegenteilige Verhalten, ihre vorübergehende Wut, zu akzeptieren. Genauso wichtig ist es, feinfühlig mit ihnen das Gespräch zu suchen, was zunächst nicht immer einfach ist, weil sie durch ihren Rückzug ja auch ihren Protest ausdrücken. Vielleicht lässt sich das Gespräch aber kurzfristig auch an andere delegieren, denen die Kinder oder Jugendlichen vertrauen, zum Beispiel an die Lehrerin, wie es im obigen Fallbeispiel möglich war. Da sie nicht direkt ins Trennungsgeschehen involviert sind, fällt es den betroffenen Kindern und Jugendlichen manchmal leichter, sich ihnen gegenüber zu öffnen. Im vorliegenden Fallbeispiel gelang es der Lehrerin nicht nur, Britta weiterhin für das Theaterspielen zu gewinnen, sondern am Ende eines langen Gesprächs auch dafür zu begeistern, selbst ein kurzes Theaterstück über die Trennung von Eltern und wie Kinder darauf reagieren, zu schreiben. Allmählich fand sie den Weg aus ihrer Trauer ins Leben zurück und drei Jahre später dankte sie dieser Lehrerin bei der Abiturfeier, ihr damals aus der für sie schwierigsten Zeit in ihrem Leben herausgeholfen zu haben.

So wie Britta geht es vielen nach der Trennung der Eltern. In den allermeisten Fällen finden sie nach einigen Wochen und Monaten, unterstützt von ihren Eltern, Freunden oder auch anderen wichtigen Bezugspersonen wieder in ihr gewohntes Leben zurück. Fehlt diese Unterstützung, kann sich ihre Trauer aber auch verfestigen. Dann fühlen sie sich andauernd depressiv, wollen und können nichts mehr wie früher in Angriff nehmen, grübeln in ihrem Zimmer vor sich hin, versäumen die Schule, in der ihre Leistungen stetig nachlassen. In manchen Fällen kann es auch zu selbstverletzendem Verhalten kommen, um mit den empfundenen Schmerzen den eigentlichen Schmerz über die Trennung der Eltern zu überdecken, um überhaupt wieder »etwas empfinden« zu können. Spätestens jetzt ist professionelle Hilfe notwendig und die Eltern müssen sich darum, manchmal auch gegen den Willen des Kindes, kümmern.

Ich habe euch doch beide lieb – Loyalitätskonflikte

Die zehnjährige Maria kommt von ihrem »Vaterwochenende« zu ihrer Mutter zurück. »War es schön beim Papa?«, fragt sie und weiter: »War Jeanne, diese neue Freundin von ihm, eigentlich auch da?« Maria gibt keine Antwort und geht wortlos in ihr Zimmer.

Da kaum eine Trennung ohne vorherige Streitereien stattfindet, in denen es zwischen den Eltern am Ende meistens um die Frage geht, wer von beiden »Schuld« an dem ganzen Schlamassel und seinen Folgen hat, werden auch die Kinder als völlig Unbeteiligte in solche Auseinandersetzungen sehr häufig hineingezogen. Sei es als heimliche Zuhörer, sei es, weil ein Elternteil bewusst versucht, sie auf seine Seite zu ziehen. *Soll er doch abhauen, der Papa, wenn er eine andere hat.* Oder: *Ich habe deiner Mutter immer alles recht gemacht, aber sie war ja nie zufrieden.* Solche und noch schlimmere Sätze hören viele Kinder von Eltern, die sich trennen. Für Außenstehende mögen solche Äußerungen manchmal nachvollziehbar sein, für Kinder von getrennten Eltern sind sie Gift. Sie stürzen sie in Loyalitätskonflikte, die sie kaum aushalten können und aus denen nur schwer herauszufinden ist.

Zu wem sollen sie jetzt halten? Wer von beiden hat denn nun recht? Und wenn die Mutter nach der neuen Freundin von Papa fragt, doch nur, um ihm die Schuld zu geben, dass beide sich getrennt haben. Genau das spürt Maria, deshalb schweigt sie auch. Um ihrer Mutter nicht wehzutun, aber auch, um dem Papa nicht wehzutun. Sich vor den Kindern gegenseitig schlechtzumachen, wirkt auf diese immer zerstörerisch. Nicht nur, dass sie sich selbst mitbetroffen fühlen, denn schließlich lieben sie ja auch den, der da gerade heruntergemacht, angeklagt und beschimpft wird. Auch ist es für sie schwierig, sich auf eine Seite zu schlagen. Halten sie zur einen, verlieren sie den anderen und umgekehrt – aus dieser Falle könnten sie sich nur durch Flucht vor beiden befreien. Wenn sie sich dann für den entscheiden, der ihnen in der gegenwärtigen Situation den meisten Schutz verspricht, mag das noch eine gut überlegte und pragmatische Entscheidung sein, sich vom Druck, der auf ihnen lastet, zu befreien, auch wenn sie damit dem anderen vielleicht Unrecht tun. Schlimmer ist es, wenn sie darüber die Achtung vor beiden Eltern verlieren und überhaupt nicht mehr wissen, wohin mit sich. Diesen inneren Konflikt und dieses Gefühl sollte man ihnen ersparen.

Natürlich lassen sich in einer Trennungssituation, insbesondere, wenn sie »asymmetrisch« verläuft, also einer dem anderen die Schuld für die Trennung gibt und sich selbst als »Opfer« fühlt, entsprechende Konflikte zwischen den Erwachsenen nicht vermeiden. Entscheidend aber ist, sie nicht auf die Kinder zu übertragen, indem man mit ihnen »Koalitionen« bildet. Dafür ist es notwendig, die Paarebene und Elternebene strikt voneinander zu trennen.

Die Kinder müssen weiterhin ihr Vertrauen in beide Eltern setzen können, unabhängig davon, ob und wie die Eltern mit sich selbst klarkommen.

Was nicht bedeutet, ihnen etwas »vormachen« zu müssen. Schließlich wissen sie spätestens ab dem Schulalter, dass die Trennung ihrer Eltern einen Grund, eine Vorgeschichte hat, dass Papa oder Mama jetzt einen neuen Freund hat und Freud und Leid bei beiden unterschiedlich verteilt sind. Dass man sich trennt, weil man den anderen nicht mehr so versteht wie früher, muss kein Geheimnis bleiben, im Gegenteil, es hilft, dass die Kinder die Trennung ihrer Eltern verstehen und sich nicht selbst dafür die Schuld geben. Zuzugeben: *Ich bin traurig und komme nur schlecht damit klar, dass die Mama jetzt einen neuen Freund hat,* ist etwas völlig anderes, als dem Kind oder Jugendlichen zu verstehen zu geben, dass sie »böse« ist oder, noch schlimmer, »eine blöde Schlampe«, die sich völlig unmöglich verhält. Und wenn dem einen oder der anderen ein solcher Satz im Affekt dann doch mal herausrutscht, sollte man sich beim Kind dafür entschuldigen: *Es tut mir leid, ich bin so wütend gerade. Wenn mir so ein Satz noch einmal passiert, hast du das Recht, mich zu bitten, damit aufzuhören.* Alle Eltern machen Fehler. Es geht darum, sie zuzugeben, statt sich hinter ihnen zu verbarrikadieren.

Ich muss jetzt ganz tapfer sein – kindliches Durchhaltevermögen und Resilienz

Die siebenjährige Nina, die seit einigen Wochen im Unterricht wie abwesend wirkt und beim Schulausflug nicht von der Hand ihrer Lehrerin weggehen will, wird von ihr einfühlsam nach der Trennung ihrer Eltern gefragt: »Ich weiß von deiner Mama, dass sich deine Eltern getrennt haben. Das ist für dich eine schwere Zeit – willst du mir davon erzählen?« Nach einigem Zögern antwortet Nina: »Der Papa soll nicht weggehen. Aber ich muss jetzt ganz tapfer sein.«

Vielleicht hat Nina diese Worte von ihrer Mutter übernommen. Aber sie drückt damit ein Gefühl aus, dass viele Kinder in ihrer Situation so empfinden. Wenn es ihren Eltern schlecht geht, müssen wenigstens sie durchhalten! Manchmal wird ihnen diese Last zu schwer. Aber oft hilft ihnen dieses Gefühl dabei, mit sich und der Situation besser fertigzuwerden. Kinder verfügen, wenn ihr psychisches Immunsystem intakt ist, weil sie sich von ihren Eltern bislang geschützt und geborgen fühlten, über ein erstaunliches Durchhaltevermögen. Sie sind von Natur aus am Leben interessiert, sie sind neugierig und voller Tatendrang. Sich unterkriegen zu lassen, gilt nicht, darin sind sie manchem Erwachsenen überlegen. Und diese kindliche Stärke benutzen sie, um mit der Trennung ihrer Eltern fertigzuwerden.

Wir wissen aus vielen Studien, dass die überwiegende Mehrzahl der Kinder mit der Trennung ihrer Eltern auf lange Sicht ganz gut fertigwird. Es ist unter anderem dieser Überlebensinstinkt, der ihnen die Kraft gibt durchzuhalten, besonders wenn sie dabei von ihren Eltern und anderen Bezugspersonen, zum Beispiel nahen Angehörigen, Erzieherinnen und Lehrern, aber auch von Freundinnen und Freunden unterstützt werden. Sich anerkannt zu fühlen, Vertrauen in sich und die Welt zu haben, über ein gutes Selbstgefühl zu verfügen und die Erfahrung zu machen, selbstwirksam zu sein, sind die wichtigsten Stützen, auch mit schwierigen Situationen und inneren Konflikten gut umgehen zu können. Psychologen nennen diese Fähigkeit manchmal Resilienz.

5. Innenwelten II: Was geht in Eltern vor, die sich trennen?

Typisch, dass es gerade mir passiert – Trennungen haben immer eine Vorgeschichte

Ronit und Abi trennen sich. Beide wollen, dass ihre Kinder möglichst wenig darunter leiden. Sie sind bestrebt, eine einvernehmliche Lösung zu finden, um ihren Kindern damit zu helfen, die Zeit der Trennung und danach möglichst gut zu überstehen. Während Ronit dieses Vorhaben mit Mut und viel Energie in Angriff nimmt, fällt es Abi viel schwerer, sich mit der neuen Situation abzufinden. Die Trennung kratzt an seinem Selbstwertgefühl und er hat plötzlich Angst, auch in seinem Beruf zu versagen. Allein in seiner neuen Wohnung weiß er nicht, wohin mit sich, fühlt sich depressiv und findet morgens kaum noch aus dem Bett. Seine Kinder erleben ihn traurig und wie abwesend, obwohl er sich alle Mühe gibt, ihnen weiterhin ein guter Vater zu sein.

Im zweiten Kapitel dieses Buches bin ich im Abschnitt »Bindungswelten« bereits darauf eingegangen, dass jede Trennung sowohl für die betroffenen Kinder als auch für ihre Eltern eine Vorgeschichte hat. Diese Vorgeschichte spielt dann nicht nur eine Rolle bei der Trennung selbst, sondern beeinflusst später auch, wie gut die Eltern mit der Trennung umgehen und ob sie sie adäquat verarbeiten können.

Als Kind hat Abi immer wieder die Erfahrung gemacht, sich von seinen Eltern nicht akzeptiert zu fühlen. Immer hatte er das Gefühl, nicht gut genug für sie zu sein, ob zu Hause, wo er für Kleinigkeiten immer wieder ausgeschimpft und bestraft wurde, oder im Kindergarten, wo er für sein Verhalten oft getadelt wurde. Am schlimmsten wurde es, wenn seine Leistungen in der Schule den Wünschen der Eltern nicht entsprachen. Später hatte er dann auch im Beruf immer wieder das Gefühl, trotz all seiner Anstrengungen nicht zu genügen, und er musste erleben, wie jüngere Kolleginnen und Kollegen auf der Karriereleiter an ihm vorbeizogen. Die Trennung von seiner Frau ordnet er nun in dasselbe Schema ein: *Typisch, dass es gerade mir passiert. Sie ist eben viel stärker als ich, ihr gelingt immer alles, ich selbst ziehe sowieso den Kürzeren.* Als er vierzehn war, trennten sich seine Eltern und er lebte von diesem Zeitpunkt an bei seiner Mutter. Sie war erfolgreich und stellte den Vater als »Loser« dar.

Wie sich Erwachsene in der Trennungssituation und danach verhalten, hat also auch immer mit ihren eigenen Erfahrungen als Kind und später als Erwachsener zu tun. In diesem Fall meint Abi, dass alle, sogar seine Kinder, mit der Situation nach der Trennung viel besser fertigwerden als er. Die Kinder wiederum spüren seine Schwäche, er tut ihnen leid, aber im Grunde ihres Herzens wünschen sie sich gerade jetzt einen starken Vater, der sein eigenes Leben in die Hand nimmt. Doch seine unglückliche Kindheit und die Trennung seiner eigenen Eltern haben ihn wieder eingeholt. Von seinen Kindern kann er dafür noch kein Verständnis erwarten, wohl aber von denjenigen, die ihm nahestehen. Was er jetzt braucht, ist Verständnis dafür, wie er sich gerade fühlt, und Anerkennung für die Person, die er ist. Auch Anerkennung von Freunden und Bekannten dafür, wie er sich nach der Trennung verhalten hat, mit Verständnis für seine »Ex«, um den Kindern einen Ehekrieg zu ersparen. Manche Bekannte von ihm sehen gerade darin eine Schwäche, aber im Grunde zeugt sein Umgang mit der Situation auch von einer großen Sensibilität für die Bedürfnisse von anderen. Hält das Gefühl, immer nur »Loser« zu sein, monatelang an, ist es auch im Interesse seiner Kinder notwendig, sich um professionelle Hilfe zu kümmern. Sich in einer solchen Situation in Therapie zu begeben, zeugt nicht von Schwäche, sondern von Stärke und von einem aufrichtigen und mutigen Verantwortungsgefühl für die eigene Zukunft und die der Kinder.

Mich hat niemand gefragt – Ohnmachtsgefühle

Hartmut und Lene haben beschlossen, sich nach sechs Jahren Gemeinsamkeit zu trennen. Die Absicht, auseinanderzugehen, lag für beide schon lange in der Luft, trotzdem reagiert Lene auf die Nachricht von Hartmut, dass er ausziehen werde, panisch und, wie sie selbst sagt, fast hysterisch. Dabei ginge es weniger um sie als um Jan, den gemeinsamen Sohn. Sie wolle ihm jetzt mit gerade mal drei Jahren einfach keine Trennung zumuten. Ihn leiden zu sehen, würde sie völlig fertigmachen. Sie könnten doch in der Wohnung weiterhin gemeinsam leben, um das Kind optimal zu betreuen. Hartmut aber bleibt hart. Sie wisse doch auch, dass ihre Beziehung nur noch auf dem Papier stehen würde. Weiterhin zusammenzubleiben, sei keine Lösung – weder für sie noch für das Kind – und würde alles nur noch verschlimmern. Er verspricht, alles dafür zu tun, dass ihr Sohn unter ihrer Trennung möglichst wenig leidet. Vielleicht könnten sie sich ja gemeinsam für das »Wechselmodell« entscheiden und sich auf diese Weise abwechselnd um Jan kümmern. Lene meint, es nicht ertragen zu können, ihren Sohn eine ganze Woche nicht zu sehen. Die Situation scheint ihr aussichtslos.

An diesem Fall sehen wir, dass es nicht immer nur die Kinder sind, die sich der Trennungssituation hilflos ausgesetzt fühlen. Auch den Erwachsenen kann es so gehen. Trennungen verlaufen, wie ich schon an anderer Stelle hervorgehoben habe, meistens asymmetrisch. Vielfach geht die Initiative, sich zu trennen, schließlich von einem der beiden Partner aus und dann muss es auch gar nicht immer ein neuer Freund oder eine neue Freundin sein, die dem anderen das Gefühl gibt, ein »Verlierer« zu sein. Und dennoch: Ähnlich wie das Kind muss derjenige, der die Trennung eigentlich gar nicht will, jetzt mit ansehen, wie der andere seinen Beschluss ihm gegenüber durchsetzt. Viele wollen sich damit nicht abfinden und bringen immer neue Argumente vor, zusammenzubleiben, manche schlagen eine Familientherapie vor – was in manchen Fällen durchaus sinnvoll ist – oder machen Angebote, wie Lene, wie

Freunde zusammenzubleiben, damit wenigstens das Kind nicht leiden muss. Beharrt der andere auf seinem Entschluss, sich zu trennen, entstehen entsprechende Ohnmachtsgefühle und manchmal kann es der oder die Betroffene kaum aushalten, keine Chance mehr zu haben, das »Unheil« abzuwenden. Auch Lene musste mit vier Jahren der Trennung ihrer eigenen Eltern zusehen und fühlte sich damals ohnmächtig. Ihre Reaktion ist also auch eine Reaktion auf die Erfahrung, die sie vor vielen Jahren als Kind selbst machen musste. Hinzu kommt, dass sie ihr Kind vor dieser Erfahrung, die sie selbst gemacht hat, unbedingt schützen will. Die Psychologie spricht in diesem Fall davon, dass das in der unmittelbaren Gegenwart Erlebte die vergangene Situation förmlich wieder heraufbeschwört. Wichtig ist jetzt, dass sich der oder die Betroffene klarmacht, dass sich die Rolle eines Erwachsenen von der eines Kindes in der Trennungssituation insofern unterscheidet, dass das Kind der Situation tatsächlich völlig ausgeliefert war, wohingegen der Erwachsene die Verantwortung für sich und andere selbst übernehmen kann. Im vorliegenden Fall geht es also zunächst darum, wie es Hartmut und Lene gelingt, die Folgen ihrer Trennung für ihren Sohn zu lindern, um ihm damit ein gutes Leben nach der Trennung zu ermöglichen, an dem sie dann ja auch selbst Anteil haben werden und stolz darauf sein können. Halten die empfundenen Ohnmachtsgefühle zu lange an, ist auch hier professionelle Hilfe nötig.

Das bekommt er/sie zurück! – Wut und Rachegefühle

Nils hat schon ein längeres Liebesverhältnis mit einer Kollegin, von dem Eva kürzlich erfahren hat. Sie wirft Nils aus der gemeinsamen Wohnung, nimmt sich einen Anwalt, bemüht sich um das alleinige Sorgerecht und reicht zudem die Scheidung ein.

So, wie es Nils und Eva geht, ergeht es vielen Paaren, die sich trennen. Er oder sie hat eine »Neue« oder einen »Neuen«, woran ihre Ehe zerbricht. Die »Schuldfrage« scheint geklärt, und wer »Gewinner« und »Verlierer« ist, scheint ebenso offensichtlich. Gemeinsame Freundinnen oder Freunde wenden sich vom »Gewinner« ab und leiden zusammen mit dem »Verlierer«. Auf den ersten Blick ist das Mitgefühl mit dem »Opfer« einer Trennung nachvollziehbar und erscheint gerecht. Und tatsächlich befindet sich der Zurückgebliebene auch in einer weitaus schwierigeren Lage als derjenige, der jetzt mit einem neuen Partner ein neues Leben plant und frisch verliebt – trotz mancher Gewissensbisse – auf Wolke sieben schwebt.

Selbstmitleid und Racheabsichten des »Verlierers« sind jedoch, was das Wohlergehen der Kinder betrifft, die denkbar schlechtesten Ratgeber. Wichtig ist jetzt trotz aller Wut auf den »anderen« oder die »andere«, das eigene Schicksal von dem der Kinder zu trennen. Es sind schließlich die Erwachsenen, die weiterhin die Verantwortung für ihre Kinder tragen und im Gegensatz zu den Kindern ihre Situation aktiv neu gestalten und verändern können. Und dies sollte immer so unabhängig wie möglich von der sogenannten »Schuldfrage« geschehen. Die spielt sich allein auf der Beziehungsebene der Erwachsenen ab und sollte von der Ebene der Kinder unterschieden werden. Sie jetzt in den Konflikt einzubeziehen und gegebenenfalls zusammen mit ihnen gegen den »Bösen« in der Beziehung zu Felde zu ziehen, folgt einem archaischen Muster von Rache und Vergeltung und bringt auch den »Unterlegenen« oder das »Opfer« nicht dazu, sich wieder stark zu fühlen. Im Gegenteil, solange der »Verlierer« nur um Rache bemüht ist, bleibt er seinem Status als Verlassenem und »Schwachem« treu und verlängert ihn auf unbegrenzte Zeit. Der Weg, aktiv ins Leben zurückzufinden, bleibt versperrt.

Auch geht mit dem Ruf nach »Rache« häufig eine Form von Selbstmitleid einher, das zwar zunächst durchaus verständlich sein mag, auf Dauer aber den Abgrenzungsprozess zum anderen erschwert und unfreiwillig sogar verlängert. Die Vorbildfunktion von Eltern leidet darunter und es entstehen verhängnisvolle Koalitionen mit den Kindern, die ihnen erschweren, zu beiden Eltern eine liebevolle Beziehung aufrechtzuerhalten. Langfristige Trennungsfolgen ergeben sich für die Kinder getrennter Eltern erwiesenermaßen vor allem dann, wenn sie nach der Trennung und Scheidung ihrer Eltern in einen »Ehekrieg« mit hineingezogen werden. Die Folgen können gravierend sein. Dazu später mehr.

Die armen Kinder! – Schuldgefühle

Lara verschiebt das Gespräch mit ihren beiden Kindern Susanne und Bülent immer wieder von neuem, weil sie sich nicht traut, ihnen ihre Trennung mitzuteilen. Beide Kinder sind doch noch so klein und »unschuldig«, wie kann man ihnen solches Leid antun? Sie selbst ist in einem wohlbehüteten Elternhaus aufgewachsen und ihre Kinder bedeuten ihr einfach alles. Erst als sie nach einigen Monaten mit ihnen auszieht und ihre Kinder fassungslos zusehen, wie ihr Vater allein in der Wohnung zurückbleibt, findet sie den Mut, ihnen die Trennung zu erklären.

Susanne und auch ihr Mann haben das Gespräch mit ihren Kindern so lange vermieden, weil ihre Schuldgefühle, ihre Kinder mit ihrer Trennungsabsicht zum Leiden zu bringen, zu stark waren. Davon gelähmt und unfreiwillig haben sie es ihnen damit umso schwerer gemacht.

Anlässlich einer Trennung oder Scheidung gegenüber den Kindern Schuldgefühle zu empfinden, ist keineswegs ungewöhnlich und zeugt zudem von einer hohen Sensibilität und Empathie der Eltern. Sind Schuldgefühle doch ein Zeichen dafür, sich in den anderen und seine Gefühle hineinversetzen und sein Leiden an sich herankommen zu lassen. Schwierig wird es aber dann, wenn Schuldgefühle wie im vorliegenden Fall verhindern, dass Eltern sich zu ihrer Verantwortung bekennen, und wenn diese vermeiden, die Initiative zu ergreifen und ihren Kindern mitzuteilen, woran sie sind. Denn auch die Kinder von Lara und ihrem Mann spürten ja schon länger, dass zu Hause etwas nicht stimmte. Plötzlich schlief der Papa auf dem Sofa im Wohnzimmer und manchmal hörten sie, wie sich ihre Eltern stritten, und konnten nicht einschlafen. Dann malten sie sich in ihrer Phantasie Geschichten aus, was alles passieren könnte. *Was, wenn einer ihrer Eltern beim Streit sterben könnte,* dachte sich der kleine Bülent. Oder sie gaben sogar sich selbst die Schuld daran, dass die Stimmung zu Hause so niedergeschlagen war und die Mama so häufig weinte. Der Kleine fing an, wieder in die Hose zu machen, und seine ältere Schwester wollte plötzlich nicht mehr in die Schule gehen und zu Hause »bei der Mama« bleiben. Kinder über die wirkliche Situation hinwegzutäuschen oder ihnen mit aufbauenden Worten (oder Sprüchen) etwas vorzumachen, wobei doch ganz offensichtlich ist, dass etwas gerade überhaupt nicht stimmt, geht meistens schief.

Zunächst tragen Schuldgefühle durchaus positiv dazu bei, sich den Kindern nach der Trennung besonders zu widmen. Für den einen oder anderen können sie sogar Motor sein, die Beziehung zu ihnen jetzt wieder intensiver zu suchen und zu gestalten. Eine negative Wirkung entfalten sie erst dann, wenn die Gedanken nur noch um die eigene Schuld kreisen und sie dazu beitragen, die eigene Sicht und zudem die Sicht der Kinder auf die Zukunft zu versperren. Denn bei allem Leid, das die Trennung für die Kinder verursacht hat, ist gerade auch für sie wichtig, wieder in einen »normalen« Alltag zurückzukehren und hoffnungsvoll in ihre eigene Zukunft zu blicken. Übertriebene Schuldgefühle verhindern dann oft einen ehrlichen Dialog mit den Kindern, aus der Angst heraus, ihnen nicht noch mehr wehtun zu wollen. Kinder aber brauchen Eltern zum Vorbild, die mit sich im Reinen sind.

Schuldgefühle, die mit den Jahren vielleicht schon abgeklungen waren, können erneut entstehen, wenn es dem Kind oder Jugendlichen später einmal nicht so gut geht, sei es in der Schule, sei es, dass sie häufig krank werden oder später in eigenen Beziehungen Probleme haben. Selbst bei Unfällen fragen sich dann manche Eltern, ob das auch geschehen wäre, hätten sie sich nicht getrennt. Um solche Schuldgefühle abzubauen, lohnt vielleicht der Blick auf Kinder aus »normalen« Familien, denen Ähnliches natürlich ebenso passiert. Es bleibt aber bei vielen geschiedenen Eltern der Reflex, die eine oder andere »Katastrophe« auf die Trennung zurückzuführen, und dies umso stärker, je ambivalenter diese erlebt wurde und je weniger es in den zurückliegenden Jahren gelang, sie adäquat zu verarbeiten. Während Eltern in »traditionellen Familien« gar nicht auf die Idee kämen, sich für schlechte Schulleistungen oder vorübergehende Probleme ihrer Kinder selbst verantwortlich zu fühlen, geschieht dies getrennten Eltern viel häufiger. Dies ist ungerecht, weil gerade sie sich um ihre Kinder oft ganz besonders gekümmert haben und sie an Krisen, die alle Kinder und Jugendliche auch ohne getrennte Eltern durchmachen, keine Schuld trifft.

Wären wir doch zusammengeblieben – Ambivalenzgefühle

Viele Trennungen werden nachträglich von starken Ambivalenzgefühlen begleitet, die sich auch aus der den Kindern gegenüber empfundenen Verantwortung ergeben. *War das eigentlich richtig, was ich da gemacht habe, kann ich meine Entscheidung, mich zu trennen, den Kindern gegenüber überhaupt rechtfertigen? Hätte ich es nicht doch noch einmal versuchen sollen?* Solche und ähnliche Zweifel stellen sich nicht nur zum Zeitpunkt der Trennung ein, sondern können manche Eltern Jahre oder ein ganzes Leben begleiten und sie immer wieder zum Nachdenken bringen. Erinnerungen an die schönen Zeiten tauchen auf, ans Kennenlernen, an den ersten Sex, an wunderbare Reisen. Daran, wie man zusammen mit der Krankheit eines Kindes fertiggeworden ist. Wie das Leben trotz aller Konflikte auch intensiv war. Vergleiche zu neuen Partnern werden nach Abklingen der ersten großen Verliebtheit angestellt. *Was wäre passiert, wenn ich ihm/ihr damals nicht zufällig auf der Party von Freunden begegnet wäre, hätte unsere Beziehung dann gehalten?*

Sich diesen Ambivalenzen zu stellen und sich auch an die guten Tage der verloren gegangenen Beziehung zu erinnern, hilft durchaus dabei, sich mit dem oder der »Ex« lange nach der Trennung wieder zu versöhnen. Sich seiner ambivalenten Gefühle bewusst zu werden, stärkt die Achtung vor dem anderen und verhindert, von ihm vor den Kindern ein schlechtes Bild zu entwerfen. Ebenso wird das Gefühl des Kindes gestärkt, aus Liebe heraus geboren worden zu sein und trotz Trennung eine gute Zeit mit beiden Eltern verbracht zu haben. Allerdings sollte diese positive Ambivalenz auch nicht zu sehr gepflegt werden und zu einem ständigen Grübeln darüber führen, ob die Trennung damals ein richtiger Schritt gewesen ist. Denn was geschehen ist, ist geschehen und lässt sich nur in seltensten Fällen wieder rückgängig machen. Nehmen die ambivalenten Gefühle der Eltern zu viel Raum ein, werden sie auch für die Kinder zum Problem, weil sich ihre Unentschlossenheit auch auf sie überträgt. Sie wissen dann häufig nicht mehr, woran sie sind, oder werfen ihren Eltern vor, warum sie sich eigentlich getrennt haben. Kinder und gerade auch Jugendliche wollen in diesen Dingen lieber Klarheit. Sie wollen ihre Eltern als Eltern, aber nicht mehr als Paar sehen.

Macht nichts, das geht vorbei – Bagatellisieren

Steve verhält sich im Kindergarten wie ausgewechselt. Bislang ein ruhiges, fast zu besonnenes Kind, schlägt er seit einiger Zeit um sich, wenn ihm etwas nicht passt. In anderen Situationen zieht er sich von den anderen Kindern zurück und hängt am Rockzipfel der Erzieherin. Als die seinen Vater, der ihn gerade abholt, darauf anspricht, antwortet er: »Ach so, ich habe ganz vergessen, Ihnen zu sagen, dass ich vor einigen Wochen ausgezogen bin und mich von meiner Frau getrennt habe. Aber das wird schon, es gibt schließlich Schlimmeres im Leben. Und sowieso, es trennen sich doch ohnehin fast alle.«

Die Kehrseite von übertriebenen Schuld- und Schamgefühlen besteht in der Strategie, die Trennung und ihre Auswirkungen zu bagatellisieren. Was ja auch zunächst entlastend wirkt, um sich mit diesen negativen Gefühlen nicht weiterhin auseinandersetzen zu müssen. Sicherlich ist der Hinweis von Steves Vater nicht ganz falsch, denn tatsächlich »überleben« die meisten Kinder die Trennung ihrer Eltern ganz gut. Aber der Glaube, Kinder kämen mehr oder weniger automatisch gut mit der für sie neu entstandenen Situation klar, weil sich die meisten Eltern sowieso irgendwann trennen, trügt. Ihre Lage zu bagatellisieren oder gar schönzureden –

Jetzt habt ihr zwei Kinderzimmer und bekommt zum Geburtstag doppelt so viele Geschenke – geht an der Befindlichkeit der Kinder vollkommen vorbei. Aus Loyalität werden zumindest die jüngeren Kinder dem nichts entgegensetzen und dennoch im Stillen weiterhin leiden. Und auch die Vorbildfunktion eines Elternteils, der meint, die Trennung sei doch nicht schlimm, leidet, denn das Kind bekommt den Eindruck, als Erwachsener könne man tun und lassen, was man wolle, und bräuchte auf die Gefühle anderer keine Rücksicht nehmen. Denn die Bagatellisierung der Trennung führt ja auch dazu, sich von der eigenen Verantwortung freizusprechen, obwohl die Situation doch gerade jetzt erfordert, auf die Bedürfnisse und Ängste anderer besonders einzugehen. Häufig ist an einer solchen Haltung die Erfahrung beteiligt, in der eigenen Kindheit enttäuscht und von den eigenen Eltern kaum beachtet worden zu sein, also die eigenen Eltern nicht als empathische Erwachsene erlebt zu haben.

Ich kann nicht mehr – Rückzug, Depression und die Folgen

Miriam hat sich von ihrem Mann getrennt, der vor vier Wochen ausgezogen ist. Jetzt sitzt Lars in seinem Einzimmerappartement und weiß nicht mehr, wie es mit ihm weitergehen soll. Ständig muss er an die drei Kinder denken, die jetzt bei seiner Frau leben. Bei seiner Arbeit kann er sich nicht mehr richtig konzentrieren, er hat zunehmend Angst, dass seinen Kindern draußen etwas zustoßen könnte. Seinen Feierabendsport hat er aufgegeben und zieht sich immer mehr in seine eigenen vier Wände zurück. Er fängt an, zu viel zu trinken und schämt sich dafür. Manchmal überkommt ihn der Gedanke, nicht mehr leben zu wollen. Der Brief des Anwalts seiner Frau liegt schon seit Wochen unbeantwortet auf seinem Tisch.

Der Elternteil, der aufgrund einer Scheidung seine Kinder nicht mehr regelmäßig sieht oder sich aufgrund einer ihr folgenden gerichtlichen Auseinandersetzung sogar um das Sorge- oder Aufenthaltsrecht gebracht sieht, kann, besonders wenn ihm die Lage aussichtslos scheint, leicht in eine ernsthafte Depression geraten oder Suchtprobleme entwickeln. Nicht nur, dass der gewohnte Alltag nicht mehr vorhanden ist, auch das ständige Alleinsein ist der Zurückgelassene nicht gewohnt und es zermürbt ihn zusätzlich, wenn bisherige Freunde sich abwenden. Dazu kommen die quälenden Gedanken, was die Kinder, jetzt ohne ihn, gerade machen, das Gefühl, sich von ihrem Leben ausgeschlossen zu fühlen, und die Angst, sie ganz zu verlieren. Besonders Väter sind betroffen und viele berichten in Internetforen über diese und ähnliche Probleme. Ihnen fehlt der tägliche Umgang mit ihren Kindern, der ja auch von alltäglichen Sorgen ablenkt, sie vermissen ihre Zuneigung und Liebe und fühlen sich der neuen Situation machtlos ausgeliefert. Manche schließen sich einer Väterinitiative an, was ihnen hilft, sich nicht mehr allein mit ihren Sorgen und Nöten, auch mit ihrem Kampf um das Kind, zu fühlen. Andere scheuen vor diesem Schritt zurück, weil sie mit deren resolutem Auftreten nicht klarkommen oder ihr Kind nicht zusätzlich durch einen kompromisslosen Rechtsstreit belasten wollen. Oft geben sie auf. Bei länger andauernden depressiven Stimmungen oder dem Beginn einer Sucht sollten sie unbedingt therapeutische Hilfe in Anspruch nehmen. Auch für diesen Entschluss hilft es, an die eigene Vorbildfunktion für seine Kinder zu denken. Ansonsten entsteht eine Situation, die am Ende nur Verlierer kennt.

6. Wie (und wann) sage ich es meinem Kind?

In diesem Kapitel komme ich auf etwas zu sprechen, was vielen zum Zeitpunkt ihrer Trennung am schwersten fällt, nämlich dem Kind oder den Kindern mitzuteilen, dass man entschieden hat, von nun an getrennte Wege zu gehen. Da besonders dieses Gespräch die bereits im zweiten Kapitel beschriebenen *existenziellen Bedürfnisse* eines Kindes berührt, unter anderem sein Bedürfnis nach Sicherheit und Geborgenheit, stellt es für alle Beteiligten einen tiefgreifenden Einschnitt in ihr Leben dar. Denn der Entschluss, sich zu trennen, wird das Leben von Kindern und ihren Eltern grundlegend verändern, und die Art, wie das Gespräch darüber geführt wird, beeinflusst nicht unmaßgeblich den weiteren Verlauf der Dinge. Deswegen gebührt diesem Gespräch an dieser Stelle ein besonderes Kapitel.

Aller Anfang ist schwer

Einige Gründe, warum viele Eltern dem Gespräch mit ihren Kindern über ihre bevorstehende Trennung am liebsten aus dem Weg gehen wollen, habe ich bereits erwähnt. Zunächst handelt es sich um ein gutes Zeichen, denn sie wollen dem Kind mit der Mitteilung einfach nicht wehtun. Daher ihre Gewissensbisse und ihre Ängste. Natürlich gibt es Eltern, denen es weniger ausmacht, mit ihren Kindern dieses Gespräch zu suchen, vielleicht auch deswegen, weil Probleme und Konflikte in der Familie bislang schon immer offener als in anderen Familien angesprochen wurden. Oder weil die Eltern bereits so zerstritten sind, dass ihnen dieses Gespräch mit ihren Kindern auch nicht mehr viel ausmacht, frei nach dem Motto: Hauptsache, es ist endlich Schluss mit dem ständigen Streit und den ewigen Konflikten, die sowieso nicht mehr zu lösen sind. Dann lieber ein Ende mit Schrecken, auch für die Kinder, als ein Schrecken ohne Ende!

Unabhängig von jeder Vorgeschichte bleibt Eltern, die sich trennen, aber nichts anderes übrig, als es ihren Kindern eines Tages mitzuteilen. Dass einer einfach ohne Ankündigung verschwindet, wäre für sie eine katastrophale Erfahrung und dürfte für fast jedes Kind traumatische Folgen haben. Denn auch wenn es vielleicht schon etwas ahnt, würde ein solch unvorbereiteter Abschied nahezu jedes Kind völlig aus der Bahn werfen. Es fühlt sich überrumpelt, übergangen und nicht gehört, weil es keine Chance hatte, sich überhaupt, auf welche Weise auch immer, auf den Entschluss seiner Eltern einzustellen. Hinzu kommt die Angst, dass sich der zurückgebliebene Elternteil eines Tages ebenso lautlos aus dem Staub machen wird. Solche Ängste können, werden sie nicht angesprochen, zur völligen Desorientierung eines Kindes führen. Denn die Angst vor völligem Verlust von Schutz und Beziehung wirkt auf die Psyche der Kinder wie ein sich langsam verbreitendes Gift. Den Fall von dem Jungen, der vor lauter Angst, zu Hause niemanden mehr anzutreffen, in der Schule keine Minute mehr stillsitzen konnte, oder der Traum der Vierjährigen, von ihren Eltern allein auf einem Berg zurückgelassen zu werden, habe ich im vorletzten Kapitel bereits geschildert. Dem Kind *muss* also gesagt werden, dass seine Eltern sich trennen, es muss darauf vorbereitet sein, wenn einer seiner Eltern das gemeinsame Zuhause verlässt.

Allerdings sollten sich die Eltern vor dem Gespräch mit ihm auch klar darüber geworden sein, sich wirklich trennen zu wollen. Ihnen, verbunden mit einem »vielleicht« seine Ängste nehmen zu wollen, mag gut gemeint sein, verstärkt aber nur seine Unsicherheit und Ängste, dass am Ende doch eintritt, was ihm seine Eltern jetzt noch nicht zu sagen trauen. Auch glauben manche Kinder dann, sie müssten ihren Eltern, damit sie zusammenbleiben, jetzt ganz besonders gefallen und geben sich am Ende noch selbst die Schuld, wenn das eintritt, wovor sie sich am meisten gefürchtet haben. So paradox es auf den ersten Blick auch anmutet: Klare Botschaften mindern Ängste von Kindern, weil sie ihre Anspannung lösen und ihre ständigen Gedanken darüber, der zu erwartende Verlust wäre womöglich noch abzuwenden, beenden. Und ebenso wichtig ist es, dass das Kind oder die Kinder die Absicht ihrer Eltern, sich zu trennen, von diesen selbst erfährt und nicht auf Umwegen.

Das Vorgespräch

Aus allen diesen Gründen sollte das Gespräch mit dem Kind also besonders gut vorbereitet werden. Denn es berührt, wie schon erwähnt, einige seiner existenziellen Bedürfnisse, die es von Geburt an hat und die seine Suche nach Bindung von Beginn seines Lebens an motivieren. Dabei handelt es sich besonders um sein Bedürfnis

- nach Schutz vor äußeren Gefahren,
- nach Sicherheit und Geborgenheit,
- nach Anerkennung,
- nach Beziehung und Kooperation.

Was im Übrigen nicht nur für Kinder, sondern auch für Jugendliche gilt, obwohl sie es sich nur ungern anmerken lassen. Und gerade weil das Gespräch diese tief in ihnen verankerten Gefühle und Bedürfnisse berührt, wird es vielen ihr Leben lang im Gedächtnis bleiben.

Beide Eltern sollten sich also *vorher* die Zeit genommen haben, den Verlauf des Gesprächs gründlich dahingehend zu besprechen, wie sie diese Bedürfnisse und die mit ihnen verbundenen Ängste des Kindes am besten auffangen und ihnen genügen können. Das Gespräch sollte dem Kind vermitteln, dass es keine Angst zu haben braucht, nach der Trennung seiner Eltern Gefahren von außen schutzlos ausgeliefert zu sein. Eng damit verknüpft ist besonders bei jüngeren Kindern ihr Gefühl, sich jederzeit in den »sicheren Hafen« ihrer Eltern zurückziehen zu können. Zur Stärkung seines Selbstwertgefühls braucht es jetzt viel Anerkennung. Dies gilt auch, wenn es Verhaltensweisen zeigt, zum Beispiel aggressive Gefühle, die die meisten Eltern ansonsten wenig schätzen. Das Kind braucht zudem das Gefühl, mit sich und seinen Sorgen nicht alleingelassen zu werden. Es braucht *Resonanz*, Beziehungen, das Gefühl, gehört zu werden, statt mit seinen Ängsten ins Leere zu greifen.

Wenn möglich, sollten die Eltern ihren Kindern die Botschaft gemeinsam und einhellig überbringen. Widersprüchliche Äußerungen, zum Beispiel wenn ein Elternteil die Trennung definitiv verkündet und der andere andeutet, dass eventuell doch eine Versöhnung möglich ist, verunsichern das Kind in hohem Maße, auch wenn mit dieser Aussage eigentlich eine Beruhigung des Kindes (und sich selbst!) beabsichtigt war. Ferner sollten Eltern darauf achten, in dem bevorstehenden Gespräch zwischen ihren Konflikten auf der Paarebene und ihrer gemeinsamen Elternrolle für die Kinder zu unterscheiden. Es geht in dem Gespräch überhaupt nicht um sie, sondern ausschließlich um die Kinder! Eltern sollten also versuchen, ihre eigenen Konflikte von den existenziellen Bedürfnissen eines Kindes zu trennen. *Sein* Bedürfnis nach Sicherheit und Geborgenheit sollte immer an erster Stelle stehen und nicht, wie sich jeder der beiden Eltern seine eigene Zukunft vorstellt.

Natürlich sind Konflikte zwischen den Eltern vorhanden und fast alle Kinder haben sie mit ihren feinen Antennen bereits, oft schon lange vor der eigentlichen Trennung, registriert. Man kann diese Konflikte vor den Kindern, je älter sie sind, auch zurückhaltend und ohne »den anderen« anzuklagen, ansprechen. Das ist wichtig, damit die Kinder am Ende nicht sich selbst die Schuld an der Trennung ihrer Eltern geben.

Sind die Konflikte zwischen den Eltern so heftig, dass sie nicht in der Lage sind, für das Vorgespräch einen gemeinsamen Nenner zu finden, kann es ratsam sein, eine möglichst neutrale Person hinzuzuziehen, zum Beispiel einen Freund, eine Freundin oder einen guten Bekannten, auf den sich beide einigen können.

Die Trennung zu bagatellisieren: *Alles wird so bleiben wie früher, nur dass der Papa (oder die Mama) jetzt nicht mehr hier wohnt,* hilft nicht weiter. Denn für das Kind bleibt die Welt, wenn seine Eltern sich trennen, nicht mehr die, die sie einmal war. Wie man den Bedürfnissen des Kindes auch nach der Trennung am besten gerecht wird, dazu mehr im zweiten Teil dieses Buches, in dem ich darauf eingehe, wie Kinder ihr Vertrauen und ihr Gefühl, weiterhin geliebt zu werden, behalten oder wieder zurückgewinnen.

Was die Kinder betrifft, sollte man in dem gemeinsamen Vorgespräch auch versuchen, sich auf die eine oder andere bei ihnen zu erwartende Reaktion einzustellen. Viele Kinder ahnen bereits vor dem Gespräch, dass ihre Eltern sich trennen wollen. Sie spüren eine veränderte Stimmung im Haus und registrieren sehr genau, was in ihrer nächsten Umgebung vor sich geht. Der Papa kommt nicht mehr wie gewohnt am Abend nach Hause. Wenn sie nach dem bevorstehenden Sommerurlaub fragen, bekommen sie keine klare Antwort mehr. Oft haben sie Gesprächsfetzen aufgeschnappt, wenn ihre Eltern sich streiten und bereits die Modalitäten ihrer Trennung durchsprechen. Oder ihre Eltern wirken plötzlich so traurig und das, was früher selbstverständlich war, klappt auf einmal nicht mehr. Manche, vor allem ältere Kinder, fragen dann schon mal direkt: »Sagt mal, wollt ihr euch trennen?« – Dass so etwas passiert, ist ihnen aus Erzählungen von Freunden und Bekannten oder aus dem Vorabendprogramm im Fernsehen oder Kinderfilmen schließlich hinlänglich bekannt. Und ältere Kinder und Jugendliche recherchieren auch schon mal im Netz, woran man erkennt, dass Eltern sich trennen wollen und welche Konsequenzen das für sie haben kann. Vielleicht entdecken sie auch genau dieses Buch im Bücherstapel ihrer Mutter oder ihres Vaters und machen sich darüber ihre Gedanken … Spätestens jetzt ist es an der Zeit, ihnen reinen Wein einzuschenken, damit sie sich nachträglich nicht hintergangen fühlen und das Vertrauen in ihre Eltern verlieren.

Für das Gespräch einen guten Zeitpunkt wählen

Nachdem die Eltern das Gespräch mit der Ankündigung, sich zu trennen, gut vorbereitet haben, sollten sie dafür einen passenden Zeitrahmen auswählen. Keinesfalls sollte es »zwischen Tür und Angel« oder unter Zeitnot stattfinden, am besten vielleicht an einem Samstag, wenn alle frei haben und noch ein weiterer freier

Tag zur Verfügung steht, das Besprochene zu vertiefen, gemeinsam zu verarbeiten oder um auf die unterschiedlichen Reaktionen des Kindes eingehen zu können.

Dem Kind oder den Kindern ein gemeinsames Gespräch anzukündigen, den älteren vielleicht mit den Worten, man wolle über etwas sprechen, das ihre Zukunft betrifft, macht die meisten von ihnen zunächst misstrauisch und nervös. Worum geht es? Woher kommt dieser plötzliche Ernst in der Stimme ihrer Eltern und wozu dieser Aufwand? Während die Kleinen folgsam und manchmal eingeschüchtert von dem, was offensichtlich jetzt auf sie zukommt, unsicher auf ihren Stühlen hin- und herrutschen, versuchen einige ältere Kinder, sich dem Gespräch zu entziehen, weil sie das für sie Bedrohliche aus der Ankündigung ihrer Eltern heraushören: *Aber ich habe mich doch gerade zum Fußball verabredet, Christiane holt mich gleich zum Klettern ab.* Der Zeitpunkt sollte also auch so gewählt sein, dass solche Ausreden nicht fruchten. Auf jeden Fall sollten die Eltern auf dem Gespräch bestehen, auch wenn die Kinder ihm – durchaus nachvollziehbar – am liebsten aus dem Weg gehen würden.

Der Satz, der alles verändert

Am Anfang jeder Trennung sollte also ein gut vorbereitetes Gespräch mit den Kindern stehen. Es geht, nochmals unterstrichen, um ihre existenziellen Bedürfnisse: nach Schutz, nach Sicherheit, nach Geborgenheit, nach Liebe und Wertschätzung, nach Anerkennung und um die Stärkung ihres Selbstgefühls.

Natürlich lässt sich dieses Gespräch nicht in allen Einzelheiten durchplanen, allerdings sollte man sich auf einige wesentliche Punkte verständigt haben. Es sind die Eltern, die diese Entscheidung getroffen haben und die dafür die Verantwortung tragen und es sollte selbstverständlich sein, jetzt nicht den Versuch zu unternehmen, die Kinder an dieser Entscheidung beteiligen zu wollen. Auch dann, wenn sie schon etwas älter sind, etwa ab 6 Jahren, kann es nicht darum gehen, mit ihnen die Trennung ihrer Eltern zu »diskutieren« oder den Versuch unternehmen zu wollen, sie mit ins eigene Boot zu holen. Auch umständliche »Erklärungen« oder »Rechtfertigungen« voreinander sind jetzt fehl am Platz. Sätze wie *Ich habe jemanden getroffen, den ich lieber mag als den Papa* oder *Wir finden es ja auch nicht schön für euch* verfehlen ihr Ziel, weil die Kinder genau das jetzt nicht hören wollen. Natürlich ist es wichtig, mit den Kindern vor allem in der Zeit nach der Trennung und je nach ihrem Alter auch über seine eigenen Gefühle zu sprechen, worauf ich im weiteren Verlauf dieses Buches noch zurückkomme. Aber in der akuten Phase der Trennung und wenn sie den Entschluss im Gespräch mitgeteilt bekommen, können sie sich kaum und schon gar nicht adäquat dazu äußern. Innerlich spüren sie sowieso, dass ihre eigene Meinung jetzt nicht gefragt ist, dass die Entscheidung ihrer Eltern bereits feststeht. Der stehen sie auch in dieser Situation unabhängig von ihrem Alter machtlos gegenüber. Mag sein, dass das Kind sogar »Verständnis« zeigt, um niemanden zu kränken und um sich seinen Eltern gegenüber »loyal« zu verhalten, aber mit echter Zustimmung hat das nichts zu tun. Es kommt also darauf an, dass die Eltern den Kindern je nach Alter das Gefühl geben, sich äußern zu können oder auch nicht, wenn sie nicht mögen. Suggestivfragen wie: *Findet ihr es nicht auch besser, dass der ständige Streit jetzt ein Ende hat?*, helfen nicht weiter, da die Kinder, insbesondere die jüngeren unter ihnen, aus Loyalität immer zustimmen werden.

Kinder reagieren ganz unterschiedlich

Wenn die Eltern ihren Kindern gesagt haben, dass sie sich trennen wollen, ist zumindest für die Eltern das Schlimmste überstanden. Die Reaktion der Kinder wird, je nach Alter und Temperament, ganz unterschiedlich ausfallen.

»War doch eh klar«, sagt die Vierzehnjährige und verlässt umgehend den Raum, um sich in ihr Zimmer zurückzuziehen. Das ist nachvollziehbar und man sollte ihr die Zeit geben, die Botschaft (auch wenn sie so tut, als ginge sie diese nichts an, was nicht stimmt), zu verarbeiten, statt sie sofort wieder zurückzuholen. Jetzt gilt es einen günstigen Zeitpunkt zu finden – ein paar Stunden später oder an einem der folgenden Tage –, um in einem weiteren Gespräch an die Botschaft anzuknüpfen. Was Geduld auf allen Seiten erfordert, wobei das Kind oder der Jugendliche das Gespräch zumeist von sich aus wieder aufnimmt. Wenn nicht, sollten die Eltern es nach ein paar Tagen selbst aktiv suchen: *Wir verstehen, dass du zurzeit nichts darüber hören willst. Aber wir würden uns freuen, wenn du darüber trotzdem mit uns sprichst.* Ihnen das Gefühl zu geben, gehört zu werden, ist wichtig, auch wenn sie sich dem Gespräch am liebsten entziehen möchten.

Andere Kinder dagegen schweigen trotzig, geben sich unbeteiligt, ältere reagieren manchmal auch mit einem regelrechten Wutausbruch: *Ich hasse euch dafür.* Es gibt in dieser Situation keine »richtigen« und »falschen« Reaktionen des Kindes oder Jugendlichen, es ist gut, ihre Reaktion zunächst einmal im Raum stehen zu lassen und sie so zu akzeptieren, wie sie ausfällt. Rechtfertigungen für den Entschluss, sich zu trennen, sind auch jetzt nicht gefragt und gehen auch an der Stimmungslage der Kinder vorbei. Der Satz *Es tut uns leid, euch mit unserer Entscheidung in diese schwierige Situation zu bringen* reicht zunächst aus. Bleiben die Kinder, wie in den meisten Fällen, dennoch sitzen, kann man das Gespräch weiterführen, das sich vor allem an ihren bereits erwähnten Bedürfnissen orientieren sollte und nicht am Mitteilungsbedürfnis ihrer Eltern.

Dasselbe gilt auch für jüngere Kinder ab drei Jahren. Einige von ihnen schweigen und blicken unsicher auf, andere fangen an zu weinen und wollen getröstet werden, wiederum andere sagen bestimmt: *Ich will aber nicht, dass ihr euch trennt.* Auch jetzt sollten die Eltern, statt ihren Schritt sofort zu verteidigen, zunächst einmal ganz ähnlich reagieren wie auch beim älteren Kind: *Es tut mir leid, dir das sagen zu müssen, dass wir uns trennen. Wir wissen, dass wir dir damit sehr wehtun.* Und auf die dann häufig folgende Frage nach dem »Warum« bleibt Eltern nichts anderes übrig, als zu sagen: *Weil wir es gemeinsam so beschlossen haben. Aber wir haben dich weiter genauso lieb wie vorher und werden immer für dich da sein.* Antworten wie *weil wir uns nicht mehr so gut verstehen wie früher* oder *weil wir uns nicht mehr so lieb haben wie früher,* ziehen häufig weitere Warum-Fragen des Kindes nach sich. Zuzugeben, dass man sich nur noch gestritten hat, kann jüngeren Kindern eine Hilfe sein, damit sie nicht die Schuld an der Trennung auf sich beziehen. Auch hier gilt, dass die Eltern die Verantwortung für ihre Trennung auf sich nehmen. *Dass wir uns so viel streiten, ist nicht eure Schuld. So etwas passiert zwischen Menschen, die schon groß (erwachsen) sind. Es tut uns sehr leid, dass ihr so darunter leiden müsst, aber wir können es nicht ändern, obwohl wir lange darüber nachgedacht haben. Aber auch, wenn wir uns trennen, bleiben wir eure Eltern, ganz so wie jetzt auch. Das haben wir uns vor diesem Gespräch mit euch genau überlegt und wollen alles so machen, dass es euch weiterhin gut geht mit uns.*

Unsere Liebe für dich bleibt

Das ist vielleicht die wichtigste Botschaft, die Eltern ihrem Kind in diesem Gespräch mitgeben können. Gelingt es ihnen und spüren die Kinder diese Worte wie einen Widerhall in sich, auch weil sie das Gefühl, von beiden Eltern geliebt zu werden, schon immer in sich trugen, ist dieses Gespräch ein guter Ausgangspunkt für alles Weitere. Die Eltern zeigen, dass ihr Kind als Ausdruck gemeinsamer Liebe auf die Welt kam und sie es deswegen immer noch weiter so lieben werden wie bisher. Daran würde sich auch im Nachhinein nichts ändern. Sie sagen dem Kind, dass sie es jetzt, jeder für sich, genauso lieb haben wir vor der Trennung. Dass nichts auf der Welt, auch ihre Trennung nicht, an dieser Liebe zu ihm etwas ändern kann. Dass ihre Trennung mit ihm, dem Kind, nichts zu tun hat. Dass nur die Erwachsenen solche Entscheidungen treffen, so, wie Erwachsene überhaupt manchmal Entscheidungen treffen, die Kinder manchmal nicht verstehen oder nicht gut finden. Dass das Kind ein Recht hat, traurig zu sein, sich unverstanden zu fühlen und seine Gefühle respektiert werden. Dass sie weiterhin *beide* für es da sein werden. Dass sie sich als Erwachsene weiterhin für sein Leben interessieren und verantwortlich fühlen. Dass es immer ein

Recht hat, sich mit seinen Gefühlen, Nöten und Ängsten an sie zu wenden und sie sich alle Mühe geben werden, darauf einzugehen. Auf diese Weise, vor allem, wenn ihren Worten auch Taten folgen, werden die Kinder das Vertrauen in sie zurückgewinnen und aus unglücklichen Scheidungskindern werden glückliche Erwachsene.

Den Kindern ihre Stimme zurückgeben: das Gelöbnis

Ich habe in anderem Zusammenhang schon angesprochen, dass sich Kinder der Entscheidung ihrer Eltern, sich zu trennen, ohnmächtig ausgeliefert fühlen. Sie müssen ja tatenlos zusehen, wie jetzt etwas auf sie zukommt, was sie nicht wollen und was trotzdem geschieht. Um ihnen diese Ohnmachtsgefühle zu nehmen und ihnen das Gefühl von Selbstwirksamkeit zurückzugeben, bietet sich ein »Gelöbnis« an, das ihnen immer wieder die Möglichkeit bietet, in das Geschehen aktiv eingreifen zu können. Bei diesem Ritual bilden Eltern und Kind(er) am Ende des Gesprächs einen Kreis, fassen sich gemeinsam an den Händen und geben sich das Versprechen, immer füreinander da zu sein. Die Eltern versprechen darüber hinaus, sich nicht gegenseitig abzuwerten und schlechtzumachen. Wenn es, was sehr wahrscheinlich ist, nach der Trennung zwischen den Eltern zu Konflikten kommt, kann das Kind oder der Jugendliche sie genau an dieses Ritual erinnern: *Ihr habt mir damals versprochen, immer gemeinsam für mich da zu sein. Die Verantwortung dafür liegt bei euch, das habt ihr so gesagt. Und ihr habt mir versprochen, euch vor mir nicht gegenseitig schlechtzumachen. Ich bitte euch, dass ihr euch an dieses Versprechen von damals haltet.* Eltern geben auf diese Weise ihren Kindern, die ihre Trennung ohnmächtig hinnehmen mussten, ihre Stimme zurück und stärken deren positives Selbstgefühl: *Ich bin es wert, dass man mich und meine Bedürfnisse berücksichtigt. Ich kann mich, so schwer mir die neu entstandene Situation auch fällt, aktiv einbringen und meine Eltern tun alles, mir das Gefühl zu geben, mich bei ihnen weiterhin sicher und geborgen zu wissen. Ich bin für alle Schwierigkeiten, die im*

Leben auf mich zukommen werden, gut gewappnet. Ich kann auf beide zählen und mit beider ständigen Präsenz rechnen.

Wenn es nicht so gut läuft …

Was ich in Bezug auf das Gespräch und auf das abschließende »Gelöbnis« oder »Versprechen« bislang geschrieben habe, gilt natürlich nur dann, wenn beide Eltern dabei mitmachen. Sind die gegenseitigen Verletzungen zu stark, wird das nicht immer möglich sein. Diejenigen, die es trotzdem hinbekommen, verdienen allergrößten Respekt. Sie haben wirklich das Beste für ihre Kinder getan, was in dieser Situation möglich ist.

Aber manchmal läuft es in der Realität nicht so glatt. So kann es sein, dass Eltern dieses Gespräch mit dem Kind nicht gemeinsam führen können, weil die Kluft zwischen ihnen im Moment einfach zu groß ist. Führen Eltern dieses Gespräch also jeweils getrennt mit dem Kind, gelten immer noch die gleichen Regeln wie für das gemeinsame Gespräch. Gerade in Abwesenheit des anderen Elternteils gilt besonders, den anderen nicht herunterzumachen, zumal die getrennte Gesprächsführung den Kindern signalisiert, dass es mit den Gemeinsamkeiten ihrer Eltern nicht zum Besten steht.

Ich habe schon mehrfach darauf hingewiesen, dass die meisten Trennungen asymmetrisch verlaufen, also der eine oder die andere mehr unter der Trennung leidet. Dieses Gefühl ist da und wird in den meisten Fällen von einem Elternteil auch als durchaus gerecht empfunden. Damit geht oft einher, den anderen oder die andere die Schuld für die Trennung zu geben: *Er hat eine »Neue«, sie will keine Familientherapie, er denkt nur an sich usw.* Wichtig ist, dass diese Gefühlslage im Einzelgespräch die Botschaft, dass man gemeinsam weiterhin für das Kind da sein will, nicht einseitig bestimmt und überdeckt. Diese negativen Gefühle sind vorhanden und werden sich vor den Kindern auch nicht verbergen lassen. Aber man sollte darauf achten, die Kinder nicht zu seinen Bundesgenossen zu machen. Eltern sollten auch im Einzelgespräch versuchen, zwischen dem, was gut für ihre Kinder ist, und ihren eigenen Gefühlen zu unterscheiden. Die Paarebene von der Elternebene zu trennen, ist von nachgewiesener Bedeutung dafür, dass die Kinder die Trennung ihrer Eltern gut überstehen. Das Kind fühlt sich immer beiden Eltern zugehörig und bezieht die Kritik am anderen immer auch auf sich selbst. Hinzu kommt, dass Eltern das Kind damit in eine Loyalitätsfalle locken, aus der es zunächst kein Entrinnen gibt. Indem Eltern ihm diese Erfahrung ersparen, tun sie das Beste für ihr Kind. Gelingt es ihnen trotz aller Konflikte und Zukunftsängste, die sie selbst empfinden, verdient auch dies großen Respekt. Das Trennungsgespräch allein zu führen, ist immer schwieriger als zu zweit, da man sich unsicher ist, wie der andere dieses Gespräch führen wird.

Manchmal ist ein Elternteil vom Trennungswunsch seines Partners so überrascht und geschockt, dass er oder sie kaum in der Lage ist, die Botschaft dem Kind frei von Ängsten oder auch aggressiven Gefühlen auf den anderen zu überbringen. Deutliche Ängste oder Aggressionen übertragen sich dann häufig auf die Kinder. Dann kann ein weiterer Teilnehmer an dem Gespräch, eine Freundin oder eine Bekannte dem oder der Betroffenen hilfreich zur Seite stehen. Auch professionelle Beratung in Anspruch zu nehmen, um dieses Gespräch vorzubereiten und es möglichst frei von Ängsten und Vorwürfen führen zu können, zeugt von einem hohen Verantwortungsbewusstsein für die Kinder.

Zum Schluss dieses Kapitels sei noch angemerkt: Eltern, die sich trennen, haben zunächst einen viel schwierigeren Weg vor sich als Eltern, die zusammenbleiben. Sie sollten sich niemals, auch vor ihren Kindern, als Eltern »zweiter Klasse« fühlen. Im Gegenteil. Gelingt es ihnen, aus dieser Situation heraus das Beste für ihre Kinder zu machen, haben sie oft mehr geleistet als viele andere Eltern, die mit den aus einer Trennung resultierenden Problemen nicht umgehen müssen. Es gibt keine glücklichen Scheidungskinder, aber Kinder, die nach der Scheidung glücklich werden, gibt es sehr wohl. Wenn Eltern ihren Kindern nach ihrer Trennung einen guten Weg ebnen, haben sie Großes geleistet.

TEIL 2:
Das Leben nach der Trennung

7. Eine neue Welt entsteht – für die Kinder

Alltagssorgen

Die Zeit nach der Trennung ist für die meisten Eltern die schwierigste. Neben der psychischen Verarbeitung des Trennungsgeschehens geht es auch und zunächst um die Lösung von praktischen Problemen, die sowohl in den Alltag der Kinder wie auch in den Alltag ihrer Eltern eingreifen.

Von zwei Eltern bleibt im Zuhause der Kinder in den meisten Fällen nur eine oder einer übrig, und entsprechend verändert sich auch die Beziehungsdynamik in der Familie. Zudem muss alles neu organisiert werden, manche bislang erprobten und bewährten Routinen fallen ganz weg, nehmen andere Gestalt an oder müssen mühsam wieder etabliert werden.

Brachte bislang der Vater die Kinder auf seinem Weg zur Arbeit in die Kita oder Schule, muss dies jetzt oft die Mutter übernehmen. Spielte der Vater nach der Rückkehr von seiner Arbeit mit dem Sohn noch eine Runde Fußball, entsteht plötzlich eine Leerstelle, die gefüllt werden muss. Sprach die Mutter mit ihren älteren Töchtern abends noch über das ein oder andere Problem in der Schule, ließ sich über neueste Trends aufklären oder sah sich abends noch die nächste Folge einer Serie auf Netflix an, muss jetzt der Vater diese Funktionen erfüllen – wenn die Töchter es dann überhaupt noch wollen. Denn oft waren solche »Rollen« im Familienalltag ohne Absprache und wie »automatisch« fest zwischen den Eltern verteilt und die Kinder oder Jugendlichen weigern sich, sie jetzt dem anderen zu übertragen, was sowohl mit ihrem Protest gegen die neu entstandene Situation zu tun haben kann als auch mit ihrem Bedürfnis nach Kontinuität. Auf den einen oder anderen Elternteil können also Aufgaben zukommen, die bislang der oder die andere übernommen hatte, was schließlich auch eine Entlastung im Alltagsleben bedeutete. Denn kümmerte sich der eine abends um die Kinder, als sie noch klein waren, war das eine Gelegenheit für die andere, Sport zu treiben oder sich mit einem Freund oder einer Freundin zu verabreden. Kurzum, man hatte zu zweit – gerade bei der Betreuung der jüngeren Kinder – immer auch einmal Zeit, durchzuatmen und sich den eigenen Interessen zu widmen.

Neue Alltagsregeln müssen also eingeführt werden, denn gemeinsame Absprachen werden schwieriger mit dem Expartner oder fallen ganz weg. Manches, was vorher unter den Eltern aufgeteilt wurde, müssen die Kinder, sofern sie älter sind, jetzt selbst übernehmen. Eine Gratwanderung, ihnen einerseits neue Verantwortung und damit auch ein Mehr an Selbstständigkeit zuzusprechen, sie jedoch andererseits – gerade in dieser Situation – dabei nicht zu überfordern.

Auch Geschwisterkonstellationen verändern sich. Da die Kinder jetzt mehr auf sich allein gestellt sind, rücken Geschwister zusammen und eines, zumeist das ältere, kümmert sich, manchmal auch auf Wunsch der Mutter oder des Vaters, besonders um seinen jüngeren Bruder oder die jüngere Schwester, die seine Unterstützung brauchen. Tatsächlich haben es Geschwister manchmal leichter, die Folgen der Scheidung ihrer Eltern zu bewältigen als Einzelkinder. Sie können sich gegenseitig ihr Herz ausschütten, geheime Pläne schmieden, sich gemeinsam über ihre Eltern beschweren usw. Ein Einzelkind muss mit allem eher mit sich allein zurechtkommen. Gerade hier ist es wichtig, dass es den Kontakt zu Freunden nicht verliert und zusammen mit anderen auch mal Abstand von zu Hause nehmen kann. Wenn sich ältere Geschwister um ihre jüngeren Geschwister kümmern, besteht wiederum die Gefahr, dass sie mit ihrer Aufgabe überfordert sind und aus Verantwortungsgefühl heraus versuchen, den fehlenden Elternteil zu ersetzen. Zwar gibt es ihnen neue Kraft, es lenkt sie ab und sie fühlen sich durchaus selbstwirksam, etwas zur häuslichen Balance beitragen zu können. Dabei dürfen aber die eigenen Interessen nicht zu kurz kommen. Diese Liste neuer Aufgaben, neuer Rollenverteilungen und sich neu ergebender Konstellationen ließe sich beliebig fortsetzen. Die Reorganisation des Familienlebens nach einer Trennung kostet viel Kraft.

Hinzu kommt für die Eltern genau zu dieser Zeit die Aufgabe, den äußeren Rahmen ihres Lebens neu zu gestalten. Im Vordergrund steht dabei die Neuregelung alles Finanziellen, die belastet, besonders wenn es dabei zwischen den Expartnern zum Streit kommt. Manchmal muss eine neue Wohnung gesucht werden, weil die bislang gemeinsame Wohnung zu teuer wird, wenn einer geht. Und schließlich muss auch für den, der geht, eine neue Bleibe gefunden werden. Neue Fragen ergeben sich: Gelingt es, eine der bisherigen gemeinsamen Wohnung möglichst nahe Wohnung zu finden, was die zukünftige Aufgabenteilung erleichtert? Zieht derjenige, der bislang pendelte, jetzt dorthin, wo er arbeitet? Müssen sich sogar zwei neue Wohnungen finden lassen? Wie kann man dabei die den Kindern bislang vertraute Umgebung wahren?

Und dann kann es mit der Trennung auch zu ganz neuen Beziehungskonstellationen kommen. Die Mutter hat einen neuen Freund, der eigene Kinder hat, die sich ihre Kinder nicht ausgesucht haben und die – oft von einem Tag auf den anderen – plötzlich einen gewichtigen Platz im Familienleben einnehmen. Eine Patchworkfamilie entsteht, worauf ich später noch gesondert zu sprechen komme.

Zurück ins Vorher: Zeichen und Symptome

Viele Kinder leiden, die einen mehr, die anderen weniger, unter der neu entstandenen und anfangs oft besonders unübersichtlichen Situation. Bei den Kleinen stellen sich häufig »regressive« Symptome ein, mit denen sie anzeigen, wieder in ihre frühe Kindheit, als alles noch »gut war«, zurückkehren zu wollen. Sie sind jetzt besonders anhänglich, haben Angst, allein gelassen zu werden, und hängen wieder am Rockzipfel ihrer Eltern. Sie klammern, weinen leichter und verlieren, zumindest vorübergehend, ihre bislang schon erworbene Selbstständigkeit. Sie wollen wieder im Bett der Mutter oder des Vaters schlafen, zeigen Einschlafstörungen oder wachen nachts häufig auf. Auch ältere Kinder, die schon die zweite oder dritte Klasse besuchen, wollen plötzlich wieder in die Schule gebracht werden, obwohl sie doch ihren Schulweg, zusammen mit einem Freund oder einer Freundin, schon so oft ohne die Eltern zurücklegten und darauf stolz waren. Manche Kinder machen wieder in die Hose, andere werden auffallend häufig krank. Trennungskinder ziehen sich in der Kita zurück, zeigen auch hier anklammerndes Verhalten oder werden gegenüber anderen Kindern aggressiv. Sie haben keine Lust mehr am Spiel, weinen häufig und werden schnell unruhig, wenn die Abholzeit beginnt. Panik kann aufkommen, wenn sich derjenige, der sie abholt, um ein paar Minuten verspätet. Oder sie warten sehnsüchtig am Zaun des Spielgeländes auf den oder die, der/die sie abholen kommt.

Ältere Kinder und Jugendliche verlieren das Interesse an der Schule und ihre Leistungen verschlechtern sich, zumeist aber nur vorübergehend. Die meisten Kinder haben nach der Trennung, wenn ein paar Wochen und Monate vergangen sind, weniger mit ihren Schulleistungen als mit emotionalen Problemen zu kämpfen. Jungen verbergen gerne ihre Ängste, um sie nicht zugeben zu müssen, und verstecken sich hinter einer »starken« Fassade, die aber immer wieder Risse zeigt. Haben Jugendliche das Gefühl, dass sich keiner mehr wirklich um sie kümmert, versuchen manche, ihre Trauer hinter betonter Selbstständigkeit zu verbergen. Sie ziehen los, kommen nach Hause, wann sie wollen, und geraten schnell an leichte Drogen wie Marihuana oder Haschisch. Einige begehen »kleinkriminelle« Taten wie Vandalismus oder einen Automaten »knacken«, um wenigstens auf diese Weise die Aufmerksamkeit ihrer Eltern auf sich zu ziehen.

Mädchen verhalten sich oft zurückhaltender mit ihren Reaktionen auf die Trennung ihrer Eltern, was aber nicht bedeutet, dass sie nicht darunter leiden. Sie ziehen sich in sich selbst zurück, leiden oft stiller. Manche von ihnen entwickeln Essstörungen, im Extremfall kann es auch zu Selbstverletzungen (Ritzen) kommen. Und manche ältere Jugendliche, egal ob Jungen oder Mädchen, suchen sich jetzt bewusst eine Freundin oder einen Freund, um dort Geborgenheit und Anerkennung zu finden.

Reagieren Kinder, wie es häufig der Fall ist, scheinbar »unauffällig« auf die Trennung ihrer Eltern, ist dennoch keine Entwarnung angesagt. Oft verbergen sich hinter der scheinbaren Anpassung ans Unvermeidliche massive Ängste, verdrängte Aggressionen und viel Unausgesprochenes. Gerade hier gilt es, behutsam das Gespräch mit ihnen zu suchen und ihnen die Möglichkeit zu geben, sich zu öffnen, worauf ich später noch zurückkomme.

Alles verändert sich und nicht nur für die Eltern, sondern auch für die meisten Kinder sind die Monate nach der Trennung am schwierigsten. So ist es kein Wunder, dass viele wissenschaftliche Studien davon berichten, dass die ersten sechs Monate nach der Trennung die höchsten Anforderungen an Eltern und Kinder stellen und dass es bis zu zwei Jahren andauern kann, bis sich alle Beteiligten an die neue Situation angepasst haben.

In diesem Zeitraum, meistens schon nach einigen Monaten, verschwinden aber auch viele der genannten Symptome und das Leben ordnet sich für alle Beteiligten neu. Je heftiger jedoch die Eltern die Auseinandersetzung untereinander und um die Kinder führen, desto stärker dauert die emotionale Belastung für ihre Kinder an und umso mehr neigen die erwähnten Verhaltensauffälligkeiten dazu, sich zu chronifizieren oder einander abzulösen. Hochstrittigkeit, auf die ich ebenfalls noch eingehe, ist wohl der häufigste Auslöser dafür, dass Kinder und Jugendliche unter schwerwiegenden Scheidungsfolgen leiden, oft ihr Leben lang. Was sie brauchen, ist professionelle Unterstützung und Hilfe.

Vertrauen und Sicherheit zurückgeben

In dieser Zeit ist das Allerwichtigste, dass die Kinder ihr Vertrauen in sich und in ihre nächste Umgebung behalten. Die gute Nachricht ist, dass Eltern, die sich entschlossen haben, weiterhin gemeinsam für ihre Kinder da zu sein, eine Menge dafür tun können.

Zunächst geht es darum, trotz aller Veränderungen für die Kinder ein Mindestmaß an Kontinuität zu wahren. Wenn möglich, sollten sie ihre soziale Umgebung behalten, also dort wohnen oder zumindest in der Nähe bleiben, wo sie bislang aufgewachsen sind. Hier ist ihnen ihre Umgebung vertraut, sie kennen den Weg in die

Kita oder in die Schule, in die sie weiter gehen werden. Hier haben sie ihre Freunde, die gerade jetzt eine wichtige Rolle spielen und ihrem Leben Sicherheit geben. Von ihnen weiterhin anerkannt und geschätzt zu werden, macht stark. Auch für kleine Trennungskinder ist es wichtig, Freundinnen und Freunde neben sich zu wissen, um vielleicht auch einmal bei ihnen zu übernachten und auf diese Weise einen »Tapetenwechsel« vornehmen zu können; eine gute Gelegenheit, um einmal an etwas anderes zu denken als daran, dass die Mama oder der Papa sich jetzt allein um sie kümmern muss, aber auch, um Selbstständigkeit zu leben und zu erfahren. Auch Freundinnen und Freunde jetzt zu sich nach Hause einzuladen, sorgt für Kontinuität und das Gefühl, weiterhin ein eigenes Zuhause zu haben. Ähnliches gilt auch und besonders für die Jugendlichen, bei denen Freunde und deren Ansichten in dem in der Pubertät einsetzenden Ablösungsprozess von den Eltern einen immer größeren Platz einnehmen

Das Gefühl, weiterhin einen »sicheren Hafen« zu haben, in den man sich zurückziehen kann, weil er einem das Gefühl gibt, dort geborgen zu sein, ist vielleicht das Wichtigste in dieser Zeit nach der Trennung. Das gilt für alle, ob klein oder groß, aber besonders dann, wenn man sich unsicher fühlt oder Schwierigkeiten in der Schule, mit sich oder mit Freunden hat. Jetzt zählt ein Zuhause als sicherer Rückzugsort mehr denn je. Verlässlichkeit und gewohnte Rituale spielen dabei eine bedeutende Rolle: das morgendliche Aufstehen, wenn möglich, in Anwesenheit der Mutter oder des Vaters; das gemeinsame Frühstück, das dazu beiträgt, den Kindern vorhandene Sorgen und Ängste abzunehmen, oder dazu dient, mit den Älteren den Tagesablauf noch einmal zu besprechen, damit sie entspannt in den Tag starten. Für die Verabschiedung vor der Kita und Schule sollte man zumindest in den ersten Wochen nach der Trennung bei den jüngeren Kindern etwas mehr Zeit einplanen. Ganz wichtig ist auch, dass sie jemand empfängt, wenn sie nach Kita, Schule und Hort wieder nach Hause kommen. Eine leere Wohnung bei der Rückkehr aufzufinden, erzeugt zumindest in der unmittelbaren Zeit nach der Trennung starke Verlust- und Verlassenheitsängste, besonders wenn die Kinder noch jünger als ungefähr 12 Jahre sind.

Was Kinder jetzt brauchen ist also (fast) hundertprozentige Verlässlichkeit. Können die Eltern dies aus nachvollziehbaren Gründen, zum Beispiel, weil ihre Chefs und Arbeitszeiten darauf keine Rücksicht nehmen, nicht gewährleisten, sollten Bekannte, Freunde oder auch Verwandte, wie zum Beispiel Großeltern, wenn irgend möglich, gemeinsam mit den Eltern für diese Verlässlichkeit sorgen. Damit das Zuhause für die Kinder und Jugendlichen ein sicherer Hafen bleibt, sollte man die Kinder auch nicht zu sehr mit den elterlichen Konflikten belasten. Für sie zählt allein, dass ihre Eltern immer ihre Eltern bleiben und sich um sie kümmern werden. Gegenseitige Abwertung wirkt dabei, wie schon mehrfach betont, wie ein Gift und zerstört das Vertrauen in den einen oder anderen. Zudem stürzt sie das Kind und den Jugendlichen, die jetzt zwischen beiden Eltern hin- und herpendeln, in die bereits erwähnten Loyalitätskonflikte. Es ist schlimm, wenn sie sich bei keinem der beiden mehr wohlfühlen können, aus der Angst heraus, der oder die »andere« könnte sie dafür indirekt, »bestrafen« oder sie müssten sich ständig dafür rechtfertigen, es beim anderen gut gehabt zu haben. Hier handelt es sich um eine besonders unglückliche Konstellation, aus der Kinder, gerade wenn sie ins Jugendalter kommen, oft keinen anderen Ausweg finden, als ihr vollständig zu entkommen, indem sie aus ihrem Zuhause, wann immer es möglich ist, flüchten. Oft fühlen sie sich dabei stark, sind es aber noch nicht. Dann nehmen sie Risiken in Kauf, die sie und ihre Gesundheit gefährden. Gelingt es den Eltern jedoch, ihrem Kind ein Zuhause anzubieten, in dem es sich, ohne es bereuen zu müssen, wohlfühlen kann, einen Ort zu schaffen, der eine jeweils sichere »Basisstation« bietet, um von dort sein »neues« Leben in Angriff zu nehmen, sind die besten Voraussetzungen dafür geschaffen, dass ein Kind oder Jugendlicher die Trennung gut übersteht und schnell zu seiner alten Sicherheit und zum Vertrauen in sich selbst zurückfindet.

Bindungswunsch und existenzielle Bedürfnisse

Ich komme jetzt noch einmal auf das zurück, was ich im zweiten Kapitel als die »existenziellen Bedürfnisse« eines jeden Kindes und Jugendlichen ausgeführt habe. Hauptsächlich ging es dabei um die Bedürfnisse nach

- Sicherheit und Geborgenheit
- bedingungsloser Liebe, Vertrauen
- Anerkennung
- gutem Selbstgefühl
- Selbstwert
- Selbstwirksamkeit

Sie alle werden berührt, wenn Eltern sich trennen, und die Frage ist, wie sie diesen Bedürfnissen auch weiterhin am besten gerecht werden können. Dabei spielen auch vorhandene Bindungserfahrungen und erworbene Bindungsmuster eine wichtige Rolle. Kinder, deren Bedürfnisse nach Sicherheit und Anerkennung bei ihren Eltern schon immer auf Resonanz stießen, haben es natürlich einfacher als Kinder, die damit eher schlechte Erfahrungen gemacht haben. So können die Eltern von Kindern mit guten Bindungserfahrungen nahtlos an deren bereits erworbenes Vertrauen zu ihnen anknüpfen.

Für Kinder, die die Trennung ihrer Eltern an weniger günstige frühkindliche Bindungserfahrungen erinnert, ist die gemeinsame elterliche Zuwendung und Achtung ihrer existenziellen Bedürfnisse jetzt besonders wichtig. Ihre Eltern können in der Trennungssituation übrigens manches nachholen, zu dem sie, aus welchen Gründen auch immer, vor Jahren, als das Kind auf die Welt kam, noch nicht oder nur schwer in der Lage waren. Auch ständige Konflikte mit dem Partner können verhindert haben, dem Bindungswunsch des Kindes angemessen nachgekommen zu sein.

Im Folgenden gehe ich auf die Besonderheiten der jeweiligen Bedürfnisse, die jetzt bei der Trennung der Eltern aufgerufen werden, noch einmal ausführlicher ein.

Sicherheit und Geborgenheit: *Wer ist jetzt noch für mich da?*

Bei diesem Grundbedürfnis eines jeden Kindes zählen vor allem Anwesenheit, Verlässlichkeit und das Einhalten von Ritualen, wie sie meistens schon vor der Trennung bestanden haben. Es geht darum, den Kindern damit Kontinuität zu vermitteln, damit sie weiterhin unbedingtes Vertrauen zu ihren Eltern haben können. Alle Trennungskinder müssen schließlich damit fertigwerden, das Gefühl einer sicheren Bindung zumindest für kurze Zeit verloren zu haben. Kinder mit einer unsicheren Bindung werden dabei oft stärkere Verlustängste entwickeln. Ihnen hilft besonders, wenn sie jetzt feststellen, dass ihre Eltern sich jetzt besonders um sie kümmern und sie ihnen vertrauen können, dass sie weiterhin für sie da sind. Aber auch Freunde, Bekannte, Verwandte, Erzieherinnen und Lehrer können gerade Kindern mit einem unsicheren Bindungsmuster mit ihrem Bindungsangebot, oft auch nur vorübergehend, eine große Hilfe sein.

Bedingungslose Liebe: *Sie meinen es beide gut mit mir*

Eng mit dem Gefühl, sich sicher und geborgen zu fühlen, ist auch die innere Überzeugung der Kinder verbunden, von ihren Eltern so, wie sie sind, also bedingungslos, geliebt zu werden. Ihr Wunsch nach Bindung bedeutet ja nichts anderes, als die Gewissheit zu haben, sich so, wie sie sind, auf ihre Eltern in allen lebensnotwendigen Dingen verlassen zu können. An diesem Bindungswunsch halten Kinder sogar auch dann fest, wenn er ihnen nicht oder nur unzureichend erfüllt wird. Die Liebe zu ihren Eltern ist so stark, dass sie die Kinder immer wieder von neuem hoffen lässt, dass ihre Eltern es gut mit ihnen meinen und ihnen ihre ganze Liebe zurückgeben. Geschieht dies nicht, suchen Kinder häufig nach Begründungen bei sich selbst. Dem Bindungswunsch der Kinder gerecht zu werden, ist jetzt für die Eltern eine besonders wichtige Aufgabe, da er durch ihre Trennung buchstäblich reaktiviert wird. Und es bietet sich sogar die Chance, dabei Versäumtes nachzuholen. Sich den Kindern immer wieder von neuem zuzuwenden, mit Gesten, Blicken und Worten, ohne sie dabei zu überfordern. Sie so, wie sie sind, als Kind oder Jugendlicher, einfach nur anzunehmen. Den

Kindern immer wieder das Gefühl geben, geliebt zu werden, unabhängig davon, welche Gefühle sie gerade zum Ausdruck bringen. Ihren Verlustängsten mit Worten und Taten entgegentreten. Versprechen, dass man sie niemals verlassen wird. Dann bleiben die Eltern, auch wenn sie sich trennen, für ihre Kinder ein »sicherer Hafen« oder eine Basisstation, auf die sie sich verlassen können. Das Kind für das zu lieben, was es ist, schafft gegenseitiges Vertrauen. Psychologen sprechen in diesem Zusammenhang sogar von einer Art notwendigem »Urvertrauen«, das das Kind begleitet, wenn es später immer selbstständiger seinen Weg in die Welt zurücklegt.

Anerkennung: *Sehen und hören sie mich überhaupt noch mit dem, was ich empfinde?*

Ich sprach bereits von dem existenziellen Bedürfnis, anerkannt zu werden, das Voraussetzung für eine gute Bindung und gesunde Ichentwicklung ist: *Ich werde gesehen, ich werde gehört, ich werde verstanden, also bin ich.* Auf solche Resonanz sollten Kinder und Jugendliche nach einer Trennung nach wie vor vertrauen können. Dazu bedarf es, feinfühlig auf ihre Gesprächsangebote zu achten, ihnen Zeit zu lassen, eigene Fragen zu stellen, und sie authentisch und ehrlich zu beantworten, mit anderen Worten, ihnen nichts vorzumachen, was die meisten von ihnen sowieso schnell durchschauen. Es gilt auch, je nach Alter des Kindes, Gesprächsangebote zu formulieren, ohne von den Kindern und Jugendlichen gleich eine Antwort zu erwarten. Viele ihrer Symptome, die sie zeigen, sollen ihre Verlustängste bändigen, ob sie nun ständig im Mittelpunkt stehen wollen, in ihrer Entwicklung vorübergehend zurückfallen, sich zurückziehen oder zu Wutanfällen neigen, die sie früher nicht gezeigt haben. Ohne alles durchgehen zu lassen, soll das Kind in der Reaktion seiner Eltern immer das Bemühen erkennen, ihm und seinen Problemen gerecht werden zu wollen, es so zu akzeptieren und zu lieben, wie es gerade ist.

Gutes Selbstgefühl: *Bin ich noch wertvoll für sie?*

Kinder und Jugendliche empfinden nach der Trennung ihrer Eltern häufig Angst, für sie nicht mehr wertvoll genug zu sein. Warum sonst sollten sie sich entschieden haben, ihr Leiden in Kauf zu nehmen? Ihnen zu vermitteln, dass dieses innerliche Empfinden, an Wert verloren zu haben, nicht zutrifft, ist jetzt besonders wichtig: *Wir lieben dich genauso wie vor unserer Trennung, auch und gerade deswegen, weil du doch das Gemeinsame bist, was uns bleibt.* Gerade jetzt sollte nicht die Beschäftigung mit den Schwächen des Kindes, zum Beispiel nachlassende Leistungen in der Schule oder auffallendes Verhalten in der Kita, im Vordergrund stehen, sondern das Lob und die Unterstützung seiner Stärken. Das sollte man auch mit den Erzieherinnen und Lehrerinnen des Kindes besprechen.

Selbstwert: *So, wie ich bin, bin ich gut!*

Mit dem Gefühl, gehört und anerkannt zu werden, ist das Gefühl verbunden, etwas für sich selbst und andere zu bedeuten. Nach der Trennung der Eltern geht dieses Gefühl manchmal verloren, da sich die Kinder ungefragt zurückgesetzt und nicht gehört fühlen. Bindungsforscher nennen diese Form empfundener Ablehnung »Zurückweisungssensibilität«. Solch mangelndes Selbstwertgefühl »nicht gut genug zu sein«, »dem anderen nicht zu genügen« kann Kinder und Jugendliche, wenn Eltern nach der Trennung nicht dagegen angehen, bis ins Erwachsenenalter begleiten. Die Angst davor, zurückgewiesen zu werden, kann zu Kontaktvermeidung bis hin zu sozialer Isolation führen, auch zu Ängsten, eine Liebesbeziehung einzugehen, aus der ständigen Furcht heraus, mit seinen Bedürfnissen und seinem Liebesanspruch abgewiesen zu werden.

Selbstwirksamkeit: *Was kann ich schon gegen ihre Entscheidung ausrichten?*

Mit dem Beschluss der Eltern, sich zu trennen, geht auch das Gefühl von Machtlosigkeit einher. Die Erfahrung, die ich als sicher gebundenes Kind gemacht habe, mit meinen Gesten, Blicken und Worten bei meinen Eltern und in meiner nächsten Umgebung auf

Gegenliebe zu stoßen, wird nachhaltig enttäuscht. Jetzt kommt es darauf an, sicher wie unsicher gebundenen Kindern und Jugendlichen dieses Gefühl von Selbstwirksamkeit wieder zurückzugeben oder ihnen von neuem zu vermitteln. Das gemeinsame Gelöbnis (Seite 98 f.) kann dabei eine gute Hilfe sein, Kindern Raum für eigene Initiativen zu geben. Eine weitere Möglichkeit ist, sie für Aktivitäten zu begeistern, bei denen sie außerhalb der Familie etwas bewirken können, egal ob es handwerkliche Tätigkeiten sind, Sport, Musik, Malen oder Theaterspielen. Auch ihre Kritik und Einwände zu akzeptieren, trägt zu dem Gefühl bei, mit den Botschaften, die sie an andere richten, gehört und akzeptiert zu werden.

8. Eine neue Welt entsteht – für die Eltern

Wie Eltern ihr Leben am besten wieder in den Griff bekommen

Psychologen und Scheidungsforscher sprechen für die Zeit nach der Trennung in manchen Fällen von einem kurzfristigen Verlust an Erziehungskompetenz, weil sich die Eltern zunächst damit beschäftigen müssen, mit der neuen Situation selbst wieder klarzukommen, und dabei Gefahr laufen, ihre Kinder ein wenig aus den Augen zu verlieren. Was auf manche zutreffen mag, gilt sicherlich nicht für alle Eltern, und dennoch hängt jetzt viel davon ab, wie sie die Lebensphase nach der Trennung trotz aller anstehenden Aufgaben in Angriff nehmen und dabei die Grundbedürfnisse ihrer Kinder nach Sicherheit und Geborgenheit im Auge behalten.

Dass Kinder das Vertrauen in ihre nächste Umgebung zurückerlangen und die Trennung ihrer Eltern gut überstehen, hängt also auch davon ab, dass ihre Eltern möglichst bald wieder zu sich selbst finden, um sich ganz auf ihre neue Lebenssituation einstellen zu können. Dieses Vorhaben einzulösen, erfordert auf beiden Seiten Entschlossenheit und Mut und genau daran fehlt es insbesondere dann, wenn sich einer der beiden Eltern vom anderen im Stich gelassen fühlt oder unter der Trennung stärker leidet als der andere. Jetzt geht es darum, sich zumindest hinsichtlich der Erziehung der Kinder möglichst schnell wieder auf seine alten Stärken zu besinnen. Schließlich war man bis jetzt auch eine gute Mutter und ein guter Vater und es besteht kein Grund dafür, es jetzt nicht mehr zu sein.

Heutzutage ist eine Trennung kein Makel mehr, auch wenn Eltern es unausgesprochen oft immer noch so empfinden. Zu der eigenen Trennung zu stehen, ist ein erster wichtiger Schritt. Sich dabei Unterstützung von Freunden und Bekannten zu holen, kann jetzt sehr wohltuend sein. Unterstützung meint, sich mit anderen auszutauschen, das Gespräch mit ihnen zu suchen und sich nicht von jedweder Kommunikation zurückzuziehen. Hilfe, auch ganz konkrete Unterstützung für die Neuorganisation des Alltags, in Anspruch zu nehmen, ist dabei kein Zeichen von Schwäche, sondern bedeutet im Gegenteil, die eigene Zukunft und die der Kinder bewusst und verantwortungsvoll in Angriff zu nehmen.

Eine wichtige Rolle können dabei auch die eigenen Eltern spielen. Bedingungslose Hilfe von ihrer Seite kann man, wenn möglich, jetzt gut gebrauchen, Einmischung in die eigenen Angelegenheiten weniger. Aufpassen sollte man aber, aus eigener Schwäche heraus nicht wieder in eine »Kindrolle« zu geraten. Manche Eltern nutzen die Situation nämlich aus, um nun wieder ihre alte Elternposition einnehmen zu können. Kommentare wie: *Ich habe es ja schon kommen sehen* oder *Du gerätst auch immer an den Falschen,* sind absolut kontraproduktiv und verstärken nur das Gefühl eigener Unzulänglichkeit. Sich die Meinung anderer zunutze machen, wenn es darum geht, den »Schuldigen« zu finden, mag im Augenblick Erleichterung verschaffen, führt aber hinsichtlich des Umgangs mit den eigenen Kindern nicht weiter. Ich erinnere mich an einen Fall, bei dem die Mutter ständig ihre Tochter anrief, um ihr Ratschläge für den Umgang mit ihrem »Ex« zu erteilen. Offensichtlich stellte die Trennung ihrer Tochter für sie, die Mutter, ein weitaus größeres Problem dar als für diese selbst. In solchen Situationen sollte man seinen eigenen Eltern freundlich, aber bestimmt sagen, dass man ihre praktische Hilfe gerne in Anspruch nimmt, aber nicht möchte, dass sie sich in die Beziehung zur oder zum »Ex« einmischen – damit müsse man schließlich allein fertigwerden. Denn genau darauf kommt es jetzt an: zu sich selbst zu stehen und sich in keine neue Abhängigkeit zu begeben. In der Aussicht auf ein eigenständiges und selbstständiges Leben liegt ja auch die große Chance einer Trennung. Wenn dabei Hilfe von außen uneigennützig gewährt wird, steht ihr nichts entgegen. Zu bedenken gilt auch, dass bei allen Ratschlägen von Freunden oder Freundinnen oft auch deren eigene Gefühle und Beziehungs- oder eben auch Trennungserfahrungen einfließen. Jede Trennung aber gehorcht ihren ganz eigenen Gesetzen und die Menschen gehen, je nach ihrer eigenen Vorgeschichte, ganz unterschiedlich damit um. Mit anderen zusammen »Koalitionen« gegen den oder die »Ex« zu schmieden, hilft nur vordergründig weiter und den eigenen Kindern schon gar nicht: *Es ist ja lieb von dir gemeint, dass du meinen Mann schon immer für einen Idioten gehalten hast, aber er ist und bleibt nun mal der Vater meiner Kinder.*

Schuldgefühle abbauen

Eine große Rolle, um mit der neuen Situation fertigzuwerden, spielt auch der Abbau von eigenen Schuldgefühlen. Schuldgefühle gegenüber den Kindern, die man mit dem Entschluss, sich zu trennen, zweifellos zum Leiden gebracht hat, sind, wie schon an anderer Stelle ausgeführt, per se nichts Schlechtes. Im Gegenteil, sie zeugen von großer Empathie, vom Vermögen, sich in andere hineinversetzen zu können und mit ihnen zu leiden, wenn es ihnen schlecht geht. Sind jemandem die Trennung und die damit einhergehenden Probleme für die Kinder mehr oder weniger egal, zeugt dies eher von Gefühllosigkeit als davon, wirklich Verantwortung für sich und die Kinder übernehmen zu wollen. Wichtig ist jedoch, dass die Schuldgefühle nicht überhandnehmen, einen selbst zu sehr quälen und die Beziehung zu den Kindern zu stark beeinflussen. Sieht man sich selbst nur noch als den »Schuldigen«, fällt man zudem oft unbewusst in eigene Kindheitsschemata zurück, wenn man früher für sein Fehlverhalten bestraft oder getadelt wurde und daraus starke Angstgefühle resultierten. Dann fühlt man sich wie damals in der eigenen Kindheit schwach und unzulänglich und ist so für die eigenen Kinder kein besonders gutes Vorbild. Stattdessen gilt es ihnen zu vermitteln, dass einem die Trennung zwar alles andere als leichtgefallen ist, man aber trotzdem dazu steht. Man muss dafür keine ellenlangen Erklärungen anbieten, die insbesondere die jüngeren Kinder meistens nur noch mehr verwirren. Auch muss man sich nicht bei ihnen entschuldigen, was ja im Grunde nichts anderes bedeutet als das Eingeständnis, sich falsch verhalten zu haben. Jetzt geht es vielmehr darum, den Blick wieder frei zu bekommen und ihn mehr auf die Gegenwart und Zukunft zu richten und weniger zurück in die Vergangenheit. Den Kindern immer wieder von »damals« zu erzählen, als alles noch »gut« war, tut ihnen besonders weh und bietet keine Hilfe, sich langsam an die neu entstandene Situation zu gewöhnen. Außerdem war in den meisten Fällen auch nicht alles gut, zumindest nicht in der noch näher zurückliegenden Zeit – warum hätte man sich denn sonst getrennt? Darüber hinaus können zu stark andauernde Schuldgefühle dazu führen, in der Beziehung zum Expartner steckenzubleiben und sich von ihr oder ihm nicht lösen zu können, was sich auch für die Verarbeitung der Trennungsfolgen aufseiten der Kinder nachteilig auswirkt. Hinsichtlich der Beziehung ihrer Eltern wünschen sie sich eher Klarheit als ein ständiges Hin und Her, von dem sie nicht wissen, was sie davon halten sollen.

Eine weitere Folge von tief empfundenen Schuldgefühlen besteht darin, immer nur die Trennung als Grund dafür zu sehen, wenn etwas mit den Kindern nicht so gut läuft. Eine Mutter berichtete mir davon, dass ihr Sohn (5 Jahre) noch Monate nach der Trennung nicht ohne sie, auch nicht für kurze Zeit, im Haus bleiben wollte, wenn sie bei der Nachbarin etwas holen ging. Dabei kämen ihr Exmann und sie weiterhin gut miteinander aus und das Kind würde viel Zeit mit seinem Vater verbringen und dort übrigens viel selbstständiger sein. Auf meine Frage, ob sie nicht vielleicht selbst übermäßige Angst hätte, ihr Kind kurz zu verlassen, und diese Angst jetzt auf ihr Kind übertrug, antwortete sie, als Kind selbst immer übermäßige Angst gehabt zu haben, allein gelassen zu werden. Insofern hatte das anklammernde Verhalten ihres Kindes weniger mit der Trennung als mit ihren eigenen Kindheitsängsten zu tun. Im weiteren Verlauf des Gespräches stellte sich dann heraus, dass ihr Sohn auch schon vor der Trennung viel größere Schwierigkeiten hatte, sich von seiner Mutter einmal kurz zu trennen als von seinem Vater.

Auch wenn Kinder einmal schlechte Zeugnisse aus der Schule mitbringen, sich in einer bestimmten Lebensphase unglücklich oder traurig fühlen, häufiger krank sind als andere, führt dies bei manchen Eltern dazu, sich selbst dann, wenn die Trennung schon

Jahre zurückliegt, Vorwürfe zu machen. Dann hilft der Gedanke oder helfen Gespräche, dass dies auch Kindern aus Familien passiert, deren Eltern zusammengeblieben sind. Alles Unglück dieser Welt auf die Trennung zu schieben, ist kein guter Weg, sich von der Vergangenheit zu lösen.

Hochstrittigkeit: Streit ohne Ende?

Wenn Eltern, nachdem sie sich getrennt haben, überhaupt nicht miteinander klarkommen, wenn einem nichts anderes mehr einfällt, als nur dem anderen die Schuld an allem und jedem zu geben, wenn nur noch Wut und Aggressionen die Szene beherrschen oder die Eltern per Anwalt versuchen, das vermeintlich Beste für sich und ihre Kinder herauszuholen, sprechen Psychologen und Juristen von »Hochstrittigkeit«. Zum Glück kommen die Fälle, bei denen Eltern mit psychologischer und juristischer »Kriegsführung«, vor allem auf dem Gebiet der Finanzen, des Sorge- und Umgangsrechts, und »bewaffnet« mit ihren jeweiligen Anwälten vor Gericht ziehen, im Vergleich zu denen, die in der Lage sind, ihren Kindern weiterhin gemeinsame Eltern zu sein, selten vor – die Zahl der betroffenen Kinder wird auf 10.000 bis 15.000 jährlich geschätzt, wohingegen sich mehr als zwei Drittel aller Eltern einvernehmlich scheiden lassen. Und fast alle Eltern, nämlich etwa 90 Prozent, einigen sich darauf, das Sorgerecht nach wie vor unter sich aufzuteilen.

»Hochstrittigkeit«, bei der Eltern immer wieder ihre Kinder vor Gericht für ihre Auseinandersetzungen instrumentalisieren, stellt nach einhelliger Meinung sämtlicher Experten das mit Abstand größte Risiko dar, das Eltern ihren Kindern zumuten können. Diese Kinder können langfristig und noch als Erwachsene unter den negativen Folgen ihrer Trennung leiden. Außer bei den wenigen Fällen, die den Gang zum Gericht rechtfertigen, weil das Wohl des Kindes eindeutig gefährdet ist, ist die rote Linie des Zumutbaren eindeutig überschritten, wenn die Eltern ihren Streit vor Gericht austragen und ihre Kinder damit in einen für sie unauflösbaren Loyalitätskonflikt hineintreiben, egal wie solche Prozesse ausgehen. Nicht nur, dass sie buchstäblich in einer Art »Nirgendwo« ohne festen Halt und klare Orientierung zwischen ihren Eltern ungeschützt hängen bleiben, auch verlieren ihre Eltern gänzlich an Vorbildfunktion, wenn sie sich untereinander nur noch bekämpfen. Dazu kommt, dass sich die Kinder gegenüber Mitarbeiterinnen von Jugendämtern, Verfahrensbeiständen oder Familiengerichten zur Aussage pro oder kontra eines ihrer Elternteile gezwungen, um nicht zu sagen missbraucht sehen.

Aber auch die Eltern selbst werden ihr Leben auf diese Weise nur schwerlich in den Griff bekommen. Oft spielen psychische Probleme aus der eigenen Kindheit, wie eine erhöhte Sensibilität gegenüber Kränkungen, eine Rolle dabei, sich mit dem getrennten Ehepartner in keinster Weise mehr arrangieren zu können, und sei es auch nur zum Wohl der Kinder. Statt auf eine für sie selbst lohnenswerte Zukunft hinzuarbeiten und alles dafür zu tun, dass sie selbst und ihre Kinder die schwierige Zeit der Trennung und Scheidung möglichst bald hinter sich lassen, bleiben solche Eltern im Status quo hängen und füllen ihre ganze Zeit und Energie damit aus, sich mit ihren Anwälten um Geld und das Sorge- und Aufenthaltsrecht ihrer Kinder gerichtlich auseinanderzusetzen, um damit dem anderen zu »beweisen«, Schuld an der Trennung gehabt zu haben oder kein guter Vater oder keine gute Mutter mehr für ihr Kind zu sein. Ein Teufelskreis, aus dem es für sie kein Entrinnen mehr gibt und in den neben den eigenen Kindern häufig auch noch Dritte als »Zeugen«, eigene Eltern, Verwandte, Freunde, Bekannte und Verfahrensbeistände, mit einbezogen werden. Verantwortungsvolle Eltern sollten alles unternehmen, ihren Kindern diese Prozedur zu ersparen. Dennoch stellt sich auch hier die Frage, ob es dabei nicht doch Ausnahmen gibt, wie der folgende Fall zeigt.

Auf einer Veranstaltung zum Thema Trennung und Scheidung stellte mir ein Vater die folgende Frage: »Die Mutter meines Sohnes verhindert jede Kontaktaufnahme mit ihm – was soll ich tun? Immer erfindet sie eine neue Ausrede, warum es gerade nicht passt – das geht nun schon seit Monaten und Jahren so. Eigentlich will ich deswegen nicht vor Gericht ziehen, weil es ihn (6 Jahre alt) sicherlich sehr belastet, wenn wir uns dort um ihn streiten. Aber ich habe alles versucht, das im Gespräch zu klären. Jetzt habe ich Angst, dass mir mein Sohn später einmal vorwirft, nicht genügend um ihn gekämpft zu haben?«

Auf diese Frage gibt es leider keine einfache Antwort, kein Rezept, wie am besten zu verfahren ist. Der Vater hat über Monate, wenn nicht Jahre versucht, das Aufenthaltsrecht seines Sohnes ohne eine gerichtliche Auseinandersetzung zu klären, und kann zwischen seiner Trauer, der Wut auf die Mutter und dem Wohl seines Kindes offensichtlich gut unterscheiden. Aber alle seine Bemühungen waren vergeblich und er fühlt sich zunehmend ohnmächtig, eine Situation, in die viele Väter nach einer Trennung, zumindest eine Zeit lang, geraten (siehe Kapitel 10). Diesen Vater beschäftigt darüber hinaus die Frage, ob sein Sohn ihm später einmal vorwirft, sich zu wenig dafür eingesetzt zu haben, Zeit mit ihm zu verbringen, und zwar gerade deswegen, weil er *nicht* vor Gericht gegangen ist.

Spitzt sich ein Konflikt nach der Trennung dermaßen zu, dass einer der beiden Partner das Kind dem anderen nicht »herausrücken« will, ist im Grunde jede Lösung schlecht, egal, ob man es dabei belässt oder als Ultima Ratio einen langwierigen Prozess mit dem oder der »Ex« führt. Und manchmal heilt am Ende doch die Zeit die entstandenen Wunden und beide Eltern kommen zu einer einvernehmlichen Lösung. Deswegen sollte man immer einige Monate nach der Trennung abwarten und mit Bezug auf das Wohl der Kinder versuchen, Überzeugungsarbeit zu leisten.

Bleiben die Fronten verhärtet, sollte vor jeder gerichtlichen Auseinandersetzung unbedingt Hilfe von außen in Anspruch genommen werden, wie es in einigen Ländern bereits Pflicht ist. Hier hilft eine Mediation, das Aufsuchen einer Beratungsstelle oder auch die Teilnahme an einem Elternkurs. Dem Vater im vorliegenden Fall gab ich den Rat, auf jeden Fall weiter mit seinem Sohn in Kontakt zu bleiben, ob per Brief, später per SMS, Skype oder WhatsApp. Er könne auch alle seine Bemühungen, ihn zu sehen, in ein Tagebuch aufschreiben, um ihm, wenn sein Sohn älter ist, davon zu erzählen und ihm »beweisen« zu können, ihn nie aus den Augen verloren zu haben. Auch um die eigenen Ohnmachtsgefühle zu bekämpfen, ist es ein guter Weg, sein Kind später einmal wissen zu lassen, wie sehr man es geliebt und dennoch darauf verzichtet hat, es in eine juristische Auseinandersetzung hineinzuziehen.

Gehen die beiden Expartner am Ende dann doch vor Gericht, könnten sie zumindest dem Kind oder den Kindern sagen, dass es ihnen leidtut, in dieser Form um es zu kämpfen. Auch die Botschaft, dies aus der Sorge heraus getan zu haben, das Kind nicht für immer aus den Augen zu verlieren, sorgt zumindest bei Kindern ab dem Schulalter für das Gefühl, von dem abwesenden Elternteil nicht einfach im Stich gelassen worden zu sein. Sowohl die Entscheidung, damals aus Rücksichtnahme auf das Kind nicht vor Gericht gegangen zu sein, wie auch die Entscheidung, ihm diese Auseinandersetzung nicht erspart zu haben, lässt sich Kindern ab zehn Jahren, ob im direkten Gespräch oder mit einem Brief erklären. Zustimmung für das eigene Tun sollte man dabei nicht erwarten, hiermit halten sich Kinder und Jugendliche eher zurück, auch, um den anderen Elternteil nicht zu beschädigen. Ältere Kinder und Jugendliche, die versuchen, sich mit der neuen Situation zu arrangieren, empfinden solche Versuche, sie immer wieder in den Streit der Eltern einzubeziehen, oft zu Recht als Zumutung und wollen einfach damit in Ruhe gelassen werden. Auch dies gilt es zu akzeptieren.

Neue Geschwister und Patchworkfamilien

Manchmal dauert es nur einige Monate, dass sich für die Kinder von getrennten Eltern ein neues Geschwisterkind ankündigt. Für nahezu alle von ihnen stellt dies noch einmal eine große Herausforderung dar, da bei ihnen die Konflikte, die die Trennung ihrer Eltern seinerzeit begleitet haben, wieder aufbrechen und zum Vorschein kommen. Dafür gibt es verschiedene Gründe.

So hoffen Trennungskinder noch über einen langen Zeitraum, dass ihre Eltern wieder zusammenkommen. Wiederannäherungen, und sei es auch nur ein flüchtiger Kuss bei der »Übergabe« oder ein freundlicher Satz, werten sie als Zeichen, dass sich ihre Eltern wieder vertragen haben und am Ende doch wieder zueinanderfinden werden. Manche Kinder erzählen später, sie hätten bewusst den Raum verlassen, um ihren Eltern die Gelegenheit zu geben, sich wieder anzunähern. Kündigt sich jetzt bei einem von beiden Nachwuchs an, scheint ihnen ihr eigenes und das Schicksal ihrer getrennten Eltern endgültig besiegelt.

Auch Verlustängste und Ohnmachtsgefühle treten erneut zum Vorschein, und zwar aus der keinesfalls unbegründeten Angst heraus, das neue Geschwisterkind würde alsbald mehr Raum in der Beziehung zur eigenen Mutter oder zum eigenen Vater einnehmen als man selbst. Hinzu kommt die eigene Veränderung in der Geschwisterreihe: Man ist nicht mehr länger »der« oder »die« Kleinste, um die sich bislang gefühlsmäßig alles gedreht hat, sondern diese Rolle und diesen Status für immer los. Und wieder wurde eine Entscheidung getroffen, ohne dass die Kinder vorher gefragt worden sind. Wenn dann noch der Satz hinzukommt: *Es ist doch toll, noch einmal einen Bruder oder eine Schwester zu bekommen,* nicken die jüngeren Kinder brav und fühlen das genaue Gegenteil. Auch aus Loyalität heraus, um es sich in dieser Situation mit seinen Eltern nicht ganz zu verscherzen. Die Älteren zucken mit den Schultern und wenden sich wieder ihrem Smartphone zu.

Wenn das neue Halbgeschwisterkind dann geboren ist, scheinen sich manche Befürchtungen besonders der jüngeren Kinder zu bestätigen. Plötzlich steht das ältere Kind nicht mehr im Mittelpunkt des allgemeinen Interesses, sondern das Neugeborene. Plötzlich heißt es immer: *Es ist doch noch so klein*, wenn man sich beschwert, weniger Aufmerksamkeit geschenkt zu bekommen. Das ist bei »normalen« Geschwistern natürlich auch so, aber jetzt funkt der Trennungshintergrund der Eltern eben immer dazwischen: *Wie wäre doch alles anders gekommen, wenn sie zusammengeblieben wären!* Zudem wirkt sich die Geburt eines Halbbruders oder einer Halbschwester häufig auch auf den zeitlichen Rahmen der Begegnungen mit dem getrennten Vater oder der getrennten Mutter aus, für die sich mit dem dazugekommenen Geschwister entsprechend neue, übrigens nicht nur zeitliche, sondern auch finanzielle Anforderungen ergeben. Entsprechend die Sorge, jetzt zu kurz zu kommen und nicht mehr so geliebt zu werden wie früher. Und später, wenn die Kinder dann älter oder sogar schon erwachsen sind, kann bei eigenen Problemen das Gefühl hinzutreten, das neue Geschwisterkind habe es mit seinen Eltern, weil die sich gut verstehen und zusammengeblieben sind, eben besser gehabt als man selbst, habe das Glück, in einer »heilen« Familie ohne ständigen Streit und ohne Trennung seiner Eltern aufgewachsen zu sein.

Alle Gedanken, Ängste und Sorgen von Trennungskindern, die in diese Richtung gehen, sind berechtigt und sollten ernst genommen werden: ihre neuerlich entstehenden Verlustängste, ihre Ohnmachtsgefühle, immer nur zusehen zu müssen, was mit ihnen gemacht wird, ihre Zukunftsängste, ihre Eifersucht, auch wenn sie den Erwachsenen oft unberechtigt erscheint, geben sich die Eltern doch alle Mühe, die Kinder in die neu entstandene Situation gut einzubinden. Rituale und Routinen mit den bereits vorhandenen Kindern sollten unbedingt beibehalten werden und ebenso wichtig ist es, regelmäßig auch Zeit mit den bereits vorhandenen Kindern *allein* zu verbringen. Denn all das, was zum Zeitpunkt der Trennung galt und was jetzt wieder, oft Monate oder Jahre später zum Vorschein kommt, gilt auch hier: den Kindern ihre Verlustängste und Ohnmachtsgefühle zu nehmen, Aktivitäten und Zeit anbieten, in denen sie im Mittelpunkt stehen, sich an ihrem Alltag zu beteiligen. Ihnen weiterhin seine bedingungslose Liebe zeigen und das Selbstgefühl vermitteln, wie wertvoll sie einem nach wie vor sind – jeden Tag, an dem es sie gibt.

Sich darauf einzustellen, den vorhandenen Kindern wenn möglich, weiterhin viel Zeit einzuräumen und gleichzeitig das Glück mit einem neuen Partner und einem gemeinsamen Kind nicht aus den Augen zu verlieren, ist ein schwieriger Balanceakt, der manche neue Beziehung vor Probleme stellt. Hinzu kommt, dass bei der Geburt eines weiteren Kindes auch Konflikte mit dem oder der »Ex« wieder aufbrechen können. *Jetzt ist die Trennung also endgültig besiegelt und der oder die andere kann sein neues Glück ohne mich genießen.* Für manche und manchen keine einfache Situation. Manchmal braucht es dann wiederum viel Zeit, bis sich der eine oder die andere von dieser neuerlichen Kränkung erholt.

Mit einem neuen Geschwisterkind ändert sich für die Trennungskinder aber nicht nur die Rolle der eigenen Eltern, die noch einmal Mutter oder Vater werden, sondern es kommt auch deren Beziehung zu ihren neuen Partnern dazu. Werden diese heiraten und damit die einzigartige Stellung, die jene zu ihren bisherigen Eltern hatten, »verraten«? Zudem wird aus dem jeweils neuen Partner ihrer Eltern bei Geburt eines Halbgeschwisterkindes jetzt auch ein Vater oder eine Mutter. Da liegt es auf der Hand, Vergleiche anzustellen, die viel Stoff für Abwertung, Abwendung, Eifersuchtsgefühle, aber auch für Bewunderung bieten. *Macht »sie« es besser mit ihrem Kind als die eigene Mutter oder ist das Gegenteil der Fall,* denkt sich die Tochter. *Spielt der neue Partner der Mutter mehr und anders mit seinem Sohn als der eigene Vater damals?*, fragt sich jetzt der Vierzehnjährige. Unterschiedliche Erziehungsmethoden treten auf den Plan, der neue Lebenspartner der Mutter ist viel strenger mit ihnen als der eigene Vater, *von ihm lasse ich mir gar nichts sagen,* denkt sich die ältere Tochter.

Die neuen Lebensgefährten eines Elternteils rücken mit der Geburt eines gemeinsamen Kindes jetzt dichter an das Trennungskind heran, was auch damit zu tun hat, dass die bislang noch getrennten Wohnungen bei der Geburt eines gemeinsamen Kindes in den meisten Fällen aufgegeben werden. Nach und nach entsteht so eine Patchworkfamilie, besonders dann, wenn ein weiteres Kind dort dazukommt, wo das Trennungskind lebt. Das Kind erlebt, wie ein im Prinzip ihm gegenüber völlig Fremder den Raum des Vaters oder der Mutter einnimmt. Soll man sich dem »neuen« Partner seiner Eltern »um des lieben Friedens willen« gegenüber loyal verhalten oder sich gegen ihn auflehnen – beide Reaktionen kommen für Trennungskinder, auch altersgemäß bedingt, in Betracht. Während sich jüngere Kinder eher in die neue Situation fügen und von ihr auch profitieren können, wenn der getrennte Vater oder die getrennte Mutter die Situation nicht überfallartig, sondern feinfühlig und behutsam neu gestaltet, finden sich ältere Kinder zunächst nur ungern damit ab, dass sie jetzt einen neuen Lebenspartner mit ihrer Mutter oder ihrem Vater teilen müssen. Dies kann Auslöser für ständige Konflikte werden, sowohl zwischen ihnen und den neuen Geschwistern, aber auch zwischen ihnen und dem Paar, das sich neu gefunden hat und von dem einer ihr leiblicher Vater oder ihre leibliche Mutter ist. Dann geht es oft darum, die Aufmerksamkeit weg von dem neuen Kind auf sich zu ziehen oder beide Erwachsenen gegeneinander auszuspielen.

»Sensible« Anlässe wie Weihnachten oder Geburtstage müssen jetzt noch genauer bedacht und entsprechend organisiert werden. Viele Alternativen bieten sich an und es ist kaum möglich, mit seiner Wahl nicht irgendjemanden zu verletzen. Wie können es die Eltern bewerkstelligen, dass niemand zu kurz kommt und sich alle gleich angenommen fühlen? Statt sein Glück genießen zu können, muss das neue Paar Rücksicht nehmen, besonders dann, wenn die bereits vorhanden Kinder die neu entstandene Situation für sich partout nicht annehmen wollen.

Solche Patchworkfamilien werden gerne und öfter in Zusammenhang mit »prominenten« Paaren idealisiert, wobei die positive Bewertung des neuen Familientyps zumeist ausschließlich aus Sicht der Erwachsenen vorgenommen wird. Auftretende Probleme und Spannungen unter allen Beteiligten werden dann oft verharmlost oder man geht über sie hinweg, um das Bild einer vielschichtigen, »hippen«, »modernen« und dann natürlich auch gelingenden Lebensform aufrechtzuerhalten. Aber ganz so einfach ist es eben nicht.

Natürlich gibt es Patchworkfamilien, denen es gelingt, die unterschiedlichen Bedürfnisse aller Beteiligten unter einen Hut zu bringen. Sie lassen den Einzelnen genügend Spielraum für sich selbst und bieten allen Kindern eine entspannte Atmosphäre, indem sie deren jeweils eigene Art respektieren und nichts zu erzwingen versuchen. Entscheidend ist auch hier, dass die Eltern zwischen ihren eigenen Bedürfnissen und denen ihrer Kinder unterscheiden können, selbst wenn dadurch das gemeinsame Zusammenleben immer wieder neu justiert und erfunden werden muss und Konflikte mitunter erfordern, bestehende Arrangements wieder zu verändern. Je mehr Raum dem Einzelnen in einer solchen Konstellation gelassen wird, sich entlang seiner eigenen Bedürfnisse und Wünsche zu entfalten, je mehr Rücksicht auf die sich oft widerstreitenden Gefühle unter allen Beteiligten genommen wird, desto eher kann auch diese Familienform gelingen, in der sich in Zukunft wohl immer mehr Kinder und Jugendliche zurechtfinden müssen.

Die kritische Sicht der betroffenen Trennungskinder, die ich in diesem Abschnitt den Gefühlen und Absichten der Erwachsenen entgegengestellt habe, soll aber nicht einer übertriebenen Idealisierung der »Normalfamilie« dienen. Denn bei allem darf nicht vergessen werden, dass auch sie für viele Kinder genügend Konflikte, unter denen sie leiden und mit denen sie zurechtkommen müssen, bereithält, dass sich gerade, wenn sie »künstlich« zusammengehalten wird, in ihr unendlich viele Dramen abspielen können. Aber ihre Struktur ist einfacher, übersichtlicher und erfordert von Kindern und Jugendlichen insgesamt weniger Anpassungsleistungen als die Patchworkfamilie. Gelingt es den Kindern, sich in dieser neuen Familienform zurechtzufinden, dann zeigen sie später häufig hohe soziale Kompetenzen, weil sie gelernt haben, mit dem Wandel in ihrer Umgebung für sich produktiv umzugehen, auf andere Rücksicht zu nehmen und unterschiedliche Interessen unter einen Hut zu bringen. Sie sind, wenn es gut läuft, häufig früher selbstständig und können sich später auch in ihren Berufen gut behaupten, weil sie es gewohnt sind, mit Konkurrenz, widerstreitenden Interessen und auch Niederlagen besser umzugehen als jene, denen in ihrer Kindheit alles, was sie sich wünschten, zufiel. Entscheidend bleibt auch hier, dass sich die Erwachsenen den Kindern gegenüber ihrer Verantwortung bewusst sind und ihre eigenen Interessen mit dem Blick ihrer Kinder auf die Welt, die sie als Erwachsene für sie schaffen, abstimmen und austarieren. Eine Herkulesaufgabe, die nicht allen gelingt. Und jedes vierte Kind erlebt, dass auch diese für es neue Familienkonstellation nicht ewig hält.

Vorhandene Bindungsmuster spielen eine bedeutsame Rolle

Beim Versuch, sich in neuen Beziehungen bis hin zu einer ganz neuen Familienkonstellation zurechtzufinden und das Leben nach der Trennung wieder gut in den Griff zu bekommen, spielen nicht nur bei den Kindern, sondern auch bei den Erwachsenen erworbene Bindungsmuster eine Rolle. Wissenschaftliche Studien zeigen, dass es Erwachsenen mit guten Bindungserfahrungen besser gelingt, mit der Trennung und Scheidung fertigzuwerden, als denjenigen, die in ihrer Kindheit weniger gut gebunden waren. Was auf der Hand liegt, führt doch eine sichere frühkindliche Bindung an die eigenen Eltern zu einem guten Vertrauen in sich selbst und zur Fähigkeit, in der Beziehung zu anderen Resonanz und Anerkennung herzustellen. Ein in sich selbst tief verwurzeltes Gefühl, für die anderen wichtig und bedeutend zu sein, überträgt sich damit auch auf die Kinder. Und auch in der Beziehung zum »Ex« nutzen sichere Bindungsmuster, die Trennung besser zu ertragen, man fühlt sich weniger »ausgesetzt« und hilflos, war man es doch als Kind gewohnt, trotz mancher Krisen und Ängste immer wieder auf eine sichere »Basisstation« zurückgreifen zu können.

Menschen ohne diesen Vertrauensvorschuss, also mit unsicheren Bindungserfahrungen, haben es bei einer Trennung häufig schwerer, scheinen sich doch bestimmte frühkindliche Erfahrungen für sie zu wiederholen. Viele von ihnen fühlen sich bei einer Trennung buchstäblich »fallengelassen«, »im Stich gelassen«, sich ohnmächtig einem Geschehen ausgesetzt, das sie nicht beeinflussen können, oder haben das Gefühl, wieder einmal mit ihrem Wunsch nach Liebe und Anerkennung »ins Leere« zu greifen. Auch zwischen Hochstrittigkeit und schwierigen Bindungsmustern in der eigenen Kindheit scheint ein deutlicher Zusammenhang zu bestehen. So neigen vor allem ambivalent gebundene Menschen dazu, mit ihren ehemaligen Lebenspartnern zwischen Trauern und aggressiven Gefühlen hin- und herzuschwanken, ein Muster, das sie aus ihrer frühen Kindheit her kennen, nämlich einmal angenommen und dann wieder im Stich gelassen zu werden. Menschen mit vermeidenden und distanzierenden Bindungsmustern neigen wiederum eher zur Bagatellisierung. Weshalb es wichtig ist, immer wieder auch über die eigenen Kindheitserfahrungen nachzudenken, um über Schuldzuweisungen an sich und andere hinwegzukommen.

Nahezu alle Eltern wollen das Beste für ihre Kinder. Wenn sie es ihnen nicht immer geben können, dann nicht deswegen, weil sie mutwillig die Kindheit oder Jugend ihrer Kinder zerstören wollen, sondern weil sie dazu nicht immer in der Lage sind. Daran trifft sie keine persönliche Schuld, denn auch sie sind häufig Opfer ihrer eigenen Kindheitserfahrungen. Verächtlich auf sie herabzublicken, macht nicht nur keinen Sinn, sondern zeugt bei denen, die glauben, alles besser zu wissen, von mangelndem Einfühlungsvermögen.

Für alle Eltern, die sich trennen, gilt es also, auch einmal selbst darüber nachzudenken, wie man seine Eltern als Kind erlebt hat und ob es in der Haltung zu den eigenen Kindern nicht auch Parallelen gibt oder im Gegenteil den Versuch, alles anders zu machen. Nur so gelingt es, eigene starre Bindungsmuster aufzubrechen, statt sie ungewollt auf die eigenen Kinder und den Expartner zu übertragen. Dann schafft man es auch, Trennungskindern die Möglichkeit zu geben, weiterhin zu *beiden Eltern* eine loyale und liebevolle Beziehung zu haben, was ihnen am meisten dabei hilft, ihr eigenes Lebensglück, unbeschadet von der Trennung ihrer Eltern, zu finden.

9. Der direkte Umgang und das Gespräch mit dem Kind

Weißt du noch? – Anknüpfungspunkte

In der Zeit nach der Trennung werden sich immer wieder Situationen ergeben, die die Kinder und Jugendlichen an die gemeinsame und verloren gegangene Zeit zusammen mit ihren Eltern erinnern. Dann wird man auf zurückliegende Erlebnisse und Eindrücke stoßen, insbesondere an den dafür besonders »sensiblen« Tagen, die alle Eltern, die sich getrennt haben, bald kennen- aber auch manchmal fürchten lernen: Geburtstage, Weihnachten, Zeugnisabgabe, der Beginn der großen Ferien, gemeinsame Ausflüge und Reisen … An solchen Tagen tauchen auf allen Seiten unwillkürlich Erinnerungen auf, oft verbunden mit Trauer und Schmerz über die verloren gegangene Zeit, als alle noch zusammen waren.

Unabhängig von der obligatorischen Frage, wo und mit wem wer seinen Geburtstag oder Weihnachten feiert, ergeben sich gerade an diesen Tagen häufig Gelegenheiten, mit den Kindern über »früher« zu sprechen. Plötzlich tauchen bei ihnen Gedanken daran auf, wie es war, als sie noch klein und eine ganze Familie waren. Wie sie die Weihnachtsgeschenke ausgepackt und davor gemeinsam mit den Eltern die Kirche besucht haben. Wie sie den Weihnachtsbaum zusammen aussuchten und nach Hause trugen. Eltern denken daran, wie sie noch nachts gemeinsam die Geburtstagsgeschenke für die Kinder eingewickelt haben. Wie sie dann am Geburtstag nachmittags alle zusammen gefeiert haben und die Großeltern zu Besuch kamen. Oder wie sie im Winterurlaub eine Schneeballschlacht gemacht haben, bis ihre Kinder rote Gesichter bekamen – vor Kälte und Glück. Und manchmal genügt auch nur ein liebevoller Blick, der den Kindern zeigt, dass auch ihre getrennten Eltern immer noch gerne an diese Zeit mit ihnen zurückdenken.

Gerade wenn man diese Feste trotz Trennung weiterhin zusammenfeiert, ist die Stimmung von solchen Gemeinsamkeiten erfüllt. Aber oft stellt sich auch eine gewisse Anspannung unter allen Beteiligten ein, weil diese Begegnungen nur noch wenig mit der bestehenden Wirklichkeit zu tun haben. Schließlich wissen alle, dass man schon nach wenigen Stunden wieder auseinandergehen wird. Allein die Tatsache, dass man zu diesen Gelegenheiten wieder zusammenfindet, vermittelt jedoch besonders jüngeren Kinder die Botschaft: *Wir sind immer noch gemeinsam eure Eltern und wollen dies auch weiterhin bleiben.* Die Kinder haben dabei oft die Frage auf ihren Lippen, ob es nicht wieder so sein könnte wie früher, die sie meistens aber nicht offen äußern. Deswegen ist es gut, keine falschen Hoffnungen zu wecken und feinfühlig auf diese inneren Gedanken von ihnen einzugehen: *Wie schön, dass wir heute wieder einmal zusammen sind. Wie wir es euch damals versprochen haben, bleiben wir ein Leben lang gemeinsam eure Eltern, auch wenn der Papa (die Mama) in ein paar Stunden wieder geht. Das ist nicht einfach für uns alle.*

Vielleicht nutzt das eine oder andere jüngere Kind diesen Satz, jetzt doch über seine Trauer darüber zu sprechen, dass es nicht mehr so ist wie früher. Ältere Kinder werden dazu meistens wenig oder nichts sagen, Jugendliche hinter vorgehaltener Hand auch: *Was soll das ganze Theater? Weil es für uns wichtig ist, mit euch an diesem Tag zusammen zu sein*, kann man dann sagen. *Weil wir heute unser Versprechen erneuern wollen, weiterhin für euch da zu sein.*

Diese und andere Gelegenheiten zu nutzen, um mit den Kindern zu sprechen, auch, wenn sie sich im Alltag einmal »einfach nur so« ergeben, ist fruchtbarer, als zu versuchen, das, was geschehen ist, unter den Teppich zu kehren und verdrängen zu wollen. Wobei man den Kindern das Gespräch jedoch nicht aufdrängen soll, sondern auch warten kann, bis sie das Thema selbst ansprechen. Meistens geschieht das nicht direkt, sondern auf Umwegen, zum Beispiel, wenn ihnen bei Gelegenheit etwas von früher einfällt. Gerade an solche beiläufige Sätze lässt sich dann gut anknüpfen. *Weißt du noch, wie die Mama am Strand einmal auf einen Seeigel getreten ist? – Oje, die arme Mama. Wir sind damals alle zusammen mit ihr ins Krankenhaus gefahren und sie konnte die ganzen Ferien nicht mehr richtig laufen. Dennoch waren es schöne Ferien.* Mit einer solchen Antwort drückt man auch nach der Trennung den Kindern gegenüber sein Mitgefühl und seine Wertschätzung dem oder der »Ex« gegenüber aus und würdigt auf diese Weise nicht nur ihn oder sie, sondern auch die gemeinsam verbrachte Zeit. *Auf so einen Baum sind wir, als wir klein waren, auch immer geklettert. – Stimmt, ihr seid schon damals ganz schön mutig gewesen. Wisst ihr noch, wie Marie fast heruntergefallen wäre und der Papa sie gerade noch auffangen konnte?* So stellt man die Kontinuität zwischen damals und heute her: Ihr seid Kinder gewesen, die mit großem Mut eine Aufgabe angingen. Und man würdigt nebenbei auch den anderen Elternteil: Papa war schon damals immer für euch da.

Es gibt also eine Reihe von guten Gelegenheiten, die sich anbieten, mit den Kindern über die Trennung und die Zeit davor ins Gespräch zu kommen. Man sollte es ihnen nicht aufzwingen, aber hellhörig sein, wenn sie uns dazu einladen. Ich habe an dieser Stelle nur zwei Beispiele angeführt, die sich natürlich beliebig erweitern lassen. Im Folgenden werde ich auf einige allgemeine Regeln eingehen, die es bei diesen Gesprächen zu beachten gilt.

So wie du bist, bist du gut! – Das Selbstgefühl des Kindes stärken

Ich habe schon erwähnt, dass sich Scheidungskinder, obwohl sie für die Trennung ihrer Eltern keine Verantwortung tragen, häufig selbst die Schuld daran geben. Auf jeden Fall aber fühlen sie sich gegenüber der Entscheidung ihrer Eltern »klein« und machtlos, denn sie machen die Erfahrung, dass sie das, was da gerade vor ihren Augen geschieht, selbst nicht wieder rückgängig machen können. Worunter häufig auch ihr Selbstwertgefühl leidet und ihr Gefühl für Selbstwirksamkeit, mit dem, was ihnen zur Verfügung steht, auch erreichen zu können, was sie vorhaben. Hinzu kommt, dass ihnen die Trennung ihrer Eltern, besonders wenn sie von offenen Konflikten begleitet wird, den Eindruck vermittelt, es nicht

»wert« zu sein, dass man auf ihre Wünsche und Bedürfnisse eingeht. Insofern kommt es in der Zeit nach der Trennung darauf an, den Kindern mit Gesten und im Gespräch das Gefühl zu geben, weiterhin »wertvoll« für die Eltern zu sein: *So, wie du bist, bist du gut.*

Kinder reagieren auf die Trennung ihrer Eltern ganz unterschiedlich. Die einen ziehen sich zurück, andere reagieren, wenn nicht zu Hause, dann in Kita und Schule aggressiv. Manche tun so, als ließe sie die Trennung ihrer Eltern völlig kalt, andere sind verunsichert und ängstlich. Im Gespräch mit dem Kind gilt zunächst, die Situation so anzunehmen, wie sie jetzt ist. *Ich kann verstehen, dass es dir gerade nicht gut geht. Ich verstehe auch, dass du mit mir gerade nicht reden willst, vielleicht weil es dich zu traurig macht, dass wir uns getrennt haben. Du musst wissen, dass ich dich noch genauso lieb habe wie früher.* Gerade aus der Trennungssituation resultierende Konflikte mit anderen, ob in der Kita oder in der Schule, müssen feinfühlig behandelt werden, um das Kind nicht zusätzlich zu schwächen und zu verletzen. Dazu ist es auch notwendig, Erzieherinnen und Lehrer von der Trennung zu unterrichten. Kinder brauchen in dieser Situation Verständnis für ihre Situation, sie brauchen das Gefühl, weiterhin liebenswert zu sein, auch wenn ihre Eltern oder Lehrer, ihre Freunde und Klassenkameraden es zurzeit nicht immer leicht mit ihnen haben. Im Gespräch mit ihnen müssen sie sich angenommen fühlen: *Ich mag dich, genau so, wie du bist, obwohl ich mit deinem Verhalten nicht immer klarkomme. Verzeih mir, wenn ich dich manchmal ungerecht behandle. Aber die Situation ist auch für mich nicht leicht.* Es geht also nicht darum, sich für seine Kinder aufzuopfern und ihnen nach dem Mund zu reden. Auch Erwachsene haben ihre Probleme und Rechte und sind nicht immer in der Lage, sich ausschließlich auf die Probleme ihrer Kinder einzustellen. Entscheidend ist, dass die Eltern oder andere Gesprächspartner ihnen nicht das Gefühl nehmen, es wert zu sein, geliebt zu werden. Und dazu gehört auch die Erfahrung, so, wie man gerade ist, im Gespräch angenommen zu werden. Ein Wunsch, den übrigens auch wir Erwachsenen, wenn es uns gerade nicht so gut geht, an unser Gegenüber haben.

Du schaffst das! – Selbstwirksamkeit stärken

Um Selbstwirksamkeit und Selbstgefühl eines Kindes oder Jugendlichen auch außerhalb des Gesprächs zu stärken, ist es immer besser, sich auf seine Stärken zu beziehen, als immer nur auf seine Schwächen und »Fehler« zu sehen. Dies gilt besonders dann, wenn sich das Kind in einer für es schwierigen Situation befindet und dadurch psychisch geschwächt ist. Wichtig ist nur, dass man als Eltern nicht versucht, durch zu hohe Leistungsanforderungen ein zugrunde liegendes Problem zuzudecken, wie das folgende Beispiel zeigt.

Eine Lehrerin erfuhr von den Eltern der 14-jährigen Lea, dass sie sich gerade getrennt hätten und die nachlassenden Schulleistungen ihrer Tochter wohl darauf zurückzuführen seien. Als sich Leas Schulleistungen über Monate hin nicht verbesserten, empfahl ihnen der zurate gezogene Schulpsychologe, sich statt auf die Schwächen von Lea auf ihre Stärken zu konzentrieren, um ihr Erfolgserlebnisse zu gestatten und damit zu einem guten Selbstwertgefühl zu verhelfen, das wohl unter der Trennung ihrer Eltern gelitten habe. Lea würde sich einfach nichts mehr zutrauen, was wohl der Grund für ihre nachlassenden Leistungen wäre. Dabei sei sie doch eine so hervorragende Geigenspielerin und vielleicht könnte man sie beim benachbarten Musikgymnasium anmelden. Als ihre Eltern diesem Rat nachkamen, konzentrierte sich Lea fast nur noch auf die Musik und übte mehrere Stunden am Tag – oft sogar bis in die Nacht hinein. Nach ihrem Schulabschluss und Musikstudium trat sie später in ein Orchester ein und spielte dort mehrere Jahre sehr erfolgreich. Als sie einen Abend trotz einer schweren Grippe auftrat und ihren Soloauftritt verpatzte, brach sie nach der Vorstellung völlig zusammen. Sie wolle nie mehr Geige spielen, brach es aus ihr heraus.

Diese kurze Geschichte verrät uns Nützliches über den Unterschied zwischen einem guten Selbstgefühl und dem Selbstwertgefühl, das nur auf einer erbrachten Leistung beruht. Der Gedanke, im Fall einer Trennung oder Scheidung dem Kind damit weiterzuhelfen, jetzt seine Stärken zu fördern und ihm damit seine Sicherheit wieder zurückzugeben, ist durchaus nachvollziehbar und scheint angemessen. Das Kind fühlt sich selbstwirksam und zugleich mit seinen Vorzügen angenommen und es wird vor der erneuten Erfahrung geschützt, mit dem, was es eigentlich will, zu scheitern. Sofern dies in seiner gewohnten Umgebung geschieht und es langsam an Selbstsicherheit und sein Gefühl, selbstwirksam zu sein, zurückgewinnt, ist gegen eine solche Strategie also nichts einzuwenden. Schwierig wird es nur dann, wenn nur, wie im vorliegenden Fall, die erbrachte Leistung zum Kriterium des erfolgreichen Umgangs mit einer Lebenskrise wird. Dann definiert das Kind seine Selbstwirksamkeit und sein Lebensgefühl ausschließlich über den Erfolg und vergisst dabei, was es innerlich eigentlich beschäftigt. Auch die Trauerarbeit über den erlittenen Verlust, in diesem Fall des Vaters von Lea, der nach der Trennung in eine weit entfernte Stadt zog, kann dann zu kurz kommen. Stattdessen zählt nur noch das Gelingen. Solange der Erfolg anhält, kommt ein Kind oder Jugendlicher mit dieser Strategie ziemlich weit, bleibt er, wie im vorliegenden Fall, aber aus, kommt alles bislang Verborgene und erfolgreich Verdrängte wieder zum Vorschein: die eigenen Verlustängste, das Gefühl, mit seinen Problemen allein nicht fertigzuwerden, im Stich gelassen worden zu sein und vieles mehr. Alles, worauf das Kind, der Jugendliche und junge Erwachsene bislang vertraut hat und was ihm Stärke und Kraft verlieh, bricht zusammen.

Statt mit dem Kind das Gespräch zu suchen und es mit seinen Schwierigkeiten anzunehmen, wurde zu schnell ein »Ersatz« geschaffen, aber das Fundament, das gute Gefühl für sich selbst, blieb dabei auf der Strecke. Die Devise lautete stattdessen: *Nur wenn ich etwas Außerordentliches leiste, bin ich gut für die anderen.* In der ihrem Zusammenbruch folgenden Therapie ging es – übrigens erfolgreich – darum, Lea ihr gutes Selbstgefühl wieder zurückzugeben. *Auch so, wie ich gerade bin, bin ich wertvoll für meine Eltern und meine Umgebung.*

Die junge Erwachsene arbeitete zusammen mit ihrer Therapeutin noch einmal die Gefühle durch, die sie empfand, als ihre Eltern sich vor Jahren getrennt hatten. Sie berichtete davon, sich damals nur dann gut gefühlt zu haben, wenn sie den Erwartungen ihrer Eltern und Lehrer nachkam und ihr Instrument immer besser beherrschte. Dafür wurde sie gelobt und beachtet. An sich selbst und wie es ihr dabei ging, habe sie gar nicht mehr gedacht. Ihr Zusammenbruch habe wohl viel damit zu tun gehabt, zu wenig auf ihre inneren Gefühle geachtet zu haben.

Es ist also besser, wenn Eltern nach ihrer Trennung den Wunsch ihres Kindes nach einem guten Selbstgefühl und nach Selbstwirksamkeit nicht zu eng mit dem Leistungsprinzip verknüpfen, es also nur dann anzunehmen, wenn es etwas Außerordentliches zustande bringt. Stattdessen gilt es, auch seinen negativen Gefühlen genügend Raum zu lassen. Sich auf seine vorhandenen Stärken zu konzentrieren, hat nur dann eine positive und nachhaltige Wirkung, wenn dabei das Gespräch und das Nachdenken über vorhandene Konflikte und Ängste nicht zu kurz kommen. Es geht, mit anderen Worten, darum, das authentische Selbst des Kindes zu stärken und nicht nur den eigenen Wunsch zu befriedigen, das Kind möge möglichst schnell wieder in die Erfolgsspur zurückfinden.

Kannst du mir sagen, wie ich dir am besten helfen kann? – Respekt und Gleichwürdigkeit

Um dem Kind oder den Jugendlichen nach einer Trennung wirklich zu helfen, bedarf es im alltäglichen Umgang und im Gespräch mit ihnen Respekt und Gleichwürdigkeit. Auch dies hat viel damit zu tun, dass sie sich bei den Eltern weiterhin gut aufgehoben fühlen. Dazu gehört auch, ihre Schwächen und ihren vorübergehenden Rückzug zu akzeptieren: *Du hockst nur noch in deinem Zimmer, antwortest nicht mehr auf meine Fragen und auch die Schule lässt zu wünschen übrig. Ich glaube, es hat damit zu tun, dass wir uns getrennt haben. Vielleicht sind auch wir gerade nicht so gut in der Lage, dir zu helfen. Vielleicht aber kannst du uns dabei helfen, was wir besser machen können.*

Auf diese Weise können Eltern und ihre Kinder wieder ins Gespräch kommen. Das jüngere Kind antwortet vielleicht: *Ich gebe mir ja Mühe, aber ich schaffe es einfach nicht, in der Schule mitzukommen. – Das kann ich gut verstehen. Auch mir geht es gerade manchmal so. Ich brauche einen neuen Job, muss die Wohnung neu einrichten, muss sehen, dass jemand zu Hause ist, wenn du aus der Schule kommst. Das ist ziemlich viel. Ich glaube einfach, dass es einige Zeit braucht, bis wir alle wieder da sind, wo wir einmal waren.*

So fühlt sich das Kind angenommen, ohne dass man sein Verhalten pauschal gutheißt. Man vermittelt ihm aufgrund der *gemeinsamen Erfahrung*, dass positive Veränderungen einfach ihre Zeit brauchen, das Gefühl, verstanden zu werden.

Auch bei älteren Kindern führt diese Strategie langfristig zu mehr Erfolg als Kritik an ihrem Verhalten, die ihr Gefühl, zurückgewiesen worden zu sein, nur noch verstärkt. Wenn der Jugendliche, statt sich auf die Schule zu konzentrieren, nur noch bei seinen Freunden herumhängt, kann auch dies Anlass sein, ein offenes Gespräch mit ihm zu suchen. *Ich kann das verstehen, zu Hause erinnert dich gerade zu vieles an früher und du fühlst dich woanders besser. Aber du bist stets willkommen. Kannst du mir vielleicht dabei helfen, was ich tun kann, damit du dich hier wieder mehr wohlfühlst?* So wird dem Jugendlichen die Möglichkeit eingeräumt, selbst etwas Konstruktives für ein besseres Zusammenleben vorzuschlagen. Und auch, wenn diese Art der Intervention nicht sofort Erfolg hat, spürt er oder sie, ernst genommen und respektiert zu werden. Und genau das macht ein gleichwürdiges Verhältnis zwischen Kindern und Erwachsenen aus: ernst genommen zu werden, in seinem Sosein akzeptiert und angenommen. Die Verantwortung aber bleibt immer bei den Eltern, die Kindern oder Jugendlichen zeigen, dass sie weiterhin für sie da sind, ihnen Gehör schenken und Vorschläge machen, die Situation für alle leichter zu gestalten. Nur wenn Kinder oder Jugendliche sich in ihrer Ablehnung anfangen selbst zu gefährden, sei es mit Drogen, Selbstverletzung oder Essstörungen, müssen Eltern sofort und mit Nachdruck eingreifen. Aber so weit kommt es meistens nur dann, wenn sie sich schon vorher abgelehnt und im Stich gelassen fühlten.

Ich bin auch sehr traurig – Ich-Botschaften statt Suggestivfragen

Um dem Kind das Gefühl zu geben, mit seinen Sorgen und Ängsten nicht allein zu sein, um ihm zu zeigen, dass auch die Erwachsenen Schwächen und Gefühle von Unsicherheit kennen und nicht per se alles besser wissen, sind Ich-Botschaften das beste Mittel, das Gespräch mit ihnen zu suchen. Denn sie bedeuten das Gegenteil von Vorhaltungen und Besserwisserei, auf die gerade die älteren Kinder – und dies nach allem, was geschehen ist, nicht ganz zu Unrecht – oft allergisch reagieren. Zudem vermitteln Ich-Botschaften das Gefühl an ihren Adressaten, auf Augenhöhe miteinander zu sprechen.

Die Eltern der achtjährigen Lene haben sich vor einem Jahr getrennt. »Ich bin plötzlich wieder ganz traurig. Warum wohnt die Mama nicht mehr hier. Ich möchte, dass sie wieder zurückkommt«, sagt Lene eines Abends zu ihrem Vater. Der ahnt den Zusammenhang, warum diese Frage gerade jetzt auftaucht: Seine Exfrau bekommt mit dem neuen Partner in wenigen Monaten ein Kind. Er könnte seine Tochter jetzt natürlich direkt darauf ansprechen: *Ich glaube, es gefällt dir gar nicht, dass deine Mama jetzt noch ein Baby bekommt.* Solche direkten Aussagen und Fragen sind suggestiv, denn sie geben, wenn auch zwischen den Zeilen, dem Kind eine Antwort vor. Und meistens bejaht ein jüngeres Kind die so an es gestellte Frage, auch, um seinen Eltern zu gefallen. Statt gegenüber seiner Tochter sofort auf diesen Punkt zu kommen oder zu versuchen, ihr die Gründe für die Trennung ihrer Eltern umständlich zu erklären, ist es so besser: *Auch ich fühle mich ohne deine Mutter manchmal einsam und auch ich sehne mich manchmal nach der Zeit zurück, als wir noch alle zusammen waren. Aber wir werden schon gemeinsam klarkommen, so wie wir es dir damals, als wir uns getrennt haben, versprochen haben. Wir werden weiterhin immer für dich da sein, egal was auch immer passiert. Wir bleiben gemeinsam deine Eltern, auch wenn deine Mutter hier nicht wieder einziehen wird. Jetzt hat sie einen neuen Freund und bekommt, wie sie dir gesagt hat, noch einmal ein Baby mit ihm.*

Auf diese Weise spricht er den wunden Punkt bei seiner Tochter an, ohne ihn gleich zu bewerten, und gibt seiner Tochter damit Gelegenheit, sich mit ihren Ängsten selbst dazu zu äußern. *Dann kommt sie jetzt also nie mehr zurück, wenn sie ein neues Baby bekommt?*

Wie für viele andere Kinder bedeutet die Geburt ihres Halbgeschwisterkindes auch für Lene, die Hoffnung, dass ihre Eltern wieder zusammenkommen, endgültig begraben zu müssen. Das ist für alle Kinder und übrigens auch für die älteren unter ihnen schmerzhaft und es fällt ihnen zunächst schwer, sich damit abzufinden. Im vorliegenden Fall könnte der Vater von Lene ihr antworten: *Deine Mama wird natürlich weiter für dich da sein wie bisher, denn sie trägt dich in ihrem Herzen genau wie jetzt das neue Baby. Überall, wo sie ist. Genauso wie ich. – Aber dann ist sie immer mit dem Baby zusammen und nicht mit mir. – Natürlich wird sie weiter auch mit dir zusammen sein. Darauf kannst du dich ganz sicher verlassen. Aber du weißt ja, ein kleines Baby braucht auch viel Zeit. Du bist ja älter und kannst schon viel mehr allein machen.*

In diesem Dialog läuft einiges sehr gut. Der Vater bezieht klar Stellung und macht seiner Tochter keine falschen Hoffnungen. Mit Ich-Botschaften vermittelt er ihr, dass auch er manchmal unter der Situation, dass seine Frau ihn verlassen hat, leidet, und erinnert sie gleichzeitig, dass er und sie weiterhin beide ihre Eltern und für sie verantwortlich bleiben. Obwohl auch er traurig ist, hilft er ihr, mit Zuversicht in die Zukunft zu blicken. Vielleicht kann Lene durch diese Art der Gesprächsführung auch zugeben, dass sie ganz und gar nicht damit einverstanden ist, dass ihre Mutter mit ihrem neuen Lebenspartner ein Kind bekommt und damit ihren Gefühlen Ausdruck verschaffen: *Ich will aber nicht, dass sie noch ein Baby bekommt!* Und der Vater kann antworten: *Ich finde es auch nicht so einfach und muss mich an diesen Gedanken erst gewöhnen.*

Die Situation zu verharmlosen oder sie zu bagatellisieren, würde den Gefühlen Lenes nicht gerecht. Mit dem Satz: *Aber du wirst es doch sicherlich sehr gern haben, dieses neue Geschwisterkind,* gerät das Kind in ein Dilemma: Ja zu sagen, um dem Vater zu gefallen, oder Nein zu sagen, weil es zumindest für den Augenblick dieses neue

Geschwisterkind gar nicht haben will. Zu sagen: *Egal was ist, du bleibst unsere Tochter,* käme hingegen einer Tatsachenfeststellung gleich und würde dem Kind keinen Raum geben, sich selbst einzubringen und zu seinen eigenen Gefühlen zu stehen. Es braucht für die meisten Kinder Zeit, sich mit der Geburt eines Halbgeschwisterkindes abzufinden. Diese Zeit muss man ihm lassen. Im Gespräch geht es darum, ihnen ihre erneut auftauchenden Verlustängste zu nehmen und ihnen Gewissheit zu verschaffen, wirklich gehört zu werden und angenommen zu bleiben.

Ich bin immer für dich da, wenn du mich brauchst – auch ältere »Kinder« brauchen elterliche Präsenz

Eine immer größere Anzahl von Eltern lässt sich heutzutage scheiden, wenn ihre Kinder älter oder sogar bereits volljährig sind. Während jüngere Kinder auf die unmittelbare Gegenwart ihrer Eltern angewiesen sind, lockert sich das enge Band in der Pubertätszeit, in der sie sich von ihren Eltern lösen müssen, um zu ihrer eigenen Identität zu finden. Dieser Abstand vergrößert sich noch einmal, wenn sie nach der Schule anfangen, ihr Leben selbstständig in Angriff zu nehmen und die Leitplanken von Schule und Elternhaus mit all den damit verbundenen Gewohnheiten und Ritualen wegfallen. Was aber nicht bedeutet, dass Eltern ab jetzt keine Rolle mehr in ihrem Leben spielen. Dies betrifft auch und insbesondere Kinder von getrennten Eltern. Auch wenn die Trennung jetzt schon länger zurückliegt beziehungsweise sich die Eltern trennen, wenn sie bereits aus dem Haus sind, brauchen auch sie das Gefühl, dass ihre Eltern weiterhin für sie präsent sind. Kinder, die ihre Pubertät hinter sich haben und jetzt volljährig sind, lassen sich nicht mehr im herkömmlichen Sinn erziehen. Aber als Vorbilder und »Rettungsanker« spielen die Eltern in ihrem Leben nach wie vor eine wichtige Rolle, die häufig unterschätzt wird. Die Erfahrung, dass sie mit ihnen immer noch das Gespräch suchen können, wenn sie es brauchen, sich in schwierigen Lebenssituationen an sie wenden können, zeigt ihnen, dass die Trennung ihnen ihre Eltern nicht

»weggenommen« hat und dass sie bei ihnen weiterhin Nähe suchen können. »Mein Freund hat sich plötzlich von mir getrennt, jetzt weiß ich gar nicht, was ich machen soll«, schreibt die 20-jährige Elsa ihrem Vater per WhatsApp. »Oh, das tut mir sehr leid. Wenn ich dir irgendwie helfen kann, sag es mir. Und natürlich kannst du mich jederzeit einmal besuchen, wenn du es brauchst.« Auf diese Weise und mit diesem Angebot unterstreicht der Vater seine elterliche Präsenz, bei der es nicht mehr um Erziehung oder Bevormundung geht, sondern darum, dem »Kind« zu vermitteln: *Ich bin weiterhin für dich da, wenn du meine Hilfe brauchst. Es ist aber deine Entscheidung, ob du sie in Anspruch nehmen möchtest.* Und oft bleiben gerade getrennte Eltern aus der Erfahrung heraus, ihren Kindern mit ihrer Trennung einmal sehr wehgetan zu haben, ihren Kindern gegenüber besonders nah – ein Leben lang.*

*Weitere Ausführungen zu diesem Lebensabschnitt finden sich in meinem Buch *Pubertät war erst der Vorwaschgang. Wie junge Menschen erwachsen werden und ihren Platz im Leben finden.*

10. Die besondere Rolle der Väter

Väter und Mütter sind für das Kind gleich wichtig

Lange habe ich überlegt, ein besonderes Kapitel über die Rolle der Väter im Zusammenhang mit Trennung und Scheidung zu schreiben. Sind sie nicht, ebenso wie die Mütter, einfach nur Eltern ihrer Kinder und gilt, was für die Mütter zutrifft, dann nicht auch genauso für sie? Was die bisher in diesem Buch beschriebenen Wege betrifft, wie Kinder und Jugendliche nach einer Trennung und Scheidung ihrer Eltern zu neuem Selbstvertrauen zurückfinden, ist das sicher der Fall. Mit anderen Worten: Bei den vielen konkreten Beispielen, die ich in diesem Buch angeführt habe, ist die Rolle von Müttern und Vätern heutzutage mehr oder weniger austauschbar. Aber für die Lebensphase, in der die Eltern die Zeit nach ihrer Trennung selbst bewältigen, gibt es, übrigens auf beiden Seiten, immer noch Unterschiede.

Dabei geht es nicht um die manchmal gerne diskutierte Frage, wer von beiden »wichtiger« für das Kind ist – Mütter oder Väter? Alle wissenschaftlichen Studien, von der Säuglingsforschung bis zu verschiedenen Jugendstudien, zeigen, wie wichtig *beide* sind, und dies möglichst von Geburt an. Bindungstheoretische Überlegungen deuten darauf hin, dass sich aufgrund der körperlichen Präsenz in den ersten Wochen und Lebensmonaten des Kindes eine besondere Nähe des Kindes zur Mutter ergibt. Und Statistiken zeigen, dass diese Nähe für eine Mehrheit der Mütter heutzutage noch bis zum dritten Lebensjahr ihres Kindes andauern kann. Aber auch zum Vater stellt sich eine solche Form von Nähe und Bindung her, besonders dann, wenn er von Anfang an aktiv am Leben seines Kindes teilnimmt, wie dies zunehmend der Fall ist. Beide Eltern, die ihrem Kind von Geburt an als Bindungspersonen abwechselnd Geborgenheit und Sicherheit vermitteln, sind auf diese Weise unentbehrlich.

Unterschiede, das haben wissenschaftliche Studien ergeben, liegen weniger beim Bindungsverhalten des Kindes, das bei beiden Eltern von Geburt an nach Schutz und Resonanz sucht, sondern eher in der Art der Kommunikation, wie Frauen und Männer mit ihren Kindern, auch mit den noch ganz kleinen, umgehen. Frauen, so das Ergebnis solcher Untersuchungen, bevorzugen eher einen gefühlsbetonten, zärtlichen Austausch mit dem Kind, Männer eher die sachliche Ebene. Sie benennen mehr Gegenstände, wenn sie mit dem Säugling und Kleinkind sprechen, gehen sportlicher mit ihm um, so wie Väter später auch das körperliche Kräftemessen häufig dem zärtlichen Umgang mit dem Kind vorziehen. Allerdings ist hinsichtlich der Bewertung solcher Beobachtungen Vorsicht geboten, denn man erkennt in ihnen auf Anhieb gesellschaftlich geprägte Stereotype und Rollenzuweisungen. Anders ausgedrückt: Solche Zuschreibungen stimmen zwar in der Mehrzahl der Fälle, aber ohne deswegen biologisch bei »der Frau« oder »dem Mann« fest in ihrem Verhalten verankert zu sein. So lässt sich durch eigene Beobachtung im Alltag feststellen, dass in vielen Familien heutzutage solche stereotypen Rollenmuster nicht mehr so eindeutig vorzufinden sind, wie es früher der Fall war.

Die »neuen« Väter

Das Verhältnis zwischen Vätern und ihren Kindern hat sich im Vergleich zu früher grundlegend verändert. Seit den 1970er Jahren haben sich starre Rollenvorstelllungen aufseiten der Väter wie auch aufseiten der Mütter gelockert. Wichtige Voraussetzung dafür war neben anderen emanzipativen Bestrebungen von Frauen auch ihre zunehmende Präsenz auf dem Arbeitsmarkt. Gleichzeitig haben sich in diesem Zeitraum aber auch die Väter verändert. Laut einer Forsa-Umfrage aus dem Jahr 2014 empfinden weit mehr als die Hälfte von ihnen, dass ihr Leben dank der Geburt ihres Kindes glücklicher und erfüllter geworden ist. Fast drei Viertel der Väter beteiligen sich heutzutage an der Fürsorge für das Baby und etwa die Hälfte nimmt Erziehungsurlaub. Auch sind junge Väter mittlerweile mehrheitlich der Meinung, dass ihnen der Beruf zu wenig Zeit für ihre Kinder lässt. Und ganz unabhängig von solchen Befragungen zeigt der einfache Blick auf das heutige Straßenbild, wie sehr sich die althergebrachten Rollenfestlegungen verändert haben. Man sieht junge Väter mit ihren Babys vor den Bauch gebunden, mit Kinderwagen, sogar beim Joggen. Sie stehen mit ihren Kindern im Supermarkt in der Schlange oder reisen mit ihnen zusammen im »Kinderabteil« der Bahn. Sie knuddeln und umarmen sie zärtlich, was längst nicht mehr als »unmännlich« oder »weich« gilt. Dahinter verbirgt sich, denkt man nur an die Nachkriegszeit der 1950er Jahre zurück – eine kleine Revolution mit bedeutenden Auswirkungen auch für die Erziehungsmaximen von heute. Nicht mehr Gehorsam und Unterordnung unter den väterlichen Willen zählen, sondern ein respektvoller, die Bedürfnisse des Kindes achtender und zärtlicher Erziehungsstil prägt die meisten heutigen Familien vonseiten der Frauen *und* Männer.

Die so beschriebene Veränderung im Verhältnis zwischen Müttern und Vätern wirkt sich aber nicht nur auf das gemeinsame familiäre Zusammenleben mit Kindern aus, sondern eben auch darauf, wie heutige Väter eine Trennung oder Scheidung erleben. Die Zeiten, in denen es quasi »naturgegeben« war, dass Kinder nach der Trennung bei ihren Müttern bleiben, sind aus Sicht vieler Väter vorbei. Sie, die mit ihren Kindern viel mehr Zeit als ihre eigenen Väter verbracht haben und den Stellenwert von Kindern in ihrem Leben ganz anders bewerten als früher, wollen auch nach Trennung und Scheidung weiterhin gute Väter für ihre Kinder sein. Aber trotz all dieser bedeutenden Veränderungen bleiben die allermeisten Kinder, wenn ihre Eltern sich trennen, eben doch wieder bei ihren Müttern, die dann – und das Wort verrät einiges – zu »Alleinerziehenden« werden. Und auch wenn dafür unterschiedliche Gründe verantwortlich sind, darunter im Übrigen der Wunsch vieler Väter (und Arbeitgeber!), ihren Vollzeitjob nicht zugunsten der Beschäftigung mit ihren Kindern aufgeben zu müssen, ergeben sich für die Väter aus der nach wie vor weit verbreiteten Auffassung, dass Kinder bei ihren Müttern einfach besser aufgehoben sind, einige Konflikte. Auf diese im Folgenden einzugehen, bedeutet nicht, daraus eine Glaubensfrage oder noch schlimmer, einen »Krieg der Geschlechter« zu machen. Unerbittlich darüber zu streiten, bei wem Kinder besser aufgehoben sind, dient nicht dem Wohl des Kindes und verschärft nur bestehende Spannungen zwischen ihren Eltern, statt sie zu lösen. Aber die oft unterschiedlichen Voraussetzungen für Mütter und Väter im Trennungsprozess lassen sich auch nicht einfach wegdiskutieren.

Die »doppelte Trennung« gut verarbeiten

In etwa 70 bis 90 Prozent aller Fälle führt eine Trennung von Ehe- oder Lebenspartnern zum Auszug des Vaters und damit verbunden zum Verbleib des Kindes oder der Kinder bei der Mutter. Die Zahlenangaben dazu variieren und lassen sich wohl auch nicht ganz genau ermitteln. Aber selbst wenn sich dabei langsam, besonders über neue Betreuungsmodelle, von denen im nächsten Kapitel die Rede ist, Verschiebungen ergeben, macht immer noch die Mehrzahl der Väter die Erfahrung, sich nach der Trennung zumindest räumlich zusätzlich zur bisherigen Lebenspartnerin auch noch von ihren Kindern trennen zu müssen. Letzteres bedeutet für die meisten einen zusätzlichen Verlust.

Manche Väter, die aus unterschiedlichen, hauptsächlich aber beruflichen Gründen bislang nur wenige Alltagserfahrungen mit ihren Kindern geteilt haben, kommen mit dieser neuen Situation oft ganz gut zurecht, ganz einfach deswegen, weil sich für sie hinsichtlich ihrer Vaterrolle im Grunde nur wenig verändert. Und manche von ihnen genießen, wie das auch für die Frauen gilt, die neue »Freiheit«, vor allem, wenn sie eine neue Beziehung begonnen haben. Davon abgesehen aber leiden gerade die »neuen Väter« mit einer starken, wechselseitigen Bindung zu ihren Kindern, Väter, die viel mit ihren Kindern zusammen waren und viel mit ihnen unternommen haben, unter der Trennung doppelt: Ihnen fehlt nicht nur die vertraute Lebenspartnerin, sondern zusätzlich fehlen ihnen auch die Kinder.

Zusätzlich können Kinder, bei allen Belastungen, die Alleinerziehende zu tragen haben, ihnen oft dabei helfen, die Trennung vom anderen besser zu überwinden, ganz einfach, weil die Alleinerziehende nach der Trennung, was die Kinder angeht, eben nicht allein bleibt. Allein deren Präsenz sorgt für Kontinuität, hinzu kommen Verantwortung und damit verbundene Aufgaben der alltäglichen Betreuung, die auch für Stabilität und einen festen Bezug zur Gegenwart sorgen. Die eigene Bedeutung wird aufgewertet, weil diejenigen, bei denen die Kinder »bleiben«, hinsichtlich der Organisation von Besuchszeiten, Wochenenden oder Ferien häufig als »Gatekeeper« fungieren. Sie sind es, die die meiste Zeit mit den Kindern zusammen sind, die ihre Gewohnheiten kennen, wissen, wann es ihnen gut geht, wann sie krank sind, welche Verabredungen sie mit Freunden und Freundinnen gerade getroffen haben usw. Dass durch diesen »Machtzuwachs« der Mutter für eine Reihe von Vätern ein alltäglicher Umgang mit den Kindern verloren geht, ist die traurige Kehrseite und führt zu weiteren Problemen, auf die ich im Folgenden noch etwas ausführlicher eingehen möchte. Im Übrigen gilt das Gesagte selbstverständlich auch für Mütter, deren Kinder hauptsächlich bei den Vätern aufwachsen, was aber, wie gesagt, viel seltener der Fall ist.

Wenn der Kontakt völlig abbricht …

Statistiken belegen, dass der Kontakt zwischen Vätern und ihren Kindern nach Trennung und Scheidung mit den Jahren schwächer wird und bei bis zur Hälfte aller getrennten Paare mit der Zeit fast völlig erlischt, obwohl fast 80 Prozent aller Eltern der Meinung sind, dass Kind solle von beiden Eltern erzogen werden. Dafür gibt es eine Reihe ganz unterschiedlicher Gründe: Immer noch sprechen die meisten Familiengerichte, wenn es um den Aufenthaltsort des Kindes geht, der Mutter das Kind zu. Hinzu kommen ökonomische Härten, das Leben in einer neuen Beziehung, manchmal und selten auch einfaches Desinteresse, das meistens aus der eigenen Bindungsgeschichte resultiert, sich als Kind selbst nicht angenommen, nicht geliebt und entsprechend an seine Eltern gebunden gefühlt zu haben.

Im Vordergrund steht jedoch auch immer wieder, dass es dem Paar nicht gelang, die Trennung im Interesse ihrer Kinder *gemeinsam* zu gestalten. Statt kindgerechte Lösungen zu finden und die eigene Beziehung zum erwachsenen Partner von der zu den Kindern zu unterscheiden, überwiegen Rachegefühle und ungelöste Konflikte auf beiden Seiten. Dann ist die Situation für Väter mit starker Bindung an ihre Kinder nur schwer zu ertragen. Das Kind bleibt bei der Mutter, hinzu kommen die Kämpfe ums Geld, um Besuchsregeln, um Ferien und Feiertage, ständige Vorhaltungen, die Kinder nicht richtig zu kennen und erziehen zu können, und vieles andere mehr. Das zermürbt mit der Zeit und am Ende bleibt ihre Beziehung zu den Kindern manchmal ganz auf der Strecke. Manche Väter geben resignierend auf oder ziehen sich nach Monaten oder Jahren vom Anspruch, ihre Kinder regelmäßig zu sehen, immer mehr zurück. Manche von ihnen flüchten sich auch in eine Form von männlichem Zynismus: *Sollen sie doch bleiben, wo sie sind!* – oder in die Arme einer anderen Frau. Immer mehr wenden sie sich von der »alten« Familie ab. Sie wissen, dass ihre Kinder darunter leiden, aber finden für sich keine Lösung mit der ehemaligen Partnerin.

Diese Form sich langsam herausbildender »Vaterlosigkeit« ist nicht nur für die Kinder ein großer Verlust mit möglichen Folgen für ihr späteres Leben, auch viele Väter leiden darunter: Oft unausgesprochen belastet sie weiterhin das Gefühl, es nicht geschafft zu haben, ihren Kindern ein guter Vater gewesen zu sein. Manche versuchen dann, dieses Gefühl mit besonders starkem beruflichen Engagement zu kompensieren und in Schach zu halten. Dieses Gefühl von Unzulänglichkeit mag sie nicht von Anfang an begleitet haben, als die Konflikte mit der »Ex« so dominierten, dass alles andere dahinter zurücktrat. Sie fühlten sich als »Zahlvater« ausgenutzt und alleingelassen. Aber viele von ihnen holt ihre »Kinderlosigkeit«, die oft über Jahre angedauert hat, später, wenn ihre Kinder älter geworden sind, wieder ein. Besonders dann, wenn schon erwachsene Kinder ihre für lange Zeit empfundene Vaterlosigkeit als späten

Vorwurf an den Vater zurückgeben. Was immer den Ausschlag gegeben haben mag, eine eigene als Kind erfahrene unsichere Bindung oder das Gefühl, dem Willen der Mutter nach der Trennung ohnmächtig ausgeliefert gewesen zu sein, die räumliche Trennung von den Kindern birgt für viele Väter die Gefahr, dass sie den Kontakt zu ihren Kindern gänzlich verlieren. Es ihnen einfach nur vorzuwerfen, lässt die häufig dahinterliegende Dynamik auf allen Seiten außer Acht.

Dass fast die Hälfte der Scheidungskinder nach einer gewissen Zeit quasi vaterlos aufwächst, ist deswegen so alarmierend, weil viele wissenschaftliche Studien belegen, wie wichtig, insbesondere für die Jungen und unabhängig von ihrem Lebensalter, die Vorbildfunktion des Vaters sein kann, ganz zu schweigen davon, sich als Kind oder Jugendlicher, egal welchen Geschlechts, von seinem Vater verlassen und nicht ausreichend geliebt gefühlt zu haben.

An dieser Stelle bleibt festzuhalten, dass die völlige Aufgabe der Beziehung des Vaters zu seinen Kindern von allen die schlechteste Lösung ist. Mit anderen Worten: Auch wenn die zerrüttete Beziehung zwischen den Eltern eine kindgerechte Lösung verhindert, sollten Väter ihren Kindern weiterhin das Gefühl geben, an ihnen, ihrem Alltag, ihren Wünschen und Sorgen nach wie vor interessiert und jederzeit weiterhin für sie erreichbar zu sein. Dazu reichen schon kleine Gesten und Lebenszeichen aus (zum Beispiel Briefe, WhatsApp, E-Mails, Skype), selbst wenn sie, bedingt durch die räumliche Trennung und andere Umstände manchmal unbeantwortet bleiben. Und dennoch entfalten solche Bemühungen eine kaum zu unterschätzende langfristige Wirkung. Vielleicht erinnern sich die Kinder, erst wenn sie selbst Mutter oder Vater geworden sind, daran, dass ihr Vater sie nie wirklich verlassen hat und genau das gibt ihnen Kraft, jetzt ihre eigene Beziehung zu ihren Kindern aufzubauen und zu festigen.

Wenn ich im nächsten Kapitel auf die unterschiedlichen Betreuungsmodelle zu sprechen komme, gehe ich noch einmal darauf ein, wie man durch ein kluges Arrangement der Gefahr, dass die Kinder den Kontakt zu ihrem Vater gänzlich verlieren, wirksam entgegentreten kann.

Schmerz, Wut, Ohnmachtsgefühle, Schuldgefühle und Einsamkeit

Lars und Julia haben sich, nachdem sie zehn Jahre zusammen und fünf Jahre verheiratet waren, getrennt. Ein Grund dafür ist die kurze Affäre von Lars mit einer Kollegin, die er während einer Konferenz kennengelernt hat. Lars und Julia haben ihren Kindern, fünf und sieben Jahre alt, gemeinsam gesagt, dass sie sich trennen werden und Lars bald die Wohnung verlassen wird. Weiterhin haben sie sich darauf verständigt, dass ihre Kinder Finn und Sara zunächst bei Julia wohnen bleiben und sich Lars in der Nähe ein Appartement mietet. Beide wollen ihren Kindern die Trennung nicht durch Auseinandersetzungen untereinander erschweren. Obwohl Lars bewusst ist, dass der »äußerliche« Anlass für die Trennung von ihm ausgegangen ist, weiß er doch auch, dass er und seine Frau sich schon vor seiner Affäre auseinandergelebt hatten. Er hatte eigentlich nur noch seine Arbeit im Kopf, und wenn er schon mal zu Hause war, widmete er sich vor allem seinen Kindern. Aber auch Julia war auf ihre Weise eigene Wege gegangen, hatte eine neue Arbeit aufgenommen, wovon er kaum etwas mitbekommen hatte, es vielleicht auch gar nicht wollte. Als er jetzt vor den Augen der Kinder seine Sachen zusammenpackt – das meiste, was sie sich zusammen angeschafft haben, bleibt bei Julia und den Kindern –, hat er Mühe, seine Tränen zurückzuhalten. Ihn plagen Schuldgefühle, daneben aber auch ein Gemisch aus Wut und Schmerz, sich von seinen Kindern auf diese Weise verabschieden zu müssen. Schließlich liebt er sie noch genauso wie vorher. Dazu kommen Ohnmachtsgefühle, weil er innerlich weiß, keine Chance zu haben, die Kinder mit zu sich zu nehmen. In ihren Augen muss er, der jetzt seine Koffer packt, der alleinige »Böse« sein. Ein paar Wochen später sitzt er in seiner neuen Einzimmerwohnung und fühlt sich nur noch einsam und verlassen. Er könnte heulen und trinkt stattdessen eine Flasche Rotwein wie jetzt fast jeden Tag. Er schleppt sich zur Arbeit, die ihm plötzlich sinnlos vorkommt. Am schlimmsten sind die Tage, nachdem er seine Kinder gesehen hat. Lars hat Angst, richtig depressiv zu werden und bei seiner Arbeit nicht mehr so zu funktionieren, wie es von ihm verlangt wird. Aber Geld verdienen muss er schließlich weiterhin, auch wenn für ihn selbst nicht mehr allzu viel davon übrig bleibt.

So wie Lars geht es nach einer Trennung vielen Männern, die ein intensives Verhältnis zu ihren Kindern hatten und die jetzt im Alltag ohne sie auskommen müssen. Natürlich haben es diejenigen unter ihnen manchmal etwas einfacher – zumindest in den ersten Wochen und Monaten –, die die Trennung aktiv vorangetrieben haben oder sich bald in eine neue Beziehung stürzen. Aber auch in diesem Fall holt viele die Sehnsucht nach ihren Kindern nach einiger Zeit wieder ein. Hinzu kommen durch die neue Partnerschaft auch neue Belastungen, nämlich das Verhältnis der Kinder zu der Freundin auszubalancieren und dabei immer das Gefühl zu haben, nirgendwo richtig anzukommen. Väter fürchten dann sowohl um die neue Beziehung wie auch um die Zuneigung ihrer Kinder. Ging die Initiative zur Trennung, wie heute mehrheitlich, von der Frau aus, wird es für viele Väter noch schwieriger, mit der neuen Situation klarzukommen. Sie, die doch an der Beziehung hingen und sie retten wollten, fühlen sich ungerecht behandelt, wenn sie es sind, die ausziehen und dabei ihre Kinder bei der Mutter zurücklassen müssen. Dann stürzen sie sich in die Arbeit oder irgendwelche Freizeitaktivitäten, um von Wut und Trauer abgelenkt zu sein, und wissen, wenn sie allein sind, nichts mit sich anzufangen. Ihren Kindern spielen sie oft vor, dass es ihnen gut geht. Doch auch die Kinder spüren die veränderte Stimmung beim Vater und können trotzdem nichts dagegen unternehmen. Manche von ihnen wollen den Vater jetzt deswegen nicht mehr besuchen und der Vater wird immer depressiver – ein Teufelskreis.

Für viele Väter birgt die »doppelte Trennung« von ihrer bisherigen Partnerin und den Kindern Risiken, vor allem zusätzliche psychische Belastungen, die sich in ihrem Leben immer stärker bemerkbar machen. Wie gesagt trifft es nicht alle Väter, sondern besonders diejenigen, die eine enge und liebevolle Bindung zu ihren Kindern aufgebaut haben und bei denen deshalb die Kinder in ihrem Leben einen wichtigen, vielleicht den wichtigsten Platz einnehmen. Und diese »neuen Väter« werden immer mehr. Sie haben ihre Kinder als Säuglinge und Kleinkinder mit sich herumgetragen, haben ihnen Pausenbrote geschmiert und sich um sie gekümmert, als sie krank waren. Sie haben Baumhäuser gebaut oder mit ihnen Fußball gespielt. Wenn sie sich auch von ihnen trennen müssen, bricht ein ganzer Lebensinhalt weg. Es geht nicht darum, Mütter gegen Väter auszuspielen. Aber die Vaterrolle, die sich verändert hat, beeinflusst eben auch das Trennungsgeschehen selbst und besonders die es begleitenden Gefühle aufseiten der Väter. Die Trennung macht sie heute gegenüber früheren Zeiten, als die Väter »nur« Ernährer waren und mit den Kindern oft wenig anzufangen wussten, verletzlicher. Ihre erhöhte Verletzbarkeit, eigentlich ein Zeichen für ihre Gefühlsstärke, lässt sie anfälliger werden für psychische Instabilität. Schuldgefühle den Kindern gegenüber, Ohnmachtsgefühle oder Wut gegenüber der »Ex« sind ein gefährlicher Mix, der gerade bei sensiblen Vätern zu Depressionen und Suchterscheinungen führen und ebenso häufig Arbeitsstörungen nach sich ziehen kann.

Was Väter jetzt tun können

Auf solche Folgen einer »doppelten Trennung« und erzwungener »Kinderlosigkeit« sollten Väter sich einstellen und, wenn nötig, auch professionelle Hilfe in Anspruch nehmen. Damit es erst gar nicht so weit kommt, gelten ähnliche Regeln, wie ich sie auch schon für Mütter und Väter für die Verarbeitung einer Trennung oder Scheidung an verschiedenen Stellen dieses Buches angeführt habe.

Schuldgefühle gegenüber den Kindern zu empfinden, ist, wie bereits erwähnt, zunächst etwas, das durchaus Anerkennung verdient, denn sie zeugen von Liebe und Verantwortlichkeit. Wichtig aber ist, dass sie nicht überhandnehmen und die Beziehung zum Kind dominieren. Dessen sollten sich auch und besonders Väter bewusst sein, da sie nach der Trennung in den meisten Fällen den Alltag mit ihren Kindern weniger teilen werden. Oft wollen sie dann in der Ausnahmesituation, wenn sie mit ihnen zusammen sind, den Kindern alles geben, haben Angst, die Kinder dadurch zu verlieren, wenn sie ihnen in manchen Punkten widersprechen oder ihnen nicht alle ihre Wünsche (manche Kinder sind in dieser Hinsicht sehr schlau!) erfüllen. Diese Angst ist völlig unbegründet, denn Kinder wollen die Bindung zu ihren Vätern nicht aufgeben. Darüber hinaus verbrauchen Schuldgefühle, wenn die Gedanken nur noch darum kreisen, was man in seinem Leben womöglich alles falsch gemacht hat, viel zu viel an psychischer Energie. Es ist auch für die Kinder viel nützlicher, einfach zu zeigen, dass man weiterhin für sie da ist.

Dieses Gefühl väterlicher Präsenz entsteht bei den Kindern nicht durch irgendwelche »Events«, die bei feiner Dosierung durchaus besondere Freude erzeugen können, sondern durch Teilen ihres Alltags. Das können kurze Botschaften auf dem Handy sein, auch Postkarten von Geschäftsreisen, vor allem aber, dass man ihnen das Gefühl gibt, sie bei der Erledigung ihrer täglichen Aufgaben gerne zu unterstützen. Im Grunde geht es darum, das Band, das einen mit seinen Kindern verbindet, immer wieder von neuem zu knüpfen. Man sollte aufseiten der Kinder dafür keine besondere Dankbarkeit erwarten, denn für sie ist dies im Rahmen einer guten Beziehung zum Vater etwas ganz Normales, um das man nicht viel Aufhebens zu machen braucht. Wenn sie älter werden und sich später einmal daran erinnern, wissen sie, dass sie trotz der Trennung ihrer Eltern niemals im Stich gelassen worden sind.

Neben Schuldgefühlen können auch Ohnmacht und Wut eine dominierende Rolle im »doppelten« Trennungsprozess spielen. Ohnmacht, weil man, bedingt durch die räumliche Trennung, das Gefühl hat, das Heft aus der Hand gegeben zu haben. Tatsächlich verringert sich der Einfluss auf die Kinder, wenn sie die meiste Zeit bei ihrer Mutter verbringen, die mit ihnen den Alltag gestaltet. Besonders wenn Väter zusehen müssen, dass es für die Kinder dabei nicht nur gut läuft, stärkt dies ihr Gefühl von Schwäche, dem nichts entgegensetzen zu können. Auch hier gilt es, das Band zu den Kindern dennoch weiterhin zu knüpfen und ihnen damit die

Möglichkeit zu geben, in der Beziehung zu ihrem Vater Kontinuität zu erfahren.

Mit anderen Vätern das gemeinsame Schicksal zu teilen, kann dem Gefühl, mit allem allein gelassen zu werden, positiv entgegenwirken. Aber in Wut und Aggression umkippende Ohnmachtsgefühle können dabei leicht auch zu ideologischen Verhärtungen führen, wie man sie keineswegs bei allen, aber doch bei manchen »Väterinitiativen« findet, in denen Frauen und Mütter kurzerhand zum »Feind« erklärt werden. Dies geschieht zumeist vor dem Hintergrund, dass die Väter jahrelange Prozesse um ihre Kinder geführt haben. Womit weder den Kindern noch einem selbst auf längere Zeit gedient ist.

Authentisch und verantwortlich bleiben

Eigentlich sollte also jeder Vater die Beziehung zu seinen Kindern genauso fortsetzen, wie sie vor der Trennung bestanden hat, vielleicht sogar noch etwas intensiver, weil die Zeit für den wechselseitigen Austausch jetzt knapper und kostbarer geworden ist. Väter sollten sich auf ihre Beziehung zum Kind konzentrieren und dabei nicht immer die Beziehung zu der »Ex« oder wie diese mit den Kindern umgeht, vor Augen haben. Neid und Rache sollten keine Rolle spielen. Dazu gehört auch, die Kinder nicht ständig nach ihrem Leben »zu Hause« auszufragen, sondern lieber von sich und dem eigenen Leben, seinen Höhen und Tiefen, seinen Herausforderungen und auch von den schönen Dingen, die man gerade erlebt, zu erzählen. Einige Untersuchungen und wissenschaftliche Studien weisen im Übrigen darauf hin, dass sich das Verhältnis von Vätern zu ihren Kindern nach der Trennung sogar intensiviert, dass sie sich ihnen gegenüber aktiver und zugewandter verhalten als vor der Trennung.

Den Kindern von den eigenen Gefühlen in Form von Ich-Botschaften zu erzählen, bleibt auch in diesem Zusammenhang wichtig: *Wir haben uns getrennt, und jetzt lebt ihr hauptsächlich bei eurer Mutter. Oft macht mich das ganz traurig, euch nicht mehr ständig um mich zu haben. Ich vermisse euch dann und würde euch gerne mehr sehen. Bei der Arbeit muss ich oft an euch denken, was ihr gerade macht, wie es in der Schule gerade so läuft. Am traurigsten macht mich, wenn wir uns nach unserem Zusammensein wieder trennen müssen. Aber so ist es jetzt und wir sollten alle versuchen, das Beste daraus zu machen. Und vielleicht könnt ihr mir dabei sogar ein bisschen helfen.*

Auch kann man die Kinder, wenn sich die Gelegenheit ergibt, danach fragen, wie es ihnen geht, allerdings ohne sie auszufragen: *Jetzt haben wir uns schon zwei Wochen nicht gesehen. Peter hat mir ein Bild, das er neulich gemalt hat, geschickt und du hast mir ein Foto gesendet, wie ihr mit eurer Band einen neuen Song komponiert habt – super!* So schafft man Anknüpfungspunkte und besonders auf das, worauf die Kinder selbst gerade besonders stolz sind, gehen sie gerne ein. Die Feststellung: *Ich habe gehört, dass du in Mathe eine 5 geschrieben hast,* bringt sie eher zum Schweigen. Auch hier geht es zunächst darum, das, was sie gerade machen, zu respektieren und sich mit ihnen über das zu freuen, worauf sie stolz sind und sie nicht mit Fragen nach ihren Defiziten zu bedrängen.

Häufig wollen Kinder, wenn sie mit dem Vater zusammen sind, nicht über ihre Gefühle sprechen, denn sie fürchten Loyalitätskonflikte oder spüren die Unsicherheit oder Schuldgefühle beim Vater, vielleicht auch eine unterdrückte Wut auf ihre Mutter. Hier ist Geduld nötig, bis sich eine gute Gelegenheit ergibt. *Guck mal, das Pony da hinter dem Zaun sieht irgendwie ganz traurig aus. Vielleicht, weil es ganz allein ist. Was meint ihr?* Indirekte Fragen helfen besonders jüngeren Kindern, über die eigenen Gefühle zu sprechen. Ebenso, wenn man ihnen etwas vorliest und sie um ihre Meinung bittet. Gute Themen lassen sich dabei in Kinderbüchern finden, in denen es um Alleinsein und Trennung geht. Mit Teenagern kann man sich sicherlich auf direkterem Weg über das eine oder andere austauschen. Aber auch bei ihnen sollte man respektieren, wenn sie nicht sofort über ihre eigenen Gefühle sprechen wollen, zumal sie diese in ihrem Alter ihren Eltern und überhaupt Erwachsenen gegenüber nur ungern zum Ausdruck bringen.

Ein letzter Punkt, den ich noch hervorheben möchte, ist der Schritt aus der Vergangenheit heraus in die Gegenwart und Zukunft der Kinder. Was übrigens auch dabei hilft, noch bestehende Konflikte in der Beziehung zum anderen langsam wieder in den Griff zu bekommen. Wenn Väter, auch wenn sie sich dabei von ihrer Expartnerin im Stich gelassen fühlen oder für ihre Situation zu wenig Unterstützung empfinden, sich auf das »Jetzt« konzentrieren statt auf die Vergangenheit, wenn sie, statt ständig auf dem Streit mit der Mutter herumzureiten, mit ihren Kindern darüber sprechen, was sie sich in Zukunft am meisten wünschen, steht die »alte« Beziehung nicht mehr so sehr im Vordergrund. Wenn Väter dabei mit leuchtenden Augen über die Pläne ihrer Kinder diskutieren, ihre Begeisterung mitempfinden können, dann ist der wichtigste Schritt getan, dass diese, auch wenn sie ihren Vater nur selten sehen können, später trotz der Trennung ihrer Eltern zu glücklichen Erwachsenen heranwachsen.

Wenn die Kinder älter werden

Wenn die Beziehung der Eltern dauerhaft konfliktbeladen bleibt, wenn Vorwürfe und Schuldzuweisungen, resultierend aus einer asymmetrischen Trennung, über Jahre hinweg immer wieder erneuert werden, ist die Trennung für Väter mit einer starken Bindung an ihre Kinder nur schwer zu ertragen. Die Kämpfe ums Geld, um die Besuchsregelung, um die Ferien, die Gestaltung von Festtagen und vieles mehr können auf Dauer zermürben. Manche Väter resignieren dann, manche wenden sich sogar ganz von der alten Familie ab. Sie wissen, dass es ihren Kindern schadet, aber sie können nicht anders. Doch auch jetzt würde sich jeder Versuch lohnen, mit inzwischen älter gewordenen Kindern den Kontakt wieder aufzunehmen, sich noch einmal aufzurappeln und ihre Nähe zu suchen. Nicht dass diese ihrem Vater, wenn sie älter geworden sind, immer dankbar entgegentreten würden. Dennoch speichern sie diese Gesten, so klein und unbedeutend sie auch erscheinen mögen, in ihrem Gedächtnis und spüren, dass die Beziehung zu ihrem Vater Bestand hatte. Es geht ja, wenn die Kinder älter werden, um keine konkreten Hilfestellungen mehr, sondern um väterliche »Präsenz«, die den Jugendlichen und jungen Erwachsen Halt vermittelt: *Wenn ich ihn brauche, ist er da!* Dann haben sie das Gefühl, dass sie ihr Vater nie wirklich verlassen hat, und das gibt ihnen die Kraft, später ohne Verlustängste ihre eigenen Beziehungen zu ihrem Lebenspartner aufzubauen und zu festigen. Und dies auch, wenn ihnen der Vater in manchen Lebensphasen gefehlt hat.

Gleichgeschlechtliche Partnerinnen und Partner

Sämtliche Ausführungen in diesem Buch gelten im Übrigen ebenso für gleichgeschlechtliche Partnerinnen oder Partner mit Kindern, die sich trennen oder scheiden lassen. Dass Kinder und Jugendliche bei ihnen ebenso gut aufgehoben sind wie bei heterosexuellen Partnern, haben alle bislang vorliegenden Studien gezeigt. Ganz unabhängig vom Geschlecht kommt aber auch diesen Eltern die Aufgabe zu, ihren Kindern, wenn sie sich trennen, eine kontinuierliche Beziehung zu beiden zu ermöglichen. Dazu, ob und wie ihnen das gelingt, liegen bislang kaum aussagekräftige Studien vor. Auch gleichgeschlechtliche Paare kennen Rollenzuteilungen und daraus folgende Reaktionen auf eine Trennung, die dann das weitere Leben ihrer Kinder bestimmen. Zu erwarten ist, dass eine Trennung bei homosexuellen Paaren eine ähnliche Wirkung auf die Kinder hat wie bei heterosexuellen Paaren. Es besteht aber schon heute kein Zweifel daran, dass es gleichgeschlechtlichen Paaren ebenso gelingen kann, ihren Kindern weiterhin gute Eltern zu sein, wenn sie sich trennen.

11. Wo lebt das Kind: Residenzmodell, Wechselmodell, Nestmodell?

Es gibt keine Patentrezepte

Linus und Monica haben ihren beiden Kindern Thea und Jesper, 10 Jahre und 7 Jahre alt, mitgeteilt, dass sie sich trennen. Beide möchten, dass ihre Kinder unter ihrer Trennung möglichst wenig leiden und überlegen sich in diesem Zusammenhang auch, welches Betreuungsmodell sie wählen sollen. Linus, der für sich ganz in der Nähe eine neue Wohnung gefunden hat, will keinesfalls nur Wochenend-Papa sein und seine Kinder möglichst häufig bei sich haben. Er fände es am besten, wenn sie sich die Kinder teilen würden, vielleicht, dass sie abwechselnd drei Tage bei ihm und vier Tage bei ihr sind. Monica entgegnet, damit warten und die Kinder zumindest so lange bei sich behalten zu wollen, bis sich Thea und Jesper an ihr neues Leben nach der Trennung gewöhnt hätten. Aber natürlich könnten die Geschwister gerne auch einmal zwei oder drei Tage über das Wochenende hinaus bei ihm wohnen. Und dann wären ja auch noch die Schulferien, die sie sich teilen oder auch die Zeit, wenn bei einem von beiden beruflich besonders viel los sei. Thea und Jesper als die »Hauptbetroffenen« sagen, nach ihrer Meinung gefragt, zunächst einmal gar nichts bzw. Thea flüstert ihrem jüngeren Bruder nach dem Gespräch zu: »Lieber erst mal hierbleiben«, worauf dieser zaghaft mit dem Kopf nickt.

Diese Alltagsgeschichte veranschaulicht, wie schwierig eine gute Entscheidung, wo und bei wem die Kinder nach der Trennung in Zukunft leben sollen, selbst dann zu treffen ist, wenn ein Paar sich im Prinzip einig ist, seinen Kindern weiterhin gemeinsame Eltern sein zu wollen. Sowohl die Bedürfnisse der Kinder wie die der Erwachsenen gilt es zu berücksichtigen, hinzu kommt die Beziehung der Eltern vor und nach der Trennung, ihre jeweilige finanzielle und berufliche Lage, die Wohnsituation und vieles mehr. Bei so vielen Einflussfaktoren lassen sich Patentrezepte für ein Leben nach der Trennung kaum finden.

Bislang fiel die Entscheidung vielen Paaren insofern leicht, weil es quasi gesellschaftlicher Konsens war, dass die Kinder von geschiedenen Eltern bei ihrer Mutter bleiben. Allerdings ist in den letzten Jahren, vor allem durch die Veränderung des Rollenverständnisses von Frauen und Männern und dies eben auch in ihrem Verhältnis zu den Kindern, viel Bewegung in die Diskussion gekommen, bei wem die Kinder im Anschluss an eine Trennung am besten untergebracht sind und wie sich ein guter Rhythmus herausbilden kann. Nahmen es früher viele Männer einfach so hin, dass ihre Kinder weiterhin mit der Mutter zusammenlebten, wollen sie ihre Kinder heutzutage häufiger sehen als nur jedes zweite Wochenende, mit anderen Worten die ihnen zugedachte Rolle als »Zahlvater« oder »Wochenendvater« nicht länger einnehmen. Sie plädieren vielfach für das sogenannte »Wechselmodell«, das eine wöchentlich abwechselnde Betreuung des Kindes vorsieht, wohingegen andere mit dem gewohnten »Residenzmodell«, bei dem das Kind hauptsächlich der Mutter überlassen wird, weiterhin gut klarkommen, auch deshalb, weil es die eigene berufliche Karriere am wenigsten behindert.

Zum Stand der gegenwärtigen Diskussion

Aus diesen und anderen Gründen ist in den letzten Jahren unter Experten und ebenso unter vielen Eltern eine heftige Diskussion über das »richtige« Betreuungsmodell für die Kinder nach einer Trennung oder Scheidung entstanden. Im juristischen Jargon geht es dabei um das sogenannte »Umgangsrecht« oder »Aufenthaltsbestimmungsrecht«, die beide wiederum Teilbereich des Sorgerechts sind, das bei uns in den allermeisten Fällen bei beiden Eltern liegt. Vereinfacht ausgedrückt geht es also darum, wo, wie lange, wann und bei wem sich das Kind bei getrennten Eltern fortan aufhält.

Zusätzlichen Zündstoff erhielt die zum Teil auch medial kontrovers geführte Diskussion dadurch, dass sich in Deutschland der Bundesgerichtshof nach einer Empfehlung des Europarates 2017 dafür aussprach, unter bestimmten Umständen dem »Wechselmodell« gegenüber dem »Residenzmodell« den Vorzug zu geben, mit anderen Worten, dieses Modell unter bestimmten Bedingungen auch gegen den Willen des Expartners durchzusetzen. Allerdings schränkten die Richter diese Empfehlung dahingehend ein, dass für ein Wechselmodell zwischen den Eltern ein Mindestmaß an Kooperationswillen bestehen müsste. Insbesondere von streitbaren Vätern wurde das Urteil dankbar aufgegriffen, von einem Teil der öffentlichen Meinung wiederum unter dem Stichwort »Pendelkinder« heftig kritisiert und darüber hinaus auch von Experten, Juristen, Psychologen oder Familientherapeuten ganz unterschiedlich bewertet. So wandte sich zum Beispiel der »Deutsche Kinderschutzbund« in einer Erklärung dagegen, das Wechselmodell zum gesetzlichen Regelfall werden zu lassen. Gerade in hoch konfliktbehafteten Trennungssituationen sei die für ein Wechselmodell notwendige »Gesprächs- und Aktionsbasis« zwischen den Eltern oft nicht vorhanden. Ähnlich argumentierte auch der Verband alleinerziehender Mütter und Väter (VaMV) in seiner Stellungnahme 2019: »Das Wechselmodell ist sehr anspruchsvoll. Als gesetzliches Leitmodell für alle Familien eignet es sich deshalb nicht. Bei vielen getrennt lebenden Eltern liegen die Rahmenbedingungen nicht vor, besonders nicht bei Eltern, die sich streiten.« Väterinitiativen machen sich dennoch für dieses Modell stark und argumentieren mit wissenschaftlichen Studien, die die Vorzüge des Wechselmodells hervorheben.

Das bei uns mit Abstand bis heute am meisten praktizierte Modell ist aber immer noch das sogenannte »(Einzel-)Residenzmodell«. Das Kind bleibt nach der Trennung bei einem seiner Eltern, meist der Mutter, wohnen und besucht dann in der Regel einmal während der Woche und jedes zweite Wochenende den anderen Elternteil, meist den Vater. Die Kita- oder Schulferien teilen sich die Eltern nach Absprache untereinander auf. Beim »Wechselmodell«, auch »Paritätisches Wechselmodell« oder »Doppelresidenzmodell« genannt, teilen sich die Eltern die Zeit, die sie mit ihrem Kind verbringen. Bei strikter Durchführung wohnt es eine Woche bei der einen, die nächste Woche bei dem anderen. Das Kind wechselt also in regelmäßigem Abstand von einem Elternteil zum anderen. Wenn dies problemlos klappt, entfällt auch der gegenseitige Anspruch auf Unterhaltskosten, denn beide Eltern teilen sich ja neben den Kindern auch die für sie anfallenden Kosten. Das dritte, etwas exotisch anmutende Modell ist das sogenannte »Nestmodell«, bei dem das Kind in der elterlichen Wohnung wohnen bleibt und von beiden Eltern in festgelegten Zeitintervallen, also etwa abwechselnd für eine Woche, »besucht« wird. Der Vorteil dieses Modells sei, dass das Kind in seiner vertrauten Umgebung bleibt und sich jeder Ortswechsel für es damit erübrigt.

Im Folgenden gehe ich auf Vor- und Nachteile der unterschiedlichen Betreuungsmodelle und auf die bislang vorhandenen wissenschaftlichen Studien ein. Allerdings liegen bislang noch keine aussagekräftigen, die jeweiligen Modelle untereinander vergleichenden Langzeitstudien vor, denn dazu ist auch das Wechselmodell einfach noch zu neu. Hinzu kommt, dass der jeweilige Forschungshintergrund bei der Bewertung einzelner Modelle durchaus eine wichtige Rolle spielt. So plädieren bindungsorientierte Autoren eher für das Residenzmodell, weil es besonders den jüngeren Kindern eine enge Bindung wenigstens an eine Bezugsperson, zumeist an die Mutter, ermöglichen würde. Gerade in der frühen Kindheit sei für sie ein »sicherer Hafen« oder eine verlässliche »Basisstation«, zumindest eine Zeit lang notwendig. Andere wiederum, zum Beispiel Juristen und Politiker, denken oft weniger an das, was den Kindern guttut, als mehr an eine gut funktionierende Lösung auch hinsichtlich von finanziellen Zuwendungen, um damit verbundene gesellschaftliche Kosten oder auch langwierige gerichtliche Auseinandersetzungen zu vermeiden. Daneben spielen aber gesellschaftliche Faktoren wie zum Beispiel die Neubestimmung der Elternrolle bei Frauen und Männern eine Rolle und haben entsprechenden Einfluss auf die wissenschaftliche Erforschung und Abwägung von verschiedenen Betreuungsmodellen.

In den skandinavischen Ländern zum Beispiel wird die Diskussion um das Wechselmodell schon wesentlich länger geführt als bei uns, weil man dort seit vielen Jahren mehrheitlich zu der Auffassung gelangt ist, Männer und Frauen seien gleichermaßen für das Aufwachsen und die Erziehung ihrer Kinder verantwortlich. Auch aus diesem Grund wird es dort heute bereits häufiger praktiziert als bei uns und es wundert nicht, dass es gerade in diesen Ländern besonders viele wissenschaftliche Untersuchungen zu einem Modell gibt, bei dem sich die Eltern abwechselnd um ihre Kinder kümmern. Viele dieser Studien betonen die Vorteile dieser Regelung und auch ihre günstigen Effekte bei den betroffenen Kindern. Allerdings gibt es auch Studien aus skandinavischen Ländern, die zu einem weniger positiven Blick auf das Wechselmodell führen.

Nahezu alle Autoren, die die Folgen der unterschiedlichen Modelle, egal in welchem Land, auf der Grundlage von empirischen Studien bewerten, warnen vor zu eiligen Schlussfolgerungen, denn noch seien an den angestellten Vergleichsuntersuchungen zu wenige Eltern beteiligt, um daraus allgemeingültige Schlüsse ziehen zu können. Auch lägen noch keine Langzeituntersuchungen vor, weil es das Wechselmodell noch nicht lange genug gibt. Ein weiteres Problem ergibt sich aus der Frage, ob diejenigen Eltern, die an den jeweiligen Studien teilnehmen, und ihre Befunde wirklich repräsentativ für alle seien. So ist die Wahrscheinlichkeit groß, dass sich an Studien zum Wechselmodell mehrheitlich solche Eltern beteiligen, die positive Erfahrungen damit gemacht haben und nicht jene, die mit dem Versuch, ihre Kinder wechselseitig bei sich wohnen zu lassen und zu erziehen, gescheitert sind, was man ja ungern zugibt. Und zerstrittene Eltern dürften sowieso kaum zu den Befürwortern eines Wechselmodells gehören.

Zusammenfassend lässt sich feststellen, dass die Empfehlung für das eine oder andere Modell von einer ganzen Reihe unterschiedlicher Faktoren abhängig ist und es bislang noch kein allgemeingültiges »Rezept« dafür gibt, sich für das eine oder andere Modell zu entscheiden. Es gibt jedoch eine Reihe von Anhaltspunkten, die die Entscheidung für das eine oder andere Modell erleichtern. Und einig sind sich alle Untersuchungen darin, dass es für das Kindeswohl am besten ist, wenn die Eltern nach einer Lösung suchen, bei der sich *beide Eltern*, egal wo ihre Kinder wohnen, nach der Trennung möglichst viel um sie kümmern können.

Das Residenzmodell

Die Vorteile des Residenzmodells liegen zunächst, auch unabhängig von allen Expertenmeinungen, auf der Hand. Gerade für jüngere Kinder bis etwa zum Schulalter ist, wie an vielen Stellen dieses Buches betont, ein »sicherer Hafen«, verbunden mit einer vertrauten Umgebung, besonders wichtig, um mit der Trennungssituation der Eltern gut klarzukommen. Eine solche »Basisstation«, wie sie mit dem Verbleib in der Wohnung, meistens zusammen mit der Mutter und den Geschwistern, weiterhin besteht, kann unter günstigen Umständen für Sicherheit und Geborgenheit sorgen und Verlust- und Existenzängste mindern. Auch das soziale Umfeld, Kindergarten und Schule, bleiben erhalten und ebenso die gewohnte Nachbarschaft, der Gang zum Bäcker, der Spielplatz nebenan und vor allem die Spielkameraden, Freunde und Freundinnen. Gerade in der akuten Trennungssituation stellt die vertraute Umgebung für Kinder eine wichtige Stütze dar, um sie gut bewältigen zu können.

Auch wenn das Residenzmodell aus Sicht ihrer existenziellen Bedürfnisse nach Sicherheit und Geborgenheit für jüngere Kinder also Vorzüge aufweist, besteht sein Nachteil zweifellos darin, dass die Väter ihre Kinder selten oder gar nicht in ihrer Alltagssituation erleben. Als »Wochenendväter« sehen sie ihre Kinder eher in einer Ausnahmesituation, oft verbunden mit irgendwelchen Freizeitaktivitäten oder »Events«, die sie anbieten, auch aus Angst, ihre Kinder sonst gänzlich zu verlieren. Selbst sehr engagierte Väter können den Mangel an gemeinsamen Alltagserfahrungen kaum wettmachen, so viel Mühe sie sich auch in der knapp bemessenen Zeit geben. Und auch die Kinder erleben ihren Vater kaum noch in seinem Alltag, was zu einem verzerrten Bild von ihm führen kann. Ebenso leidet seine Vorbildfunktion insbesondere für die Jungen. Hinzu kommt beim Residenzmodell die nicht zu unterschätzende Gefahr, dass Mütter, wenn sie sich als »Opfer« der Trennung empfinden, die Besuche ihrer Kinder beim Vater trotz des gemeinsamen Sorgerechts als große psychische Belastung empfinden und als »Gatekeeper« den Kontakt zum Vater erschweren oder sogar absichtlich hintertreiben. Auch die hohen Belastungen, Beruf und Erziehung als »Alleinerziehende« bewältigen zu müssen, können paradoxerweise eine Rolle spielen, die Kinder gerade deswegen für sich zu reklamieren. Hinzu kommen oft auch nicht erfüllte finanzielle Ansprüche an den Expartner.

Solche mit dem Residenzmodell verbundenen, zweifellos vorhandenen Probleme und Nachteile führen oft dazu, dass die Väter mit der Zeit den Versuch ganz aufgeben, ihre Kinder zu sehen, und sie nach und nach völlig aus dem Blick verlieren oder sich »um des lieben Friedens willen« zurückziehen, was sie dann später von ihren Kindern einmal vorgehalten bekommen. Die Zahl der Väter, die mit den Jahren den Kontakt zu ihren Kindern verlieren, liegt immer noch erschreckend hoch. Fast die Hälfte von ihnen sieht ihre Kinder dann kaum oder gar nicht mehr, auch weil ihnen das Residenzmodell, ob gewollt oder ungewollt, ermöglicht, sich aus der, oft auch finanziellen Verantwortung für ihre Kinder nach und nach zurückzuziehen und dann das Erziehungsmonopol und die Kosten trotz gemeinsamen Sorgerechts an die Mütter zu delegieren.

Wird das Residenzmodell von den Eltern hingegen flexibel gestaltet und sind sich die Eltern über das Ziel einig, dass möglichst beide viel Zeit mit dem Kind verbringen sollen, lassen sich die erwähnten Vorteile des Residenzmodells durchaus mit Vorteilen, die das Wechselmodell bietet, vereinbaren. Fachleute sprechen in diesem Fall von einem »erweiterten Umgang« auf Grundlage des Residenzmodells, und einige sehen in einem Verhältnis von 70 zu 30 oder 60 zu 40, was die Anwesenheit der Kinder bei beiden Eltern betrifft, die Kriterien für ein Wechselmodell durchaus erfüllt, egal, wie man es nun nennt.

Nora, zwölf Jahre alt, lebt nach der Trennung ihrer Eltern seit drei Jahren bei ihrer Mutter. Ihr Vater ist beruflich viel unterwegs und ihre Mutter hat es als Lehrerin einfacher, sich ihre Zeit für die Kinder optimal einzuteilen. Beide Eltern verstehen sich nach wie vor ganz gut und sind übereingekommen, dass ihre Tochter möglichst viel Zeit bei ihrem Vater verbringt. Wenn er es einrichten kann, ist seine Tochter manchmal auch einige Tage während der Woche bei ihm und nicht nur an den Wochenenden. Sie hat dort ihr eigenes Zimmer, und da er in ihrer Nähe wohnt, kann sie auch alle ihre Alltagsaktivitäten wie gewohnt weiter wahrnehmen, ihre Freundinnen sehen, zum Sport gehen und bei ihm alle ihre schulischen Aufgaben erledigen. Auch weil er in manchen Schulfächern gut Bescheid weiß, liebt sie diese Aufenthalte, immer im Wissen, dass sie jederzeit wieder zu ihrer »Basisstation« zurückkehren kann. Wenn sie älter ist, kann sie sich vorstellen, vielleicht auch einmal ganz zu ihrem Vater zu ziehen. Wie Nora profitiert auch ihre Mutter von diesem Arrangement. Da ihre Tochter häufig für mehr als nur ein paar Tage bei ihrem Vater wohnt, kann sie in Angriff nehmen, was bei ihr zu Hause liegen geblieben ist und hat auch mehr Zeit, etwas mit ihrem Freund allein zu unternehmen. Beide Eltern können die Flexibilität, mit der sie das »Residenzmodell« gestalten, für sich und ihre Bedürfnisse gut nutzen. Vor allem aber bleiben sie auch hinsichtlich der Zeit, die sie mit ihrem Kind verbringen, beide die Eltern ihrer Tochter.

Sind getrennte Eltern der festen Überzeugung, dass es für ihre Kinder das Beste ist, wenn möglichst beide viel Zeit mit ihnen verbringen können, lassen sich also auch im Rahmen des Residenzmodells Mittel und Lösungen finden, dass alle Beteiligten auf ihre Kosten kommen. Dies gelingt immer dann, wenn sich Eltern hinsichtlich gegenseitiger finanzieller Unterstützung einigen können und es *flexibel* gehandhabt wird. Solcherart Flexibilität bedeutet aber nicht, jeweils von einem Tag auf den anderen zu entscheiden, wo das Kind ist. Kinder und auch Jugendliche brauchen diesbezüglich feste Regeln, an die sie sich halten und an denen sie sich orientieren können. Das Residenzmodell kann bei flexibler Gestaltung also durchaus

Mittel der Wahl sein. Und lässt sich, wenn die Kinder älter werden, ja nach und nach auch hin zu einem Wechselmodell verändern.

Das Wechselmodell

In den letzten Jahren hat sich das Väterbild in unserer Gesellschaft gründlich verändert. Wie neueste Umfragen bestätigen, nehmen Väter mittlerweile von Geburt an wesentlich intensiver am Aufwachsen ihrer Kinder teil und der Anteil derer, die eine enge und liebevolle Beziehung mit ihren Kindern ausleben, hat im Vergleich zu früheren Zeiten enorm zugenommen. Schließlich sieht man mittlerweile überall Väter, die allein mit ihren Kleinkindern im Alltag unterwegs sind, die Zärtlichkeiten mit ihnen austauschen und kein Problem damit haben, auch »mütterliche« Gefühle zu zeigen – alles vor einigen Jahrzehnten noch undenkbar. Durch die Berufstätigkeit der meisten Frauen kommt hinzu, dass sich Frauen und Männer zunehmend nicht nur die Hausarbeit teilen (zumindest etwas mehr als früher ...), sondern auch die Erziehung ihrer Kinder. Woraus dann auch eine engere Bindung der Kinder an ihre Väter (und umgekehrt!) resultiert als zu jener Zeit, als noch väterliche Distanz das Verhältnis zu den Kindern bestimmte. Und so sind aus ehemals mehr oder weniger abwesenden Vätern wichtige Bindungspersonen geworden, weil sie im Leben ihrer Kinder von Geburt an eine wesentliche Rolle spielen. Und gerade bei ihnen hat sich ihre Reaktion auf eine Trennung oder Scheidung am meisten verändert. Viele von diesen »guten Vätern« nehmen es nicht mehr als naturgegeben, dass die Kinder nach der Trennung quasi »automatisch« bei ihrer Mutter bleiben. Und genau an dieser Stelle kommt nicht von ungefähr immer stärker das sogenannte »Wechselmodell« ins Spiel. Weil sich die Rolle der Väter verändert hätte, müsse man sie im Falle einer Trennung oder Scheidung gleichberechtigt mit berücksichtigen und ihnen dasselbe Recht wie den Müttern zumessen, mit ihren Kindern zusammen zu sein, also am besten eine Woche bei der Mutter, eine Woche beim Vater.

So breiten Raum es mittlerweile in der öffentlichen Diskussion auch einnimmt, so ist der Anteil von Eltern, die das Wechselmodell tatsächlich praktizieren, im Vergleich zum Residenzmodell immer noch verhältnismäßig gering und liegt in allen westlichen Industrienationen zusammengenommen bei etwa 20 Prozent. Deutschland zählt mit kaum fünf Prozent zu den Schlusslichtern. In den meisten Ländern folgt man, wenn vom Wechselmodell gesprochen wird, nicht immer einer hälftigen Aufteilung der Kinder (50:50), sondern bevorzugt ein Wechselmodell mit »erweitertem Kontakt« zum anderen Elternteil (70:30, 60:40), wobei der längere Aufenthalt bei der Mutter auch dort immer noch überwiegt.

In den skandinavischen Ländern wird das Wechselmodell, wie schon erwähnt, bereits häufiger und länger praktiziert. 10 bis 25 Prozent der Eltern entscheiden sich dafür, in Schweden sind es bei getrennten Paaren mit älteren Kindern schon fast die Hälfte. Während es bei Kleinkindern auch hier nur wenige sind, die dieses Modell bevorzugen, liegt die Rate bei Kindern im Schulalter am höchsten und nimmt dann wieder ab. Ab der Pubertät bevorzugen die Jugendlichen für ihre Unternehmungen offenbar wieder einen festen Ausgangsort, das ständige Hin und Her wird ihnen in dieser Zeit, in der sie *für sich* die Welt erobern wollen, einfach zu anstrengend. Sie wollen an einem Ort abhängen und chillen können und nicht ständig überlegen müssen, wo und bei wem sie gerade sind oder wo sie ihre Klamotten hintransportieren müssen. Hinzu kommt, dass die Bedeutung ihrer Eltern für heranwachsende Jugendliche sowieso abnimmt. Begleitet von diesem Loslösungsprozess nimmt die »Peergroup«, also die Gruppe gleichaltriger Freundinnen und Freunde, einen immer größeren Raum ein und wird immer mehr zu ihrem Orientierungspunkt.

Dass das Wechselmodell in den skandinavischen Ländern populärer ist als bei uns, hat mehrere Gründe. Zum einen hat dort die gleichberechtigte Rolle bei der Erziehung eine längere Tradition. Viel mehr Väter als bei uns gehen seit Jahren in Elternzeit, und dies nicht nur für zwei Monate, die dann mit der Partnerin auch noch zeitgleich genommen werden, sondern allein für ein Jahr und länger. Hinzu kommt, dass Eltern im Arbeitsprozess gesetzlich mehr

Rechte eingeräumt werden als bei uns. Nicht zu arbeiten, zumindest nicht an seinem Arbeitsplatz, wenn das Kind einmal krank ist, ist dort, im Gegensatz zu den Gepflogenheiten hierzulande, kein größeres Problem, und dies sowohl, was die Mütter wie auch die Väter angeht. Zudem ist die Ganztagsbetreuung der Kinder vom Krippenalter an mehr oder weniger garantiert, was den wochenweisen Wechsel insofern begünstigt, dass die Eltern weiterhin ihren täglichen Berufsanforderungen nachkommen können, egal, bei wem sich ihre Kinder gerade aufhalten. Und auch die Kinder bleiben trotz des Wechselmodells an ihre täglichen Routinen gebunden. Auch entfallen auf diese Weise manche zeitraubenden und umständlichen Absprachen zwischen den Expartnern, das Kind zu übernehmen, wenn Arbeit, Krankheit oder andere familiäre Situationen es erfordern. Alle diese günstigen Bedingungen, die mit der Trennungssituation an sich gar nichts zu tun haben, erleichtern hier die Entscheidung für das Wechselmodell.

Abgesehen davon liegen einige Vorteile des Wechselmodells, zumindest für die schon etwas älteren Kinder, durchaus auf der Hand. Die Kinder erleben mit ihren *beiden Eltern* nicht nur die Wochenenden und Ferien, sondern auch ihren Alltag. Sie verbringen annähernd gleich viel Zeit mit ihnen, was die Beziehung zu beiden festigt. Und wird das Wechselmodell konsequent befolgt, fällt der Streit um das Geld, also um Unterhaltszahlungen, weg.

Natürlich aber gibt es auch beim Wechselmodell dieselben Probleme, wie sie auch beim Residenzmodell auftauchen können. Loyalitätskonflikte entstehen, wenn die Kinder berichten, was sie mit dem jeweils anderen gemacht haben, wo es vielleicht »schöner« war, usw. Und wenn bei einem der Eltern ein neuer Partner oder eine neue Partnerin womöglich mit einem oder mehreren Kindern dazukommt, stimmt auch die Balance nicht mehr so wie am Anfang. Und dennoch: Die Entscheidung, sich bei der Erziehung der Kinder gleichberechtigt abzuwechseln, stärkt den Willen auf beiden Seiten, sich immer wieder aufs Neue zu verständigen und auftretende Probleme gemeinsam anzugehen. Wenn man so will, rücken beim Wechselmodell auch die Eltern wieder dichter zusammen, was den meisten Kindern (aber nicht immer allen Eltern!) ja gut gefällt.

Voraussetzung für ein gelingendes Wechselmodell ist, dass sich beide Eltern schon vor der Trennung in Hinsicht auf die Kinder gut verstanden, sich gegenseitig anerkannt und unterstützt und in Erziehungsfragen miteinander gut kooperiert haben. Fachleute nennen es »Coparenting«. So muss, wenn das Wechselmodell gelingen soll, der Wille zu Kooperation und gegenseitiger Unterstützung unbedingt vorhanden sein. Wie sonst ließen sich gemeinsame Verabredungen gütlich treffen, wenn Schul- oder Erziehungsprobleme auftauchen, wenn ein Kind krank wird, ein Elternteil mit seinem neuen Partner in den Urlaub fahren möchte oder besondere berufliche Belastungen anstehen. Auch in »getrennten Welten« mit ganz unterschiedlichen Erziehungsvorstellungen aufzuwachsen, stellt für Kinder (und ihre Eltern) eine große Herausforderung dar. Ein Mindestmaß an Übereinstimmung hinsichtlich von Erziehungsfragen ist also erforderlich. Hinzu kommen zusätzliche finanzielle Belastungen, denn schließlich brauchen die Kinder jeweils zwei für sie mehr oder weniger komplett ausgestattete Wohnungen mit Kinderzimmern und allem, was dazugehört. Auch sollten die Wohnungen so dicht beieinanderliegen, dass die Kinder ihre gewohnte Umgebung – Kindergarten, Schule, Nachbarn usw. – möglichst beibehalten können.

Wie bereits erwähnt, liegen mittlerweile eine Reihe von internationalen Studien zu den Vor- und Nachteilen des Wechselmodells vor. Entgegen manchen Behauptungen von sowohl Befürwortern wie Gegnern dieses Modells fallen sie durchaus unterschiedlich aus. Einige von ihnen haben zum Ergebnis, das Wechselmodell würde für Kinder und Eltern weniger Stress bedeuten als das Residenzmodell, weil beide, Eltern und Kinder, mit dieser Regelung zufriedener wären und besonders die Väter stärker zum Zug kämen. Andere Studien, oft aus dem gleichen Land, widersprechen diesen Befunden und sehen keine Vorteile für das Wohlbefinden der Kinder. Einigkeit besteht darin, dass das Wechselmodell für Kleinkinder weniger geeignet ist und für Säuglinge kurz nach der Geburt überhaupt nicht. Und alle Befunde lassen darauf schließen, dass das Wechselmodell nur dann erfolgreich zu praktizieren ist, wenn die getrennten Eltern schon vor der Trennung und auch danach gut miteinander umgehen und dem Kind durch ihre Spannungen untereinander keine zusätzliche Belastung aufbürden, wenn es regelmäßig zwischen beiden pendelt. Vielleicht liegt in diesem »Zwang« zum Miteinander, wie es das Wechselmodell erfordert, die größte Klippe hinsichtlich seiner mehr oder weniger reibungslosen Praxis. Schließlich haben Trennungen der Eltern in den allermeisten Fällen ihren Grund und es ist nur schwer vorstellbar, dass sie sich zumindest im Zeitraum von ein paar Wochen oder Monaten danach so gut verstehen, dass sie gemeinsam, »so als sei nichts gewesen«, das Wechselmodell praktizieren können. Zugespitzt könnte man auch die Frage stellen, warum sie sich dann überhaupt getrennt haben, wenn sie sich nach wie vor so gut verstehen, dass sie mit Freude nach ihrer Trennung weiterhin gemeinsam an einem Strang ziehen.

Das »Deutsche Jugendinstitut München« (DJI) zieht auf der Grundlage der vorhandenen Studien ein in meinen Augen schlüssiges Fazit, indem es die Vor- und Nachteile des Wechselmodells sorgfältig miteinander abwägt. Es betont die Notwendigkeit einer breiten Diskussion, weil sich die Geschlechterrollen in den letzten Jahrzehnten grundsätzlich verändert haben. Auf der Grundlage der vorhandenen Studien kommt es darüber hinaus zu dem Schluss, dass das Wechselmodell an die beteiligten Eltern hohe Ansprüche stellt, die aber nicht immer erfüllt sind. Voraussetzung zum Gelingen des Wechselmodells sei der Wille zu einer guten elterlichen Zusammenarbeit vor und nach der Trennung. Einschränkend wird festgestellt, dass das Wohlbefinden der Kinder sich nach den vorliegenden Ergebnissen nicht vom Wohlbefinden der Kinder unterscheidet, die in einem Residenzmodell mit erweitertem Umgang aufwachsen.

Leider wird die Diskussion um die Vor- und Nachteile des Residenz- oder Wechselmodells häufig weniger entlang solcher Befunde als ideologisch geführt. Väter berufen sich dabei auf ihr Recht, ihre Kinder trotz Trennung und Scheidung möglichst oft sehen zu können, selbst oder gerade wenn die Trennung hochstrittig verläuft und der Kampf um das Kind juristisch ausgetragen wird. Dabei wird Frauen ihr »natürliches Recht«, über ihre Kinder zu bestimmen, abgestritten. Dann wird von »Mütterlobby« gesprochen oder Mütter werden in ihrem Bemühen, das Kind allein für sich zu behalten, unter Generalverdacht gestellt. Mütter wiederum sprechen abschätzig von »Väterrechtlern«, um alle anderen Betreuungsmodelle kategorisch auszuschließen. Häufig werden dazu die jeweils wissenschaftlich »passenden« Studien herangezogen, auch unabhängig von deren allgemeiner Aussagekraft bezüglich des konkret vorliegenden Falles. Dass dieser sich auf wissenschaftliche Expertise vermeintlich stützende Streit den Kindern mehr schadet als nutzt, wird dabei von manchen billigend in Kauf genommen. Dann geht es weniger um die Perspektive des Kindes als darum, wer sich am Ende wem gegenüber durchsetzt. Insofern bleibt eine differenzierte Auseinandersetzung um das Wechselmodell nach wie vor auf der Tagesordnung. Nicht, um es per se abzulehnen, denn es bietet tatsächlich manche Vorzüge gegenüber einem strikt angewandten Residenzmodell. Aber auch seine Klippen und Schwierigkeiten bei der konkreten Umsetzung müssen bedacht werden.

Das Nestmodell

Das sogenannte Nestmodell wird am wenigstens praktiziert, weshalb auch kaum wissenschaftlich aussagekräftige Studien vorliegen. Beim Nestmodell bleiben die Kinder in der elterlichen Wohnung und werden dort von ihren Eltern abwechselnd betreut. Auch hier drängen sich dem Betrachter zunächst einige Vorteile auf, die dieses Modell zu bieten scheint. Das Kind bleibt in seiner gewohnten Umgebung und muss nicht miterleben, wie seine Eltern den gemeinsamen Haushalt plötzlich oder nach und nach auflösen. Ebenso wie sein Zuhause bleibt auch seine soziale Umgebung dieselbe. Es genießt weiterhin, wenn auch abwechselnd, die Anwesenheit beider Eltern. Für die Eltern mag dieses Arrangement ihre Schuldgefühle gegenüber den Kindern, sich getrennt zu haben, tatsächlich lindern. Allerdings setzt es in noch stärkerem Ausmaß als beim Wechselmodell ein hohes Maß an verbliebenen Gemeinsamkeiten voraus. Das fängt beim Erziehungsstil an, führt weiter über die häusliche Ordnung und Organisation bis dahin, dass man sich in der einstmals gemeinsamen Wohnung immer wieder trifft. Bei Eltern, die das alles reibungslos hinbekommen, werden sich auch hier die Kinder gelegentlich verwirrt fragen, warum ihre Eltern sich eigentlich getrennt haben. Ältere Kinder werden es als »Fake« empfinden, weiterhin in der elterlichen Wohnung zu leben, so als sei nichts geschehen. Wenn Konflikte aber vorhanden sind, werden die Kinder schnell in noch schwelende Auseinandersetzungen ihrer Eltern ständig einbezogen. Der Einwand, dass dies ja auch beim Residenzmodell der Fall sein kann, hat seine Berechtigung, nur dass sich die Kinder hier nicht permanent, Tag für Tag oder Woche für Woche, mit der Situation des jeweils anderen Elternteils auseinandersetzen müssen. Die Kontinuität ihres Aufenthalts und die Folge, sich hauptsächlich auf einen Elternteil einstellen zu müssen, hat bei allen Nachteilen eben auch etwas Gutes, Entlastendes. Dass das Nestmodell so wenig verbreitet ist, hat darüber hinaus handfeste wirtschaftliche Gründe, denn um es zu praktizieren, braucht man schließlich drei Wohnungen, eine für das Kind und jeweils eine für beide Eltern, was für die meisten eine von vornherein unüberwindbare finanzielle Hürde darstellen dürfte.

Flexibel und kompromissbereit bleiben

Trennungen und Scheidungen tangieren die sicheren Rhythmen und Strukturen des familiären Lebens, insbesondere jene, die dem Leben eines Kindes eine Struktur, Ordnung und Stetigkeit vermitteln. Dies gilt für *alle* betroffenen Kinder und Jugendlichen, besonders aber für die jüngeren Kinder bis zum Schulalter, wenn handfeste Veränderungen und neue Abläufe ihr Leben prägen. Von daher sind die Erkenntnisse der Bindungstheorie kaum überraschend, dass gerade in diesem Alter ein »sicherer Hafen« oder eine »Basisstation«, die Kindern Kontinuität und den Abbau von Verlustängsten ermöglicht, besonders wichtig und vorteilhaft für ihre weitere Entwicklung ist. Denn je jünger das Kind ist, desto stressvoller erlebt es die nach der eigentlichen Trennung sich wiederholt ergebenden »unsicheren Verhältnisse«, insbesondere wenn sie keinen eindeutigen Regeln folgen. Kinder bis zum Vorschulalter brauchen, um nach der Trennung wieder Vertrauen zu sich und in ihre Umgebung zu bekommen, klar überschaubare Tagesabläufe und feste Rituale. Hinzu kommt, dass das Zeitgefühl bei Kindern je nach Alter unterschiedlich ist. Dreijährigen kommt eine Woche bei der Mutter oder dem Vater viel länger vor als dem Dreizehnjährigen, der nicht mehr so auf seine Eltern fixiert ist. Insofern spricht vieles, zumindest in den ersten Lebensjahren, tatsächlich für das Residenzmodell. Allerdings sollte es, wenn irgend möglich von Anfang an flexibel gestaltet werden, um dem Kind viel Zeit mit seinen beiden Eltern zu gewähren und um einer Überforderung der oder des »Alleinerziehenden« vorzubeugen.

Schon bei den Kleinen ab etwa ein oder zwei Jahren lässt sich das »Besuchswochenende« auch einmal auf einen zusätzlichen Tag ausdehnen, damit der jeweils andere mehr von seinem Kind mitbekommt. Ab dem Vorschulalter kann dieser Zeitraum dann behutsam und später vielleicht sogar auf mehrere Tage hin verlängert werden, wenn sich die Eltern hinsichtlich der Betreuung ihrer Kinder einig sind und sich regelmäßig darüber austauschen. Denn keinesfalls sollte Unkenntnis darüber herrschen, was das Kind oder die Jugendliche beim jeweils anderen Elternteil so macht. Gerade Jugendliche könnten diese Unkenntnis für sich ausnutzen und sich so Freiräume erobern, die ihnen nicht immer guttun. Feststehende Regeln sollten befolgt werden, damit Kinder und Jugendliche nicht das Gefühl bekommen, mehr oder weniger zufällig von dem einen zum anderen zu wechseln. Gelingt eine solche Art des »erweiterten Umgangs« mit dem Kind oder Jugendlichen nach der Trennung, könnte eine solche Regelung für alle Beteiligten die beste Lösung sein.

Ein Wechselmodell, das stur darauf gerichtet ist, dass bloß niemand mehr oder weniger Zeit für das Kind beansprucht als der andere, wird hingegen nicht funktionieren. Der mit einer solchen starren Regelung oft verbundene Verzicht von Unterhaltszahlungen nutzt darüber hinaus dem, der von beiden Eltern mehr verdient, meistens also dem Vater. Auch in diesem Punkt spielt gegenseitige Rücksichtnahme auf den Verdienst des anderen eine große Rolle, soll das paritätische Wechselmodell gelingen.

Vor allem aber hängt bei der Wahl des Betreuungsmodells vieles von der Beziehung der Eltern zu ihren Kindern ab, bevor sie sich getrennt haben. Wenn Väter, die ihre Kinder vor der Trennung kaum gesehen haben, sich nach der Trennung für das Wechselmodell starkmachen, ist dies durchaus suspekt. Es ist dem Kind nämlich kaum damit gedient, wenn es »seine« Woche beim Vater hauptsächlich im Hort oder bei den Großeltern verbringt. Was nicht heißt, dass Vätern im Interesse ihrer Kinder heutzutage nicht mehr Zeit zusammen mit ihren Kindern auch im Alltag zugestanden werden sollte. Alle vorliegenden wissenschaftlichen Studien zeigen, dass Kinder mit intensivem Vaterkontakt weniger Verhaltensauffälligkeiten und weniger emotionale Störungen zeigten. Auch war die Zufriedenheit der Mütter bei einer umfangreichen Mitbetreuung vonseiten der Väter höher, als wenn sie ihre Kinder mehr oder weniger allein betreuten. Insofern wäre statt eines erbitterten Streits um das »richtige Modell« ein guter Kompromiss zwischen Residenz- und Wechselmodell, wie es das »erweiterte Umgangsrecht« bietet, am geeignetsten, den Bedürfnissen sowohl der Eltern wie auch der Kinder entgegenzukommen. Entscheidend dafür bleibt, dass Eltern, so unterschiedlich die jeweiligen Voraussetzungen des von ihnen gewählten Betreuungsmodells auch sein mögen, willens und in der Lage sind, zum Wohle ihrer Kinder zu kooperieren, und dem anderen genügend Zeit und Raum lassen, sich seinen Kindern zu widmen.

12. Märchen und Tatsachen: die Langzeitfolgen von Trennung und Scheidung

Gegenwärtiger Forschungsstand

Vom 5. bis 7. Oktober 2018 fand in Ulm eine internationale Bindungskonferenz zum Thema Trennung und Scheidung statt. Es war hierzulande das erste große internationale Treffen namhafter Wissenschaftler, die sich auf der Grundlage umfangreicher Forschungsbemühungen über die Folgen von Trennung und Scheidung verständigten. Einige dieser Forschungsergebnisse werde ich zusammen mit den wichtigsten uns vorliegenden Langzeitstudien in diesem Kapitel vorstellen. Sie alle weisen darauf hin, dass wir es uns mit dem Thema Trennung und Scheidung und ihre Folgen nicht zu leicht machen sollten. Je nach Blickwinkel der Scheidungsforscher und ihrem methodischen Vorgehen kommt es zu unterschiedlichen Ergebnissen. Was auch damit zu tun hat, dass ein ganzes Bündel von unterschiedlichen Faktoren die Auswirkungen erlebter Trennung und Scheidung im Kindes- und Jugendalter bestimmt – sie alle unter einen Hut zu bringen ist fast unmöglich. Sämtliche Studien sind sich aber darin einig, dass die Trennung und Scheidung der Eltern für jedes Kind einen tiefen Einschnitt in seinem Leben bedeutet und dass hinsichtlich der Folgen nicht allein die Trennung zählt, sondern auch der Erziehungsstil der Eltern und in welchem Ausmaß schon lange bestehende Konflikte und fortdauernder Streit die Familienatmosphäre vor der endgültigen Trennung bestimmt haben.

Obwohl das Phänomen, dass Eltern sich trennen, nicht neu ist und Millionen von Kindern über Jahrzehnte hinweg davon betroffen sind, fällt auf, dass sich bislang nur wenige wissenschaftliche Studien mit den *langfristigen Folgen* beschäftigt haben. Auch die öffentliche Reaktion auf hohe Scheidungsraten jenseits von Klatsch- und Tratsch-Geschichten fällt eher verhalten aus, obwohl unsere

Gesellschaft mit den Folgen von Trennung und Scheidung ständig zu tun hat: In Kitas und Schulen, in denen viele Kinder, zumindest zum Zeitpunkt der Trennung ihrer Eltern, besondere Aufmerksamkeit brauchen; im Gesundheitssystem, das sich mit (oft vorübergehenden) psychischen und physischen Problemen von Kindern und Jugendlichen beschäftigen muss, die mit der Trennung ihrer Eltern nicht zurechtkommen, bis hin zu solchen Kindern und Jugendlichen, die im Erwachsenenalter immer noch mit den Folgen von Trennung und Scheidung ihrer Eltern zu kämpfen haben und manchmal therapeutische Hilfe benötigen. Hinzukommen die hohen Belastungen für Jugendämter und Familiengerichte, wenn Eltern über einen langen Zeitraum um ihre Kinder kämpfen, und Probleme, mit denen es die vielen Alleinerziehenden in unserer Gesellschaft zu tun haben und die sich ebenso wie die Trennung der Eltern noch zusätzlich auf das Wohlbefinden der Kinder und Jugendlichen auswirken. Im Vordergrund steht hier die Kinderarmut, von der in hohem Ausmaß Kinder von alleinerziehenden Müttern betroffen sind.

Die verhältnismäßig geringe Zahl von aussagekräftigen Langzeituntersuchungen hat aber auch etwas mit dem wissenschaftlichen Forschungsbetrieb selbst zu tun. Wissenschaftliche Forschung zu den Folgen von Scheidungen sind aufwendig, die Kosten sind hoch, da Kinder und Familien über Jahre hinweg immer wieder befragt und beobachtet werden müssen. Die an den Studien beteiligten Forscher finden zudem kurzfristig wenig Aufmerksamkeit im wissenschaftlichen Betrieb, da sich der Wert ihrer Ergebnisse erst nach Jahren und oder gar Jahrzehnten genau bestimmen lässt. Außerdem kommen bei den möglichen Folgen einer Trennung oder Scheidung so viele Umstände zusammen, die sich mit gängigen statistischen Methoden kaum oder gar nicht abbilden lassen. Eindeutige Ergebnisse und daran anschließende praktische »Rezepte« lassen sich also kaum präsentieren.

Obwohl die Scheidungsrate und die Anzahl der betroffenen Kinder hoch ist und Trennung und Scheidung längst kein Stigma mehr darstellen, beschäftigen sich auch viele davon selbst Betroffene nur ungern mit diesem Thema. Immer noch spielen Scham und Schuldgefühle und auch das Problem, sich eine »Niederlage« nicht eingestehen zu wollen, eine wichtige Rolle beim Verdrängen von Trennung und Scheidung und der damit einhergehenden Konflikte. Dazukommt: Scheidungen und ihre Folgen sind Sand im Getriebe einer nur aufs Funktionieren angelegten Wirtschaftsordnung, in deren Arbeitsprozess keine Unterbrechungen oder »Störungen« geduldet werden. Mögliche Folgen werden von vielen verharmlost oder bestritten, einfach um weitermachen zu können wie bisher. Es gibt also einige Gründe, warum Psychologen, Pädagogen, Soziologen, Gesundheitswissenschaftler oder Psychiater das Thema im Forschungsbetrieb gerne umgehen.

Im Folgenden werde ich zunächst auf zwei aufwändige US-amerikanische Langzeitstudien eingehen, deren Ergebnisse, obwohl sie bis zurück in die 1970er-Jahre reichen, immer noch Gültigkeit beanspruchen und von vielen Untersuchungen in heutiger Zeit bestätigt wurden. Zwar haben sich die gesellschaftlichen Einstellungen zu Trennung und Scheidung in den letzten fünf Jahrzehnten verändert, aber dies betrifft vor allem die Ansichten der Erwachsenen. Die unmittelbaren Folgen, mit denen die betroffenen Kinder konfrontiert sind und mit denen sie lernen müssen, umzugehen, dürften hingegen ähnlich geblieben sein. Diesen Ausführungen schließt sich eine Darstellung der Ergebnisse einer Langzeitstudie wie kleinerer Studien des Deutschen Jugendinstituts in München (DJI) an, weitere Forschungsergebnisse, wie sie auf der schon erwähnten Bindungskonferenz Ende 2018 vorgestellt wurde, ziehe ich abschließend hinzu.

Die Virginia-Langzeitstudie von Mavis Hetherington

In dieser groß angelegten Studie, die in den 1970er Jahren begann und Mitte der 1990er Jahre abgeschlossen wurde, sind die Daten von 1400 Familien mit über 2500 Scheidungskindern über einen Zeitraum von 30 Jahren (!) erhoben worden. Am Anfang der Studie waren viele der Kinder noch im Kindergartenalter, am Ende der Datenerhebung waren die meisten verheiratet, hatten einen Beruf und selbst schon wieder Kinder. Die Leiterin der Studie, Mavis Hetherington, Psychologieprofessorin und eine bis heute anerkannte Familienforscherin, befragte Kinder und Eltern mithilfe von Fragebögen und Interviews und wertete Tagebücher und Telefongespräche aus. Die Frage war, welche Erfahrungen Eltern und Kinder mit der Trennung gemacht haben und wie sie damit umgegangen sind. Vor allem aber war sie an den Langzeitfolgen von Trennung und Scheidung für die betroffenen Kinder interessiert. So wurden die Teilnehmer der Studie innerhalb von dreißig Jahren in regelmäßigen Abständen immer wieder danach befragt, wie es ihnen geht. Zwar hatten bisherige Untersuchungen gezeigt, dass eine Trennung oder Scheidung der Eltern für Kinder und Jugendliche in der Situation selbst eine hohe seelische Belastung darstellt, aber über die langfristigen Folgen und eventuellen Unterschiede zu Kindern aus »heilen« Familien wusste man damals nur sehr wenig.

Bewusst wurden in die Studie von Mavis Hetherington also auch Kinder aus Kernfamilien und deren späteres Wohlergehen als Jugendliche und Erwachsene einbezogen und mit dem Wohlbefinden der von ihr untersuchten Scheidungskinder verglichen. Schließlich könne man ja nicht einfach davon ausgehen, dass Kinder nur deswegen, weil sie dauerhaft mit beiden Elternteilen aufwachsen, in ihrem späteren Leben keine Probleme haben. Die entscheidende Frage aus diesem Blickwinkel war daher, ob die Scheidungskinder im Vergleich zu denen aus »normalen« Familien *stärker belastet* waren und infolgedessen später mehr gesundheitliche und psychische Auffälligkeiten zeigten als Kinder, deren Eltern zusammengeblieben waren.

Hetherington und ihre Mitarbeiterinnen stellten fest, dass für die Kinder die ersten zwei Jahre nach der Trennung, je nach Vorgeschichte, Alter und Temperament, offensichtlich am schwierigsten zu bewältigen waren. Viele kleine Kinder wirkten kurz nach der Trennung auffallend ängstlich und weinerlich, oft anklammernd, manche von ihnen aber auch aufsässig und aggressiv. Anhaltende Verlustängste dürften dabei eine bedeutende Rolle spielen. Größere Kinder hingegen hatten in dieser Zeit häufig mit schulischen und sozialen Problemen zu kämpfen. Ein fürsorglicher Erziehungsstil ihrer Eltern wirkte sich stressmindernd aus, ein gereizter, strafender oder auch gleichgültiger Elternteil bot dagegen nur wenig Hilfe und Unterstützung, diese Zeit gut zu überstehen. Die Erziehungskompetenz, so ein weiteres Ergebnis, nahm bei vielen Eltern im ersten Jahr nach der Trennung oder Scheidung ab, ganz einfach, weil sie in dieser Zeit zu stark mit sich selbst beschäftigt waren. Im zweiten und dritten Jahr nach der Trennung war sie aber wieder vollständig vorhanden. Hetherington stellte weiterhin eine große Robustheit der Kinder fest, denn nach etwa zwei Jahren ließen die Symptome der anfänglich starken seelischen Belastung spürbar nach und die meisten Jungen und Mädchen kamen mit ihrem Leben wieder gut zurecht.

Die gute Nachricht für alle Eltern, die auseinandergehen, besteht sicherlich darin, dass laut der Langzeitstudie von Mavis Hetherington mehr als Dreiviertel aller Scheidungskinder ihr Leben als junge Erwachsene später ähnlich gut in Angriff nahmen wie ihre Altersgenossen aus den »normalen« Familien. Im Gegenteil, manche von ihnen waren sogar aufgrund der erfolgreichen Bewältigung der schmerzhaften Erfahrung, die sie als Kind machen mussten, selbstständiger, mutiger und offener gegenüber auftretenden Konflikten als Angehörige der Vergleichsgruppe, deren Eltern sich nicht getrennt hatten. Sie blühten also nicht trotz der Scheidung und ihrer Folgen auf, sondern gerade deswegen! Und gingen auf diese Weise *bereichert* aus der Auflösung der Kernfamilie hervor. Auch die Vermutung, dass Kinder aus Scheidungsfamilien später einmal »scheidungsgefährdeter« seien als Kinder aus »normalen Familien« bestätigte sich in ihrer Untersuchung nicht. Hetherington fasst diesen Befund wie folgt zusammen: »Auf lange Sicht ist das Glas nach einer Scheidung zu drei Vierteln voll: mit glücklichen und kompetenten Erwachsenen und Kindern, die genug Widerstandskraft haben, um den Herausforderungen einer Scheidung standzuhalten.«

Die weniger gute Nachricht lautete, dass immerhin ein knappes Viertel der Kinder geschiedener Eltern später in seinem Leben mit gesundheitlichen und psychischen Problemen zu kämpfen hatte –

allerdings traf dies auch auf zehn Prozent der Kinder aus traditionellen Familien zu. Mit anderen Worten: Bei etwa fünfzehn Prozent der Kinder haben ihre späteren Probleme als Erwachsene wohl eindeutig mit der Trennung ihrer Eltern zu tun.

Hetherington untersuchte in ihrer Studie auch, wie die Eltern mit ihrer Trennung umgingen, und stellte fest, dass es Anhaltspunkte dafür gab, zu welcher Gruppe die Scheidungskinder später gehörten: zu der, die sich von Kindern aus traditionellen Familien nicht unterschieden, oder zu den etwa 25 Prozent Kindern, die es später als Erwachsene in ihrem Leben nicht so leicht hatten. Über das Wohl der Kinder entschied *eindeutig*, ob ihre Eltern gemeinsam und kooperativ nach Wegen gesucht hatten, den Kindern die Trennung zu erleichtern, ihnen weiterhin gemeinsame Eltern blieben und sich die Kinder bei ihnen *beiden* trotz ihrer Trennung sicher und geborgen fühlen konnten. Hinzu kam die hilfreiche Unterstützung von »außen«, also von Verwandten, Freunden, Erzieherinnen, Lehrern oder auch Nachbarn. Obwohl ihre Ergebnisse heute schon mehr als 20 Jahre zurückliegen, kann die Studie von Hetherington immer noch als repräsentativ gelten, nahm sie ihren Ausgangspunkt doch in den 1970er Jahren, als der gesellschaftliche Wandel in puncto Ehe und Beziehungen und auch hinsichtlich von Trennung und Scheidung in den USA bereits in vollem Gange war. Die Scheidungsrate stieg in dieser Zeit rasant an und ähnelte der von heute. Hinzu kamen die Frauenbewegung, die steigende Berufstätigkeit von Frauen, bei uns der Wegfall des »Schuldparagrafen«, die sexuelle Revolution und der Anspruch auf »Selbstverwirklichung«, gesellschaftliche Faktoren, die bis heute auf das Trennungsgeschehen Einfluss ausüben. Zudem ist die Studie von Hetherington bis heute von der Länge des Zeitraums, in dem sie stattfand, unerreicht geblieben. Und auch die große Anzahl der untersuchten Erwachsenen, Kinder und Jugendlichen spricht dafür, dass ihre Ergebnisse alles andere als zufällig sind. Zudem bestätigten die Ergebnisse der Untersuchung die Ansicht der meisten Trennungsforscher bis heute, dass das entscheidende Momentum hinsichtlich der psychischen Gesundheit der betroffenen Kinder der Wille der Eltern zu Kooperation ist, und damit ihre Fähigkeit, zwischen ihren eigenen Konflikten und dem, was für ihre Kinder gut ist, unterscheiden zu können.

Die Studie von Judith Wallerstein

Auch bei der Studie von Judith Wallerstein handelt es sich um eine bis heute weltweit unerreichte Untersuchung, auch wenn sie bereits vor fast zwei Jahrzehnten abgeschlossen wurde. Wallerstein folgte dem Lebenslauf von Menschen, deren Eltern sich trennten, als sie noch kleine Kinder waren, bis weit ins Erwachsenenalter hinein. Im Gegensatz zur Studie von Mavis Hetherington war ihre Untersuchung jedoch mehr an qualitativen Einzelergebnissen interessiert. Insgesamt berücksichtigte sie »nur« 60 Ehepaare, die sich getrennt hatten, mit insgesamt 131 Kindern. Dafür führte Wallerstein mehr in die Tiefe gehende Einzelinterviews und verzichtete so auf die hinsichtlich »erwünschter Antworten« anfälligen Fragebögen und Telefonbefragungen. Denn nicht nur die Kinder selbst, sondern auch die Erwachsenen geben eigene Probleme im Zusammenhang mit Trennung und Scheidung nur ungern zu, die Kinder, um ihre Eltern nicht »anzuklagen«, die Eltern, um ihre Situation vor anderen besser darzustellen, als sie ist.

Judith Wallerstein beschritt also einen anderen Weg als viele ihrer Forscherkolleginnen. Sie versuchte, die »Scheidungswelt« aus Kinderaugen zu erfahren und darüber hinaus Erkenntnisse zu bekommen, wie die damaligen Kinder, die bei der späteren Befragung 28 bis 43 Jahre alt waren, die Folgen der Trennung ihrer Eltern als Erwachsene bewerten. »Wie kommen sie mit ihrem Leben zurecht?« »Wie viele von ihnen sind glücklich verheiratet?« »Sind sie einfühlsam?« »Sind sie zynisch?« – Das waren nur einige Fragen, auf die sie sich 25 Jahre später, nachdem sie mit ihrer Untersuchung begonnen hatte, eine Antwort erhoffte. Und ebenso wie Mavis Hetherington stellte auch sie sich die Frage, ob sich Kinder aus intakt gebliebenen Familien später anders entwickeln würden als Kinder, die in geschiedenen Familien aufgewachsen sind. Sind Kinder aus intakten Familien gegen Scheidung später immuner als die, die sie bereits am eigenen Leib erfahren haben? Mit anderen Worten: Wirkt sich die Trennung oder Scheidung von Eltern Jahre später auch auf das eigene Bindungs- und Beziehungsleben aus?

Obwohl sie zu Beginn ihrer wissenschaftlichen Beschäftigung mit dem Scheidungsthema davon ausgegangen war, dass sich Scheidungskinder rasch wieder fangen würden, wurde ihr im Laufe der Untersuchung immer bewusster, dass eine Trennung der Eltern für deren Kinder etwas bedeutet, was ihr ganzes Leben verändert. Aus ihren Interviews schloss sie, dass die Kindheit nach einer Scheidung anders verläuft als zuvor und Folgen für die Zeit des Erwachsenwerdens und das Leben als Erwachsener zu erwarten sind. Sie stellte fest, dass sich Scheidungskinder mit Ängsten und Besorgnissen herumschlagen müssen, die ihre in intakten Familien aufgewachsenen Altersgenossen so nicht teilten. Im Gegensatz zu dem, was viele Scheidungsforscher glauben, würde aus ihren Befragungen von erwachsenen Scheidungskindern vielfach hervorgehen, dass sich das eigentliche Gewicht der elterlichen Trennung nicht in den Jahren der Kindheit oder des Heranwachsens bemerkbar mache, sondern erst im Erwachsenenalter, wenn für die Trennungskinder ihrerseits ernsthafte Beziehungen ins Zentrum des Interesses rückten. Die geschiedene Familie sei nicht nur eine zusammengestutzte Version der Zweielternfamilie, sondern eine andere Art von Familie, in der die Kinder sich weniger sicher fühlten und mit weniger Vertrauen in die Zukunft blickten als Kinder, die in einigermaßen harmonischen, nicht geschiedenen Familien aufwachsen. Aber auch sie schildert Fälle, in denen Scheidungskinder gestärkt aus ihren Kämpfen hervorgehen. Sie würden sich als Überlebende sehen, die schon in jungen Jahren gelernt hätten, für sich selbst Verantwortung zu übernehmen und für ihr Wohlergehen zu kämpfen. Gerade sie nehmen Beziehungen in ihrem späteren Leben nicht auf die leichte Schulter und die meisten von ihnen bewahren sich die Vorstellung eines gelungenen Familienlebens.

Ihre Ergebnisse muten gegenüber der Studie von Mavis Hetherington weniger optimistisch an: Noch nach zehn Jahren hatten die meisten der betroffenen Kinder den Verlust ihrer »ganzen« Familie nicht überwunden. Und so berichtete diese erste erwachsene

Scheidungsgeneration der ausgehenden 1960er Jahre von ihrer Traurigkeit, ihrer Einsamkeit und Wut, die sie in ihrer Kindheit empfunden hatte, und widersprach somit dem Bild, das sich viele Erwachsene bis heute gerne machen, dass die Kinder diese Zeit vergessen haben, wenn sie erwachsen sind. Zudem fand sie heraus, dass die Kinder als Erwachsene vermehrt unter Bindungsstörungen litten, also Schwierigkeiten damit hatten, später stabile Beziehungen zu anderen aufzubauen. Sie hatten es mit dem Erwachsenwerden schwieriger, weil sie selbst häufig keine Bindungen mit anderen eingehen wollten, aus Angst, noch einmal wie früher die Erfahrung machen zu müssen, verlassen zu werden. Was die Eltern betrifft, fand sie heraus, dass einige von ihnen als Alleinerziehende ihre Kinder häufig nicht loslassen wollten und länger und stärker an ihre Kinder gebunden blieben, wie dies auch umgekehrt der Fall war. Manche Scheidungskinder hingen länger als andere an der Beziehung zu ihren Eltern. Zusammenfassend machten sich für Wallerstein die Spätfolgen der Trennung bei den Scheidungskindern also vor allem in ihrer späteren Bindungsunfähigkeit bemerkbar – eine Beobachtung, die 2009 von der Soziologin Sonja Schulz, die Daten des Deutschen Jugendinstituts München auswertete, bestätigt wurde und die auch heute noch von Forschungsergebnissen mit bindungstheoretischer Ausrichtung vielfach bestätigt wird. Angst vor Bindung gilt aber keinesfalls für alle Kinder, wie auch Wallerstein feststellte, und ich möchte hinzufügen, dass sie natürlich auch bei Kindern aus traditionellen Familienverhältnissen vorkommt.

Während Hetherington eher von einem liberalen und offenen Verständnis für unterschiedliche Familienformen ausging, orientierte sich Wallerstein mehr an einem traditionellen Familienbild, ohne jedoch die Scheidung von Eltern, für die es eine Reihe von guten Gründen geben würde, zu verteufeln. Auch dies ein gutes Beispiel dafür, wie persönliche Einstellungen Forschungsintentionen und die von ihnen angewandten Erhebungsmethoden und bevorzugten Fragestellungen beeinflussen können.

Mit ihrer Untersuchung richtete sich Wallerstein nach ihren eigenen Bekundungen besonders an die Erwachsenen, deren Eltern sich, als sie noch Kinder waren, getrennt haben. Sie selbst führt dazu aus: »Warum habt ihr das Gefühl, wie auf Eiern zu gehen? Warum müsst ihr selbst bei belanglosen Meinungsverschiedenheiten so vorsichtig sein, und warum ist es so schwierig, von einem Plan auch einmal abzuweichen? Mit eurem Wunsch nach Kindern habt ihr möglicherweise eine Blockade ausgelöst, und was den Umgang mit der Schwiegerfamilie angeht, hören die Komplikationen überhaupt nicht auf. Der Ehepartner hat tiefsitzende Ängste, die zu dieser ansonsten so lebenstüchtigen Person überhaupt nicht zu passen scheinen. [...] Scheidungskinder haben in ihrem Leben nicht allzu viele Menschen getroffen, die es verstehen, dass sie eigentlich so verschreckt auf eine Situation reagieren, die andere für ganz normal halten.«

Mit dem emphatischen Verständnis für ihr »Anderssein« will Wallerstein erwachsene Scheidungskinder ermutigen, über ihre Empfindungen nachzudenken, und ihnen das Gefühl geben, verstanden zu werden, ein Gefühl, das sie in ihrer eigenen Kindheit häufig nicht kennengelernt haben, als es zur Trennung ihrer Eltern kam. Gerade weil sie sich sehr ausführlich mit der psychischen Befindlichkeit einzelner Betroffener über Jahre hinweg auseinandergesetzt hat, können die Resultate ihrer Forschung eine hohe Plausibilität beanspruchen und bleiben ein wichtiger Beitrag für die Erforschung von Langzeitfolgen bei allen Beteiligten einer Trennung.

„Familienentwicklung nach Trennung der Eltern" und weitere Studien des Deutschen Jugendinstituts München (DJI)

So gültig die Ergebnisse der Studien von Mavis Hetherington und Judith Wallerstein auch bis heute noch sind, so stammen beide doch aus einer Zeit, in der Trennungen und Scheidungen gesellschaftlich weniger akzeptiert waren und Eltern und Kinder womöglich weniger gelassen auf eine Trennung reagierten, als es heute der Fall ist. Insofern kommen einer aktuellen Langzeitstudie – sie wurde 1996 beim Münchner Jugendinstitut unter Leitung der Familienforscherin Sabine Walper in Angriff genommen – und weitere Studien des Instituts aus den letzten Jahren große Bedeutung zu, auch wenn sie die Langzeitfolgen wie bei Hetherington und Wallerstein noch nicht ganz auszuleuchten vermögen.

Das auf den ersten Blick überraschende Ergebnis der Münchner Studien ergab, dass sich, von der akuten Trennungssituation abgesehen, für die meisten Kinder keine oder nur schwache Auswirkungen auf ihre Befindlichkeit als Heranwachsende und junge Erwachsene zeigten, und zwar sowohl was ihre kognitiven als auch ihre psychosozialen Fähigkeiten betrifft. Sabine Walper, die Leiterin der Studie, fasst ihre und die Ergebnisse anderer Scheidungsstudien denn auch dahingehend zusammen, dass man das negativ gefärbte Bild der Trennungskinder mit all ihren Problemen heutzutage wohl insgesamt etwas zurechtrücken müsste. Dieses insgesamt beruhigende Urteil über die Folgen bei Trennungskindern schränkt sie allerdings selbst ein. Zum einen gäbe es immer noch zu wenige wissenschaftliche Studien zu den langfristigen Folgen. Und ebenso stelle sich die Frage, ob man zur Beurteilung von Langzeitfolgen immer auch die richtigen Kriterien heranzieht. Meine eigenen Beobachtungen deuten darauf hin, dass zumindest jüngere Kinder die Wirklichkeit aus Loyalität zu ihren Eltern häufig rosiger darstellen, als sie ist. Jugendliche wiederum geben sich bei Befragungen gerne »cool« und »unbeteiligt«, auf jeden Fall stärker und weniger betroffen, als sie es oft sind. Darüber hinaus stellt sich die Frage, ob die Auswahl der Erwachsenen und Kinder für die entsprechenden Studien wirklich repräsentativ ist. So erhält man bei einer Studie mit Eltern, die sich untereinander kooperativ zeigen, natürlich andere Ergebnisse als bei hochstrittigen Eltern. Kinder wiederum reagieren anders, wenn sie allein oder mit Geschwistern bei einem alleinerziehenden Elternteil oder in einer Patchworkfamilie aufwachsen.

Ebenso wie in der Studie von Mavis Hetherington zeigen die Befragungen des Münchner Instituts, dass auch Kinder, die in traditionellen Kernfamilien unter dem ständigen Streit ihrer Eltern leiden, sich dadurch in ähnlicher Weise belastet fühlten wie Kinder, deren Eltern sich gerade deswegen voneinander getrennt haben.

In diesem Zusammenhang kann die Trennung der Eltern für manche Kinder über den augenblicklichen Schmerz hinaus auch eine Erlösung sein.

Was die Folgen für spätere Partnerschaften betrifft, gehen erhobene Daten ähnlich wie die Studienergebnisse der Scheidungsforscherin Judith Wallerstein davon aus, dass Kinder aus Trennungsfamilien ein erhöhtes Scheidungsrisiko aufweisen. Aber auch hier sollte man sich hüten, vorschnelle Urteile im Sinne einer sich selbst erfüllenden Prophezeiung zu fällen. Denn die überwiegende Zahl der Trennungskinder unterscheidet sich in ihren späteren Partnerschaften nur kaum oder gar nicht von denen aus traditionellen Familien. Und bei denen, die sich später wie ihre Eltern von ihrem Lebenspartner trennen, spielen wiederum unterschiedliche Faktoren mit hinein: eine schwierige Partnerwahl, die von Beginn an auf Konflikte hin angelegt ist. Eine Partnerschaft, in der aus Angst, sie könnte zerbrechen, Konflikte so lange unterdrückt und verschwiegen werden, bis es zum Bruch kommt, oft lautlos und plötzlich. Bei manchen wiederum lassen in der eigenen Kindheit erfahrene Verlustängste und Ohnmachtsgefühle eine längerfristige Beziehung erst gar nicht entstehen. Sie gehen nur kurzfristige Liebesabenteuer ein. Hinzukommen bei manchen Trennungskindern geringes Vertrauen in sich selbst und die diese Selbstwertproblematik und Selbstunsicherheit begleitende Sorge, von anderen nicht verstanden und abgelehnt zu werden. Dann bleibt man lieber allein für sich.

Zusammenfassend kann also gesagt werden, dass es offensichtlich immer noch weiterer Studien bedarf, um Näheres darüber zu erfahren, wie sich Trennung und Scheidung auf das spätere Leben von Kindern und Jugendlichen auswirken. Eines geht aber auch aus allen bislang vorhandenen Studien eindeutig hervor und dürfte den Forschungsstand heute insgesamt gut abbilden: Je mehr Eltern im Falle der Trennung kooperieren, je mehr sie in der Lage sind, zwischen ihrer Rolle als Eltern und ihrem Beziehungsleben zu unterscheiden, desto besser stehen die Chancen, dass sich ihr Kind als Erwachsene oder Erwachsener später kaum noch von denen unterscheidet, die in einer Kernfamilie aufgewachsen sind. Je mehr jedoch Eltern untereinander um ein Kind »kämpfen«, an ihm zerren und es damit in unlösbare Loyalitätskonflikte stürzen, desto höher ist die Wahrscheinlichkeit, dass sich diese für das Kind schlimmen Erfahrungen bis ins Erwachsenenalter auf vielen Feldern psychischen Geschehens bemerkbar machen.

Bindungsstudien zu möglichen Langzeitfolgen

Ich habe bereits zu Beginn dieses Buches und dann immer wieder auf den engen Zusammenhang zwischen positiven Bindungserlebnissen des Kindes und seinem Gefühl, sich sicher aufgehoben und beschützt zu fühlen, hingewiesen. Ein Kind, das schon früh in seinem Leben die Erfahrung macht, dass seine ihm wichtigsten Bezugspersonen, zumeist Mutter und Vater, auf seine Signale, Gesten und Worte hin feinfühlig reagieren, fühlt sich in seiner Persönlichkeit mehr bestätigt als ein Kind mit schlechten Bindungserfahrungen. Das gut gebundene Kind wagt, die Welt zu erkunden und sich dabei immer weiter von seinen Eltern zu entfernen, es ist neugierig und wissbegierig, weil es vor möglichen Entdeckungen »da draußen« keine Angst hat. Schließlich kann es immer wieder in den sicheren Hafen seiner Eltern zurückkehren, weil es weiß, dort liebevoll empfangen zu werden. Dadurch, dass seine Eltern von seinem Verhalten oder Gesichtsausdruck »ablesen«, was in ihm vorgeht, und entsprechend reagieren, lernt es auch selbst, andere »zu sehen und zu verstehen«, etwa wenn die Eltern mal schlecht gelaunt sind, ihre Konflikte vor ihm austragen, mit ihm schimpfen oder einmal anders reagieren als gewohnt. Mit gelungener Bindung kann das Kind dieses Verhalten besser einordnen, es besitzt also eine Art Urvertrauen in seine Eltern, das es besonders langfristig vor negativen Scheidungsfolgen schützen kann. Vorausgesetzt, sie enttäuschen nicht sein Vertrauen, welches das Kind seit seiner Geburt in sie gesetzt hat.

Kinder hingegen, die schon vor der Trennung das Gefühl hatten, »unsicher« gebunden zu sein, haben es auch nach der Trennung schwerer, solcherart Vertrauen zu empfinden. Für sie bestätigt sich das Gefühl, dass auf ihre Eltern kein Verlass ist, wenn sie

»mal so oder so« reagieren beziehungsweise sich die meiste Zeit distanziert ihnen gegenüber verhalten. Eine Trennung der Eltern kann diese frühkindlich gemachten Erfahrungen wieder hervorrufen oder verstärken, und es sind häufig diese Kinder und Jugendlichen, die durch ihr Verhalten in Kita und Schule, aber auch in therapeutischen Institutionen besonders auffallen. Die Trennung ihrer Eltern reaktiviert ein vorhandenes unsicheres Bindungssystem und oft fühlen sich die Kinder der Situation, in die sie nach einer Trennung geraten, zunächst machtlos ausgesetzt. Aus diesem Erklärungszusammenhang heraus sieht die Bindungstheorie Trennung und Scheidung also als ein per se kritisches Lebensereignis, wobei Kinder mit einem unsicheren Bindungsstil als besonders gefährdet gelten. Und auch die Bindungsqualitäten der Eltern selbst rücken dabei ins Interesse der Forscherinnen und Forscher.

Insgesamt fällt der Befund bindungstheoretisch motivierter Untersuchungen über die Folgen von Trennung und Scheidung hinsichtlich der betroffenen Kinder nicht so positiv aus wie der anderer Forschungs- und Erklärungsansätze. Bestätigt wird die bindungstheoretische Auffassung von einer Vielzahl internationaler Studien, die bei Kindern geschiedener Eltern häufiger gesundheitliche und psychische Probleme fanden. Eine sogenannte »Metauntersuchung« des US-amerikanischen Sozialwissenschaftlers Paul Amato, die 37 Studien mit über 81.000 Personen zusammenfasste, hat festgestellt, dass es Personen, die in ihrer Kindheit und Jugend eine Trennung oder Scheidung erlebt haben, insgesamt schlechter geht als Personen aus nicht geschiedenen Elternhäusern. Weitere Forschungsergebnisse, wie sie 2018 auf einem internationalen Bindungskongress zum Thema Bindung und Scheidung vorgestellt wurden, weisen ebenfalls eher in diese Richtung. So fanden sich bei Trennungskindern auch später häufiger Einsamkeitsgefühle, Depressionen, beziehungsbezogene Angst und Vermeidung. Ähnlich wie Judith Wallerstein in ihrer Langzeitstudie stellen also auch die Studien mit bindungstheoretischem Hintergrund fest, dass bei Erwachsenen, deren Eltern sich getrennt haben, Empfindungen und Verhaltensweisen vorkommen, die von Bindungsunsicherheit geprägt sind, was dann auch für ihre späteren Beziehungen zu Partnerinnen und Partnern gilt.

Nun sind viele wissenschaftliche Studien im Rahmen der Bindungstheorie aus einem klinischen Kontext heraus entstanden, das heißt aus der therapeutischen Arbeit mit Kindern und Jugendlichen, unter denen sich tatsächlich viele mit einem Scheidungshintergrund ihrer Eltern befinden. Insofern sind ihre Beobachtungen nicht ohne Weiteres auf die Gesamtzahl von Kindern und Jugendlichen mit Trennungserfahrung zu übertragen. Darüber hinaus weisen auch Arbeiten aus der Bindungsforschung darauf hin, dass es nicht nur die Trennung oder Scheidung der Eltern selbst ist, die für die Probleme der Scheidungskinder verantwortlich ist, sondern die familiäre Vorgeschichte, die Einfluss darauf nimmt, wie Kinder dieses sie zweifellos belastende Erlebnis verarbeiten. Dabei spielen ihre jeweilige psychische Disposition, ihre Bindungsgeschichte und der Erziehungsstil ihrer Eltern eine wesentliche Rolle. Und natürlich lassen sich auch bei Kindern aus Kernfamilien ähnliche Probleme im späteren Erwachsenenalter erkennen.

Unabhängig von solchen Einschränkungen hinsichtlich der Aussagekraft der einen oder anderen Untersuchung bestätigen aber auch sämtliche Studien mit bindungstheoretischem Hintergrund, dass elterlicher »Kampf«, also die Weigerung, zwischen der eigenen Beziehung und ihrer Elternfunktion für die Kinder zu unterscheiden, die ungünstigste Voraussetzung dafür ist, wie ein Kind die Trennung seiner Eltern verarbeitet. Wohingegen »Coparenting«, also die gegenseitige Unterstützung von Eltern in der Begleitung und Erziehung ihrer Kinder vor und nach der Trennung, die besten Chancen bietet, dass ein Kind sein Selbstvertrauen und seine Offenheit auch in späteren Beziehungen bewahrt.

TEIL 3:
Damit es Kindern und ihren Eltern nach der Trennung wieder gut geht

13. Die wichtigsten Schutzfaktoren für Kinder und Jugendliche

Zum Schluss dieses Buches fließen nun viele Befunde zusammen, die ich zum Thema Trennung und Scheidung angeführt habe. Sie lassen sich in Schutzfaktoren bündeln, die erwiesenermaßen eine bedeutende Rolle dafür spielen, dass Kinder und Jugendliche die Trennung ihrer Eltern gut überstehen. Wobei Kinder aus »normalen Familien« von diesen Schutzfaktoren ebenso profitieren können. *Alle Kinder* brauchen eine gute Bindung zu ihren Eltern, *alle Kinder* brauchen das Gefühl, von ihren Eltern akzeptiert zu werden, um geschützt und geborgen aufwachsen zu können. *Alle Kinder* brauchen Selbstvertrauen, Mut und Entschlossenheit, ihr Leben eigenständig in Angriff nehmen zu können, und das Gefühl, erreichen zu können, was sie sich vorgenommen haben beziehungsweise sich auch durch ein Scheitern ihrer Vorsätze und Träume nicht von ihrem ganz eigenen Weg abbringen zu lassen. Dies gilt umso mehr für Kinder, deren Eltern sich getrennt haben. Diese Erfahrung wird sie ihr Leben lang begleiten. Die Art und Weise, wie ihre Eltern mit ihnen und ihrer Trennung untereinander umgegangen sind, wird ihren weiteren Lebensweg maßgeblich beeinflussen. Haben ihre Eltern ihre Trennung gut bewältigt, kann es auch ihre Kinder mit Stolz erfüllen. Sie werden aus der Erfahrung heraus, eine Lebenskrise gemeinsam mit ihren Eltern gut gemeistert zu haben, viel Kraft schöpfen können. Was aber sind die Voraussetzungen dafür, dass sie diesen Weg einschlagen?

Bedingungslose Liebe geben

Dass Eltern ihre Kinder lieben, wird häufig als Allgemeinplatz verstanden, als etwas, was man nicht besonders zu betonen braucht.

Und in mancher Hinsicht ist es ja auch so: Nahezu alle, die einem Kind das Leben schenken, lieben dieses Kind. Sie wollen es beschützen, für es sorgen und versprechen sich gegenseitig, immer für es da zu sein. Und nur in Ausnahmefällen wird dieses natürliche Gebot, zumeist von Eltern, die selbst als Kind keinerlei Liebe erfahren haben, außer Kraft gesetzt. Häufig aber knüpfen Eltern ihre Liebe an ganz bestimmte Bedingungen, zumindest hört es sich für das Kind so an: *Wenn du jetzt nicht schläfst, ist die Mama ganz böse. Hör auf zu schreien, sonst mag ich dich nicht. Benimm dich gefälligst, sonst kommst du das nächste Mal nicht mit. Gib dir gefälligst Mühe, denn du musst gute Noten schreiben, damit später mal etwas aus dir wird!*

Natürlich haben alle diese Eltern recht, ihre Kinder zu erziehen und ihnen beizubringen, dass es für das Zusammenleben wichtig ist, bestimmte Regeln einzuhalten. Auch dem Kind zu verstehen zu geben, dass man sich Sorgen um seine Zukunft macht, wenn es in der Schule nicht gut läuft, ist ihr gutes Recht. Entscheidend ist nur, dass die von ihnen aufgestellten Erziehungsgrundsätze nicht an dem Gefühl von Kindern rütteln, geliebt zu werden. Kinder brauchen zunächst die Gewissheit, so wie sie nun einmal sind, geliebt zu werden. Mit diesem Bedürfnis kommen sie auf die Welt und auch wir Erwachsenen benötigen Anerkennung und das Gefühl, so wie wir sind, akzeptiert zu werden. Aber Erwachsene können sich gegen Kränkungen und Herabwürdigung zur Wehr setzen, können den Kontakt zu Menschen, von denen sie nicht akzeptiert werden, abbrechen. Kinder und Jugendliche können es, was ihre Eltern betrifft, nicht.

Kinder wollen also, egal ob als Kleinkind oder später als Schülerin oder Schüler, in ihrem »Sosein« zunächst und ohne Bedingungen anerkannt zu werden: *So wie du bist, bist du gut und wertvoll für mich.* Vermitteln ihnen Eltern dieses Gefühl von Beginn ihres Lebens an, ist es für Kinder auch viel einfacher, sich nach und nach ins komplizierte Regelwerk der Erwachsenen einzufinden. Sie wissen, dass Kritik nicht ihrer Person als Ganzes gilt, sondern sich auf ganz bestimmte Verhaltensweisen bezieht, die ihren Eltern einfach wichtig sind. Mit solcher Kritik gut umzugehen, gelingt aber nur, wenn man sich dabei seiner selbst weiterhin sicher und anerkannt fühlt.

Scheidungskinder brauchen dieses Gefühl, für andere »wertvoll« zu sein, ganz besonders. Sie fühlen sich durch die Trennung ihrer Eltern häufig abgewertet, weil sie nicht gefragt wurden und ihre Meinung nicht berücksichtigt wurde. Sie geben sich oft selbst die Schuld an der Trennung ihrer Eltern und manchmal fehlt ihnen einfach die Kraft, weiterhin an ein gutes Leben nach der Trennung ihrer Eltern zu glauben. Dann ist es besonders wichtig, ihnen das Gefühl zu geben, bedingungslos geliebt zu werden: *Egal was mit uns passiert ist, egal auch, was du jetzt fühlst und wie du darauf reagierst, du musst wissen, dass wir dich weiterhin so lieben wie bisher.* Das ist die Botschaft, die alle Kinder, aber besonders die, deren Eltern sich trennen, tief in sich empfangen und empfinden müssen.

Für Geborgenheit, Sicherheit und Verlässlichkeit sorgen

Kinder, deren Eltern sich trennen, erleben Verlustängste. *Was passiert, wenn mich auch der andere verlässt, was wird dann aus mir? Warum zieht Papa aus, er soll hier wohnen bleiben. Werde ich die Mama wiedersehen, wenn sie woanders wohnt?* Diese Fragen beschäftigen, oft unausgesprochen, viele von ihnen. Deswegen ist es so wichtig, ihnen das Gefühl zu geben, weiterhin geborgen zu sein und sich so wie früher auf ihre Eltern verlassen zu können. Dabei spielt die Vertrautheit mit ihrer Umgebung eine ebenso große Rolle wie gewohnte Rituale oder Freundinnen und Freunde. Vor allem brauchen sie in dieser Situation, in der sie sich unsicher und ungeborgen fühlen, Verlässlichkeit. Pünktliches Abholen von der Kita oder Schule, eingehaltene Termine, klare Regeln bei der »Übergabe« sind jetzt besonders wichtig. Manchmal, wenn das Leben für ihre Eltern zum Zeitpunkt ihrer Trennung aus dem Lot geraten ist, können auch andere, Familienangehörige oder Freunde, für kurze Zeit einspringen, um den Kindern das Gefühl von Schutz und Sicherheit zu geben.

Auch Jugendliche brauchen das Gefühl, sich weiterhin auf ihre Eltern verlassen zu können. Dass sich ihre Eltern Sorgen machen, wenn sie nachts zu spät nach Hause kommen. Natürlich protestieren sie gegen entsprechende Vorhaltungen, aber ihre Eltern geben ihnen mit ihren Sorgen das Gefühl, weiterhin wertvoll für sie zu sein. Laisser-faire in diesen Dingen untergräbt nicht nur die Autorität der Eltern, sondern auch die gegenseitige Bindung.

Auch permanenter Streit zwischen den getrennten Eltern untergräbt das Gefühl von Sicherheit und Geborgenheit. Eltern, die dann nur noch auf ihrem Recht bestehen, stürzen Kinder und Jugendliche in massive Loyalitätskonflikte und tragen zu ihrer Unsicherheit bei. Das Vertrauen und das Gefühl, bei beiden sicher aufgehoben zu sein, leidet. Bestimmen dann auch noch Dritte, Berater vom Jugendamt, Verfahrensbeistände oder Familienrichter, über ihr Schicksal und werden sie gefragt, welchen von beiden Elternteilen sie vorziehen würden, geht das Gefühl, sich geborgen und verlässlich geschützt zu wissen, oft gänzlich verloren: *Wem soll ich vertrauen, wenn sie sich nur noch um mich streiten? Wer ist für mich noch da, wenn ich jetzt das Falsche sage?*

Schuldgefühle abbauen

Um Kindern das Gefühl zu geben, sich bei ihren getrennten Eltern weiterhin sicher und geborgen zu fühlen, gilt es auch, sie behutsam auf vorhandene Schuldgefühle anzusprechen, um sie auf diese Weise abzubauen. Denn wie mehrfach erwähnt, geben sich besonders die jüngeren Kinder häufig selbst die Schuld daran, dass ihre Eltern jetzt getrennte Wege gehen. *Wäre ich nicht immer so frech zu ihr gewesen, wäre die Mama nicht ausgezogen. Ich habe gehört, wie der Papa zur Mama gesagt hat, er wäre froh, endlich auszuziehen.* Um vorhandene Schuldgefühle bei den Kindern abzubauen, müssen Eltern die Verantwortung für ihre Trennung ohne Wenn und Aber selbst übernehmen: *Dass wir uns trennen, hat nichts mit euch zu tun. Gerade deswegen fällt uns dieser Schritt auch so unendlich schwer, denn ihr könnt gar nichts dafür, dass sich Mama und Papa nicht mehr verstehen und so viel Streit miteinander haben. Aber wir werden beide weiterhin für euch da sein.*

Statt Verwöhnung auf Selbstwirksamkeit achten

Kinder von Eltern, die sich trennen, machen die Erfahrung, dieser Entscheidung ohnmächtig zusehen zu müssen, obwohl sie ihnen sehr wehtut. Zunächst versuchen sie durchaus »selbstwirksam« zu werden: *Ich räume jetzt auch immer mein Zimmer auf* oder *Ich mache immer meine Hausaufgaben, damit ihr zusammenbleibt.* Dann aber machen sie die Erfahrung, dass alle ihre »Angebote« nicht helfen: Die Eltern haben so entschieden und die Kinder können tun und lassen, was sie wollen, es bleibt dabei. Deswegen ist es im Anschluss an die Trennung so wichtig, ihnen das Gefühl zu geben, weiterhin auf ihre Weise etwas bewirken zu können. Eine wichtige Rolle spielen dabei auch Kita und Schule (siehe Kapitel 15). Mit ihnen zu spielen und zu basteln und sie dafür zu würdigen, ist ebenso wichtig, wie ihnen in der Schule das Gefühl zu geben, dass sie etwas gut machen. Gerade wenn sie zum Zeitpunkt der Trennung ihrer Eltern psychisch angeschlagen sind, sich von Aktivitäten zurückziehen oder diese aus Kummer und Wut sabotieren, bedarf es einfühlsamer Erzieherinnen und Lehrerinnen, die ihnen das Gefühl, etwas gut hinzubekommen, spiegeln und vermitteln. Dazu ist aber notwendig, dass die Eltern sich den Lehrern und Erzieherinnen anvertrauen und sie um Unterstützung bitten, zumindest für die ersten Monate »danach«. Nicht dass ihre Kinder einen Freibrief dafür bekommen, tun und lassen zu können, was sie wollen, und auf diese Weise, auch vor anderen Kindern, schnell in eine Sonderrolle geraten. Aber dass sie in dieser Situation vielleicht mehr Unterstützung brauchen als andere, sollte selbstverständlich sein.

Und auch zu Hause kann man ihnen das Gefühl für Selbstwirksamkeit wieder zurückgeben, indem man sie – je nach Alter – an Entscheidungen, wie man gemeinsam mit ihnen das Leben nach der Trennung in Angriff nimmt, teilhaben lässt und sie darin unterstützt, ihren Interessen nachzugehen und Dinge zu tun, die für sie besonders wichtig sind. Bei jüngeren Kindern können es sportliche Aktivitäten sein, aber auch, dass man ihnen anderweitig das Gefühl gibt, nützlich und wirksam zu sein: beim Kochen und im Haushalt, beim Spielen und Basteln, Malen und Musizieren, egal was. Es geht dabei nicht um »Spitzenleistungen«, sondern darum, den Kindern das Vertrauen in sich selbst und in ihre Fähigkeit, aus eigenem Antrieb etwas hinzubekommen, zurückzugeben.

Kindern mit guten Bindungserfahrungen, die diese Form von »Selbstwirksamkeit« schon früh in ihrem Leben erfahren haben, fällt dies einfacher als Kindern, die oft das Gefühl hatten, mit ihren Bedürfnissen und Wünschen nicht beachtet worden zu sein oder schlimmer noch »ins Leere« gegriffen zu haben. Was aber kein Anlass zu Fatalismus sein soll. Denn gerade die neuere Bindungsforschung zeigt, dass auch Kinder mit für sie schwierigen Bindungserfahrungen immer neu dazulernen können, wenn sie die dafür geeigneten Bezugspersonen, im Übrigen auch außerhalb der Familie, finden und dabei spüren, nicht nur wertvoll zu sein, so, wie sie sind, sondern auch mit ihren Träumen, Wünschen und Bedürfnissen etwas hinzubekommen, was für sie bedeutend ist. Für solche Erfahrungen ist es nie zu spät. Und manche Studien weisen darauf hin, dass eine Trennung die Bemühungen um eine gute Bindung zum Kind sogar stärken kann. Die Trennung der Eltern gut überstanden zu haben, kann eine wichtige Erfahrung sein und Kindern, Jugendlichen und jungen Erwachsenen Mut und Zuversicht für ihr weiteres Leben geben.

Kindern nach einer Trennung das Gefühl für ihre Selbstwirksamkeit zu vermitteln, ist das Gegenteil davon, sie jetzt, oft auch aus eigenen Schuldgefühlen heraus, zu verwöhnen. Sie zu verwöhnen, fördert ihre Abhängigkeit, macht sie passiv und verhindert ihr Selbstständigwerden. Ihnen immer wieder Gelegenheit geben, sich zu beweisen, wie gut sie selbst in dieser schwierigen Situation ihr Leben gestalten können, ist viel wichtiger, als ihnen alles recht machen zu wollen. Außerdem spüren ältere Kinder, dass damit irgendetwas nicht stimmt, wenn man ihnen jetzt, häufig im Gegensatz zu früher, alles abnimmt und ihnen alle ihre Wünsche erfüllt. Sie empfinden diese Nachgiebigkeit als künstlich, und die Autorität ihrer Eltern leidet, wenn sie deren offensichtliche Schwäche jetzt für sich ausnutzen können. Die Beziehung zu den Eltern wird dann als wenig echt empfunden, und die Macht, die manche von ihnen empfinden, wenn sie sich mit ihren Bedürfnissen hemmungslos durchsetzen können, wird irgendwann zur Falle. Nämlich dann, wenn sie später, ob in Schule oder im Beruf, an einer wichtigen Aufgabe scheitern und dafür entsprechende Konsequenzen zu tragen haben.

Kinder nicht zu »Partnern« machen

Besonders wenn Kinder viel Zeit mit einem Elternteil verbringen, besteht aus dieser Situation heraus die Gefahr, sie zu »Lebenspartnern« zu machen. Dass kleine Kinder in den Wochen nach der Trennung zum Schlafen gerne wieder zurück ins Bett der Mutter oder des Vaters wollen, um dort noch einmal Schutz und Geborgenheit zu finden, ist nachvollziehbar. Aber nach einigen Wochen sollten auch sie wieder in ihr eigenes Bett zurückkehren, als Zeichen dafür, stark und selbstständig zu sein. Manche von ihnen wehren sich zunächst dagegen, weil sie diese neu gewonnene Gewohnheit, im Bett der Mutter oder des Vaters zu schlafen, an eine Zeit erinnert, als sie noch ganz klein waren. Und auch der zurückgelassene Elternteil findet es manchmal ganz angenehm, Trost und Hilfe bei seinem Kind zu finden. Ähnliches gilt auch für ältere Kinder und Jugendliche, wenn ihre Mutter oder ihr Vater sie beiseitenimmt und sich ihnen, auch in Fragen von Beziehungen und Partnerschaft, anvertraut. Zunächst vermitteln ihnen solche Gespräche das Gefühl von Nähe, Wertschätzung und Vertrauen. Aber fast immer sind sie damit überfordert, haben sie doch gerade selbst mit der neuen Situation noch zu kämpfen. Kinder zu »gleichwertigen« Partnern zu machen, gar als Ersatz für den, der einen verlassen hat, zerstört die natürlich gegebene Generationenschranke, die notwendig ist, sich nach und nach von seinen Eltern zu emanzipieren und immer selbstständiger zu werden. Dies gelingt nur, wenn Nähe und Distanz in einem ausgewogenen Verhältnis zueinander stehen.

Kindern und Jugendlichen auf Augenhöhe zu begegnen und sie gleichwürdig zu behandeln, ist also nicht dasselbe, wie sie als gleichwertige Partner zu behandeln. Dies bürdet ihnen viel zu viel Verantwortung auf, der sie nicht gewachsen sind. Das Gefühl der Stärke, wenn ihre Eltern sie in ihre Entscheidungen quasi gleichberechtigt einbeziehen, macht ihnen am Ende Angst davor, jetzt auch noch für die Konsequenzen, die sich daraus ergeben, mitverantwortlich zu sein. Außerdem beraubt es sie ihrer Freiheit, für sich selbst da zu sein und nach dem zu suchen, was für sie jetzt gut und wichtig ist. Eine neue Abhängigkeit zu den Eltern entsteht und es fällt ihnen mit der Zeit immer schwerer, sich davon zu lösen, weil sie zu sehr in deren Erwachsenenleben einbezogen wurden. Und auch bei der eigenen Partnersuche kann eine solche Verschränkung mit dem Leben der Eltern und die damit korrespondierende Abhängigkeit später einmal zum Problem werden, weil das Gewicht der Beziehung zu den Eltern zu sehr auf der neuen Beziehung lastet.

Loyalitätskonflikte vermeiden – keine gegenseitige Abwertung

Eine der besten Voraussetzungen dafür, dass Kinder und Jugendliche die Zeit nach der Trennung gut überstehen und ihr Leben weiterhin sorgenfrei und mit Freude genießen können, besteht darin, sie vor Loyalitätskonflikten zu schützen. Die stellen sich immer dann ein, wenn Eltern sich gegenseitig schlechtmachen oder versuchen, ihre Kinder über die Zeit auszuhorchen, die sie beim Expartner verbringen. Meistens verstummen sie dann, um den jeweils anderen nicht zu kränken. Verzichten Eltern auf Vergleiche dieser Art, ist den Kindern viel geholfen.

Natürlich spüren die Kinder die Verletzung oder Wut des Elternteils, der sich vielleicht nicht trennen wollte oder einfach nur unglücklicher als der andere zurückblieb. Es ist auch kein Problem, dies älteren Kindern auf behutsame Art und Weise, vor allem aber ohne Anklagen, wissen zu lassen: *Der Papa kommt mit der Situation, glaube ich, einfach besser zurecht, denn er fühlt sich jetzt nicht so allein wie ich.* Das sind, wenn man so will, »Tatsachenbehauptungen« und keine Werturteile. Ganz anders ist es, wenn man dem anderen ständig »die Schuld« an der Trennung gibt und sein neues Leben und vielleicht auch die neue Partnerin oder den neuen Partner dabei ständig infrage stellt. Kinder verstehen, dass die Mutter oder der Vater nicht gerade glücklich ist, wenn der andere sein Glück mit jemand anderem gefunden zu haben scheint. Es ihnen in Form einer Ich-Botschaft mitzuteilen, ist völlig in Ordnung. Rutscht einem dann doch einmal ein Satz heraus wie: *Ich wusste schon immer, dass er nur an sich denkt und wohl auch kein Problem dabei gehabt hat, euch zu verlassen*, sollte man sich dafür bei den Kindern später entschuldigen, weil es sie in die ausweglose Lage bringt, sich für oder gegen diese Auffassung entscheiden zu müssen.

Spontan schließen sich zumindest die jüngeren Kinder immer aus Liebe und Loyalität der Meinung des Elternteils an, der sie gerade äußert. Und dennoch trifft es sie, wenn ihr Vater oder ihre Mutter auf diese Weise heruntergemacht wird. *Wie soll ich mich jetzt ihm oder ihr gegenüber verhalten, wenn er so böse war, meiner Mama dies anzutun?* Oft führen solche Auseinandersetzungen unter den Eltern auch dazu, dass Kinder einen Elternteil nicht mehr gern sehen wollen oder sich ganz gegen seine Besuche entscheiden, um den Konflikt, in dem sie sich ständig befinden, zu entschärfen. Dann schlagen sie sich eben auf die eine oder andere Seite, was sie häufig, wenn sie älter sind, dahingehend bereuen, dem anderen Unrecht getan zu haben. Und oft wenden sie sich später gegen den, der ihnen dieses ungute Gefühl, der andere Elternteil sei »böse«, über Jahre vermittelt hat.

Sich gegenseitig nicht schlechtzumachen, ist erwiesenermaßen einer der wesentlichen Schutzfaktoren, die man Kindern im Falle einer Trennung und Scheidung zukommen lassen sollte. Auch hier geht es vor allem darum, zwischen den eigenen Gefühlen dem oder

der »Ex« gegenüber und der Elternrolle, die ja nach wie vor für beide weiterbesteht, zu unterscheiden. Und nicht wenigen Eltern gelingt dies ganz gut – schließlich bleibt die Anzahl der Kinder, die später unter *gravierenden Folgen* der Trennung ihrer Eltern leiden, in der Minderheit, auch wenn es immer noch zu viele sind.

Gerichten aus dem Weg gehen

Dass in diesem Buch nur wenig von den juristischen Auseinandersetzungen nach einer Scheidung zu lesen ist, hat sicherlich auch mit meiner Sichtweise als Psychologe zu tun. Aber nicht nur. Zwar gibt es Fälle von Hochstrittigkeit, bei denen kein Weg am Familiengericht vorbeiführt. Oder es ergeben sich Streitigkeiten um Geld und Besitz, die nur ordentliche Gerichte entscheiden können. Aber unabhängig davon ist aus psychologischer Sicht bei nahezu jeder gerichtlichen Auseinandersetzung, bei der es nicht um die Abwendung akuter Gefahren für das Kind geht, die rote Linie des Zumutbaren für die Kinder überschritten.

Eltern, die zäh vor Gerichten um ihr Kind kämpfen und es, wenn es um die Frage seines Lebensmittelpunkts geht, von einem Gutachter zum anderen schleppen, die versuchen, ihren Expartner mit anwaltlicher Hilfe herabzusetzen oder ihm etwas anzuhängen, agieren unverantwortlich, was die Zukunft ihrer Kinder betrifft. Denn sie zwingen ihre Kinder dazu, für den einen oder die andere Stellung zu beziehen, sich auf die Seite des einen oder der anderen zu schlagen, obwohl es ihnen zuwider ist. Sie ziehen sie in Konflikte und Auseinandersetzungen hinein, die allein mit ihnen selbst und nichts mit dem Kind zu tun haben. Sie wollen nur noch, dass einer von ihnen gewinnt und nicht das Kind. Meistens geht es vordergründig ums Aufenthaltsrecht oder um Geld, aber auch Rachegefühle, gekränkte Eitelkeit oder blinder Narzissmus führen zu einer solchen Zuspitzung, bei denen die Kinder auf der Strecke bleiben. Wenn sich Eltern in langwierigen Prozessen gegenseitig bekämpfen, verlängern sie damit aber nicht nur den für die Kinder so schmerzhaften Trennungsprozess, sondern reißen auch bei sich selbst immer wieder neue Wunden auf. Die gerichtliche Auseinandersetzung kostet dann nicht nur viel Energie und Geld, sondern wird für manche – oft auf beiden Seiten – zum eigentlichen Lebensinhalt.

Natürlich sind viele Trennungen von starken persönlichen Verletzungen gekennzeichnet. Und natürlich geben auch berechtigte materielle Forderungen Anlass, seinen Interessen auf juristischem Weg Nachdruck zu verleihen. Dann ist es im Interesse des Kindes jedoch allemal besser, sich zunächst an eine Beratungsstelle zu wenden oder eine Mediation aufzusuchen, um sich außergerichtlich zu einigen. Beratungsstellen, Elternkurse wie »Kinder im Blick« und Mediatoren sind gut dafür geeignet, auch sehr schwierige und komplexe Fälle auszugleichen und sowohl das Interesse der Eltern als auch die Bedürfnisse der Kinder im Auge zu haben. Internationale Studien zeigen, dass die Inanspruchnahme professioneller Hilfe, bevor man vor Gericht zieht, schädliche Langzeitfolgen für Kinder erheblich abmildern und für eine günstige Prognose hinsichtlich der Trennungsfolgen sorgen kann. In einigen Ländern sind solche Beratungsprogramme deswegen Pflicht und können von Familiengerichten angeordnet werden, bevor es zum Prozess kommt. Der Vorschlag und das vorgelegte Konzept der Justizministerin Katarina Barley aus dem Jahr 2017, wonach zerstrittene Elternpaare zunächst zu Beratungen verpflichtet werden sollen, bevor sie im Streit vors Familiengericht ziehen, folgt dieser Logik und ist richtig.

Gehen Eltern diesen Weg, bevor sie sich am Ende doch vor einem Gericht wiederfinden, können sie ihren Kindern zu einem späteren Zeitpunkt zumindest sagen, vorher alles versucht zu haben, einer gerichtlichen Auseinandersetzung, in die auch sie damals hineingezogen wurden und der sie so hilflos ausgesetzt waren, aus dem Wege zu gehen. Denn jede gerichtliche Auseinandersetzung berührt direkt ihre existenziellen Bedürfnisse, von denen in diesem Buch schon so häufig die Rede war. Ihr Bedürfnis nach Liebe zu beiden Eltern, ihr Bedürfnis, sich bei beiden sicher und geborgen zu fühlen, ihre Überzeugung, dass sich beide Eltern dafür verantwortlich fühlen, dass ihnen nichts Schlechtes widerfährt. Es geht dabei um das Vertrauen, in der Welt gut angekommen zu sein, was hier verspielt wird. Denn noch einmal machen die Kinder die Erfahrung, ohnmächtig zusehen zu müssen, wie über ihre Köpfe hinweg entschieden wird. Eltern sollten, wenn irgend möglich, ihren Kindern diese Erfahrungen ersparen.

Sämtliche Trennungsstudien und wissenschaftlich erhobenen Daten deuten darauf hin, dass Kinder, die unter der Hochstrittigkeit ihrer Eltern zu leiden haben, eher gefährdet sind, die Trennung ihrer Eltern nicht gut zu überstehen. Insofern kann man den Kindern später vielleicht auch erklären, dass man mit Rücksicht auf sie auf bestimmte Vorteile verzichtet hat, die man nur mithilfe von Gerichten hätte durchsetzen können. Eine solche Haltung wird eine größere Nähe zum Kind herstellen, als wenn man damals einen Gerichtsstreit auf dessen Rücken gewonnen hätte.

In der Literatur gibt es dafür ein wunderbares Beispiel, nämlich das Stück von Bertolt Brecht *Der kaukasische Kreidekreis*. Ein Kind, das in den Kriegswirren auf der Flucht von seiner Mutter im Stich gelassen wird, wächst über viele Monate bei einer Ziehmutter, einer einfachen Magd, auf und wird von ihr liebevoll erzogen, trotz zahlreicher Widerstände und Opfer, die sie dafür erbringen muss. Als der Krieg zu Ende ist, will die wahre Mutter ihr Kind wieder zurück. Es kommt zu einem »Prozess«, bei dem der Richter, ein lebenskluger Dorfschreiber, den Beweis der Mutterschaft auf der Grundlage einer »Probe« ermitteln will. Dazu lässt er das Kind in einen Kreidekreis stellen und fordert die beiden Frauen auf, gleichzeitig zu versuchen, es aus dem Kreis zu sich zu ziehen. Schließlich würde sich die wahre Mutter doch dadurch zeigen, dass sie das Kind mit aller Macht zu sich herüberzieht. Als der Richter das entsprechende Kommando gibt, ziehen zunächst beide, bis die eine, nämlich die Ziehmutter, bei der das Kind aufgewachsen ist, schließlich loslässt, weil sie es aus Mitleid nicht länger über ihr Herz bringt, an ihm herumzuzerren. Auch bei einem zweiten Versuch des Richters, auf diese Weise ein Urteil zu fällen, lässt sie das Kind los: »Ich hab's aufgezogen, soll ich's zerreißen? Ich kann's nicht …« Der Richter fällt sein Urteil und spricht es der Ziehmutter zu. Nur sie könne seine wahre Mutter sein, lautet sein weises Urteil.

Coparenting: Kinder sollten viel Zeit mit beiden Eltern verbringen

Ein gutes Mittel, für Verlässlichkeit zu sorgen und die Liebe wechselseitig auf beide Eltern zu verteilen, ist »Coparenting«. Eltern verbringen dabei möglichst viel Zeit mit ihren gemeinsamen Kindern auch nach der Trennung, tauschen sich aus und ziehen in erzieherischen Dingen möglichst an einem Strang. Voraussetzung ist, dass die Kinder viel Zeit mit beiden Eltern verbringen können. Dass sie nicht ständig das Gefühl haben, dass ihnen der eine oder der andere fehlt. Dass sie weiterhin erfahren, wie beide Eltern für sie verantwortlich sind und keine Angst haben müssen, den anderen zu verlieren oder dass niemand mehr für sie da ist, wenn sie krank werden oder einmal unglücklich sind.

Beide Eltern sind für Kinder wichtig – auch als (Rollen-)Vorbilder. Fehlt eine oder einer ganz oder ist nur in unregelmäßigen Abständen mit den Kindern zusammen, mangelt es an der notwendigen Kontinuität, um sich an ihm oder ihr, seinen oder ihren Gewohnheiten, seinen oder ihren Eigenarten, die Art, wie er oder sie die Dinge angeht, orientieren zu können. Kommt dies zu kurz, erschwert es auch den notwendigen Ablösungsprozess, wenn die Kinder älter werden und in die Pubertät kommen. Dann haben sie manchmal Schwierigkeiten, sich eine eigene Identität zu schaffen, die ja auch immer mit Abgrenzung zu tun hat. Die Eltern als Vorbild zu haben, bedeutet ja nicht, ihnen alles nachzumachen. Aber hinsichtlich der Rolle, die man später einmal vielleicht als Mutter oder Vater den eigenen Kindern gegenüber einnimmt, sind Eltern als Orientierungspunkte, die eigenen Halt verleihen, bedeutsam.

Viel Zeit mit beiden Eltern zu verbringen, schafft auch viele Gelegenheiten zu Gesprächen, die sich häufig nur spontan ergeben und die nicht »termingerecht« oder im Rahmen von »Quality time«, also ein paar Stunden intensiver Beschäftigung mit den Kindern, zu planen sind. Teilen Kinder oder Jugendliche den Alltag ihrer Mütter und Väter, kommen solche Gespräche wie von selbst in Gang. Zudem werden die Kinder mit unterschiedlichen, manchmal auch gegensätzlichen Meinungen vertraut und lernen auf diese Weise zu respektieren, dass nicht alle immer einer Meinung sein müssen. Unterschiedliche Charaktere bringen sich in solchen Gesprächen zum Ausdruck. Die eine ist bedächtig und zurückhaltend, der andere eher impulsiv und fordernd. Nur einen Gesprächspartner zu haben, erweitert eher selten den eigenen Horizont und Gegensätze machen das Leben auch für Kinder spannend.

Familien, in denen bereits vor der Trennung solch gegenseitiger Austausch und ein entsprechendes Verständnis für den anderen vorhanden waren und die bemüht sind, diesen elterlichen Erziehungsstil auch nach der Trennung beizubehalten, schneiden in Untersuchungen über Langzeitfolgen von Trennung und Scheidung erheblich besser ab als solche, in denen Eltern jeweils für sich entschieden haben, was für ihr Kind gut oder schlecht ist. Von allen hier aufgeführten Schutzfaktoren spielt »Coparenting« also eine übergeordnete Rolle, wenn es darum geht, Kindern und Jugendlichen über die Trennung ihrer Eltern hinwegzuhelfen.

14. Die wichtigsten Schutzfaktoren für die Eltern

Während die Kinder und Jugendlichen in der Trennungsphase die besondere Hilfe und Unterstützung ihrer Eltern brauchen, sind diese zunächst allein auf sich selbst gestellt, obwohl auch sie mit den Folgen der Trennung oder Scheidung zu kämpfen haben. Deswegen ist es nützlich, an dieser Stelle auch für die Eltern einige Schutzfaktoren zu nennen, die helfen können, die Situation zu verbessern und wieder in den Griff zu bekommen. Vor allem aber, um den Blick wieder frei zu kriegen für das, was jetzt wirklich zählt, nämlich für ihre Kinder weiterhin die besten Voraussetzungen für ein glückliches Leben zu schaffen.

Sich mit der eigenen Bindungsgeschichte auseinandersetzen

Eltern können auf eine Trennung ganz unterschiedlich reagieren. Da gibt es solche, denen eine Trennung äußerlich kaum anzumerken ist. Manche von ihnen stürzen sich in ihre Arbeit und ihr Leben verläuft nach einigen Wochen und Monaten wieder wie gewohnt. Andere wiederum kommen über die Trennung überhaupt nicht hinweg, ziehen sich zurück, werden depressiv oder hören nicht auf, sich mit dem »anderen« darüber zu streiten, wer von beiden Schuld hat. Manche blättern in den Fotoalben vergangener Jahre, zeigen sie ihren Kindern und erzählen von der schönen Zeit, als die Familie noch zusammen war. Sie idealisieren die Zeit vor der Trennung, während andere von ihr nichts mehr wissen wollen. Manche suchen sich schon bald eine neue Partnerin oder einen neuen Partner, weil sie das Alleinsein kaum aushalten, andere wiederum bleiben nach einer Trennung für ihr weiteres Leben »Single«.

Diese Vielfalt an Reaktionen ist nicht überraschend, denn nirgendwo werden unsere Stimmungen und Entscheidungen so stark von unserer eigenen Bindungsgeschichte und den mit ihnen verknüpften Bindungsmustern beeinflusst als auf dem Gebiet zwischenmenschlicher Beziehungen. Und dies gilt besonders, wenn wir uns von einem geliebten oder einstmals geliebten Menschen trennen. Dann holt uns unsere Vorgeschichte aus der Kindheit wieder ein und alte Bindungserfahrungen werden reaktiviert. Insofern lohnt es immer, sich bei einer Trennung oder Scheidung zu fragen, was sie mit einem selbst zu tun hat, und dabei den Blick auf die eigene Kindheit zu richten. Zumal jede Trennung ihre Vorgeschichte hat, die den Trennungsprozess auch in der Zeit danach beeinflusst. Eine in der Kindheit erfahrene gute Bindung hat andere, in den meisten Fällen positivere Auswirkungen, was die Verarbeitung einer Trennung betrifft, als schlechte Bindungserfahrungen. Die nicht so guten Bindungserfahrungen führen oft zu einer ganzen Reihe zusätzlicher Probleme. Fehlende Resonanzerfahrungen in der frühen Kindheit wirken sich auf die eigene Selbstsicherheit aus, es fällt schwerer, mit Kränkungen und Verlassenwerden fertigzuwerden, mit Ohnmachtsgefühlen umgehen zu können und Vertrauen in den Nächsten oder in die eigene Zukunft zu haben, um nur einige Beispiele zu nennen.

Darüber nachzudenken, ist auf jeden Fall lohnend: *Welche Erfahrungen habe ich als Kind mit meinen Eltern gemacht? Vielleicht kann ich darüber noch einmal mit ihnen sprechen? Gibt es in meinem Leben immer wiederkehrende Muster, die sich in meinen Beziehungen zu anderen Menschen wiederholt haben, und wenn ja, welche sind es? Gab es Situationen, in denen es besser lief, und welche waren das?* Es geht jetzt nicht darum, sich selbst therapieren zu wollen, sondern die eigene Reaktion auf die Trennung besser verstehen und einordnen zu können. Allein ein solches Verständnis hilft weiter, weil es aus dem Labyrinth, in dem sich mancher aufgrund der Trennung zu verirren meint, wieder hinausführen kann. Dazu kann man versuchen, sich noch einmal in Gedanken in die eigene Kindheit zurückzuversetzen und entsprechende Erinnerungen für sich selbst aufzuschreiben. Das ist nicht nur für einen selbst bereichernd, sondern es ist auch spannend, dabei festzustellen, wie viele Eindrücke von damals sich in der Beziehung zu seinem Partner oder den eigenen Kindern wiederfinden lassen. Es ist nie zu spät, sich auf sich selbst zurückzubesinnen und neuen Mut und neues Vertrauen in sich selbst zu finden.

Spürt man jedoch, dass man mit der Verarbeitung der Kindheitserfahrungen allein nicht fertigwird, weil sie sich vielleicht wie ein Käfig um einen zu schließen scheinen, sollten Eltern professionelle Hilfe in Anspruch nehmen, niederschwellig im Rahmen psychologischer Beratung oder eben eine Therapie beginnen. Dies ist kein Makel, sondern zeugt von einem hohen Verantwortungsgefühl sich selbst und auch seinen Kindern gegenüber. Es wirkt wie ein Schutzfaktor, die Trennung und die mit ihr verbundenen Probleme gut zu überstehen.

Schuldgefühle überwinden

Viele Eltern empfinden Schuldgefühle, wenn sie sich getrennt haben, weil sie mit ansehen müssen, wie ihre Kinder darunter leiden. Ein Problem ergibt sich aber, wenn Schuldgefühle lähmen, sein eigenes Leben wieder in die Hand zu nehmen, weil sich die ganze Lebensenergie an ihnen verbraucht. Eltern können der Tatsache ihrer Trennung und den sich daraus ergebenden Folgen nicht aus dem Weg gehen. Nur dürfen die Erfahrungen den eigenen Lebenswillen nicht blockieren. Die eigenen Schuldgefühle in den Griff zu bekommen, sie zu überwinden, ohne dabei die eigene Verantwortung für das, was geschehen ist, aus dem Blick zu verlieren, ist auch für Kinder wie ein Aufbruchssignal in ein neues Leben. Kinder und Jugendliche leben stets in der Gegenwart und ihr Blick ist dabei, je älter sie werden, immer auch auf ihre Zukunft gerichtet. Darin sollte, ja muss man sie unterstützen. Sich über seine eigenen Schuldgefühle klar zu werden, in ihnen auch Muster aus der eigenen Kindheit wiederzuentdecken, hilft somit allen Beteiligten, nicht zuletzt aber auch einem selbst.

Wut, Aggression und Depression besiegen

Auch heftige Reaktionen auf die Trennung vom Partner hängen meist mit den Erfahrungen aus der eigenen Kindheit zusammen, die Eltern besonders dann zu schaffen machen, wenn sie sich ihnen hilflos ausgesetzt fühlen. Gerade im Fall von »asymmetrischen Trennungen«, bei denen sich der oder die »Verlassene« als Opfer sieht, fühlen sich manche buchstäblich »ohnmächtig vor Wut«, die sie dann am Expartner auslassen, weil dieser sie an die gemeinsam verbrachte Zeit erinnert, die jetzt zu Ende gegangen ist. Dann kommt es »ihm« oder »ihr« gegenüber zu herabsetzenden und üblen Beschimpfungen, die sich manchmal bis hin zu Handgreiflichkeiten entwickeln können. »Er« oder »sie« sei an allem Unglück schuld, das jetzt über die Familie hereingebrochen ist. Und oft setzen sich diese Auseinandersetzungen im Kampf um die Kinder, notfalls vor Gericht, weiter fort. Auch in diesem Fall geht es mir nicht darum, Wut und Aggressionen einfach nur zu verurteilen. Viele Kinder kennen sie als Gefühlsäußerungen ihrer Eltern, schon bevor diese sich trennten, und haben einigermaßen gelernt, damit umzugehen. Und Aggressionen bei den Eltern taugen auch als Gründe dafür, warum sie sich getrennt haben, Gründe, die eben *nicht* mit ihnen zu tun haben. Das zu wissen, kann eine große Hilfe sein. Kritisch werden Wut und Aggressionen auf Elternseite erst dann, wenn sie über einen längeren Zeitraum nach der Trennung nicht nachlassen und die Eltern daran hindern, den Blick auf die Zukunft hin zu öffnen. Stattdessen bleiben sie in der Vergangenheit stecken.

Übermäßige Wut und Aggressionen haben eben auch mit Erfahrungen zu tun, die die Eltern in ihrer eigenen Kindheit gemacht haben und auf die sie damals vielleicht schon ähnlich reagiert haben, als sie das Gefühl hatten, mit ihrer Stimme nicht gehört worden zu sein, als sie sich Antworten wünschten und stattdessen »ins Leere« griffen. Vielleicht konnten sie schon damals mit diesem Gefühl von Ohnmacht und Zurückgestoßenwerden nicht anders umgehen, als zu versuchen, sich mit ihren Wutanfällen und ihrem aggressiven Verhalten Aufmerksamkeit und Gehör zu verschaffen. Mit einer Wut, die sie dann oft weniger gegen ihre Eltern richteten, auf die sie ja nach wie vor angewiesen waren, sondern auf andere umlenkten, auf Freunde, Spielkameraden oder Mitschüler, um ihren Gefühlen dennoch Ausdruck zu geben.

Die Kehrseite davon sind depressive Verstimmungen, wenn sich die aus einer Ohnmacht resultierende Wut nicht gegen andere, sondern einen selbst richtet. Nicht gehört und alleingelassen zu werden, ins Leere zu greifen fühlt sich elend an und macht unglücklich. Gerade in ohnmächtig erlebten Trennungssituationen können beide Verhaltensweisen, Wut und Aggressionen, Rückzug und Depression reaktiviert werden. Dazu ist es nötig, diesen Gefühlen auf den Grund zu gehen und dabei festzustellen, dass die Trennung oder Scheidung womöglich nur der Auslöser war, diese bereits vorhandenen Verhaltensmuster wieder zum Vorschein zu bringen. Sich aus der engen Verschränkung mit dem Expartner zu befreien und sein Leben von ihm oder ihr unabhängig neu zu beginnen, kann eine Hilfe sein. Und es lohnt sich, auch in diesem Fall einmal in die eigene Kindheit zurückzuschauen, mit den Eltern zu reden oder mit Menschen, die einen damals kannten und noch wissen, wie man als Kind auf ähnliche Konflikte reagiert hat. Es kann einen ersten Schritt in die richtige Richtung bedeuten, selbst wieder etwas mehr Ruhe zu finden und seine Emotionen besser in den Griff zu bekommen, ohne sie gänzlich zu verleugnen. Machen Eltern die Erfahrung, über einen längeren Zeitraum nach der Trennung mit Wut oder depressivem Rückzug allein nicht fertigzuwerden, sollten sie unbedingt professionelle Hilfe aufsuchen, für ihr eigenes und ebenso für das Wohlbefinden ihrer Kinder.

Eigene Verlustängste überwinden

Wenn ein Paar sich trennt, spüren nicht nur die Kinder, sondern auch ihre Eltern den Verlust, der daraus erwächst, und wie bei Kindern können sich auch bei den Erwachsenen, vor allem wenn die Trennung vom anderen ausgegangen ist, starke Verlustängste entwickeln: *Was wird jetzt aus mir, allein gelassen und zurückgeworfen auf mich selbst? Werde ich einen neuen Partner finden und wie lange wird es dauern? Komme ich mit dem Geld zurecht oder muss ich mir eine neue, kleinere Wohnung nehmen?*

Es sind eben auch die ganz praktischen Dinge, die solche Verlustängste hervorrufen können. Eine Welt, der man sich bislang als Paar zugehörig fühlte, bricht zusammen. Man fühlt sich alleingelassen, traurig, mutlos, überfordert.

Eine Zeit lang sind es gerade die eigenen Kinder, die einem dabei helfen, über solche Verlustängste hinwegzukommen. Sich weiter um sie, oftmals ganz auf sich allein gestellt, zu kümmern, wird oft als dankbare Ablenkung von eigenen Verlustängsten empfunden. Sich mit allen zur Verfügung stehenden Kräften für sie einzusetzen und darin einen Sinn im Leben zu finden, vermittelt das Gefühl von Stärke und Selbstwirksamkeit. Außerdem können Kinder oft sehr mitfühlend mit den Verlustängsten ihrer Eltern umgehen, indem sie ihnen ihre ganze Liebe und Zuneigung schenken. Wichtig dabei ist nur, dass man sie dabei nicht überfordert und nicht auf längere Dauer in die eigenen Probleme einbezieht. Verlustängste abzubauen hilft aber nicht nur den Kindern, auf die sie sich leicht übertragen, sondern auch einem selbst. Wieder zu sich selbst zu finden, Ohnmachts- und Einsamkeitsgefühle mit der Zeit zu überwinden und das eigene Leben auf die Zukunft hin zu orientieren, stellt einen wichtigen Schutzfaktor für Eltern dar, das Leben wieder als lebenswert zu empfinden.

Den Blick in die Zukunft richten

Verlust- und Trennungsängste können die Lebensfreude massiv bedrohen, besonders, wenn man sich in der jetzt zu Ende gegangenen Beziehung trotz aller offenen oder eher verdeckten Konflikte doch gut beim anderen aufgehoben gefühlt hat. Dann ist es schwer, sich nur »über sich selbst« wieder aufzurichten. Den Kontakt nach außen zu suchen, zu Freundinnen und Freunden, zu Kollegen, im Verein, beim Musizieren oder Malen oder auch in einer politischen Initiative ist dafür das Mittel der Wahl. Sich an Aktivitäten zu beteiligen, die genügend Abstand verschaffen zu dem, womit man sich zurzeit am meisten beschäftigt, nämlich sich selbst. Sich in anderen Menschen wiederzufinden, hilft am besten über die Leere hinweg, die man gerade empfindet. Und die Kinder spüren dann auch bei sich wieder die aufkeimende Lust am Leben, etwas Neues zu entdecken, mutig aus dem eigenen und oftmals engen Kreis herauszutreten und dabei andere Menschen zu finden und zu treffen. Zur eigenen Lebensfreude zurückzufinden nach einer Zeit, in der bei allen die Trauer über den erfahrenen Verlust der Welt, der man einst angehörte, überwog, ist vielleicht das beste Geschenk, das man sich und seinen Kindern nach einer Trennung oder Scheidung machen kann. Was auch bedeutet, sich aus der zu engen Bindung an den Expartner langsam zu lösen.

15. Auch Kita und Schule können helfen

Die unterstützende Rolle von Erzieher/-innen und Lehrer/-innen

Bei der Überwindung der für die Kinder belastenden Trennungs- und Scheidungsfolgen spielen Kita und Schule eine häufig unterschätzte Rolle, obwohl sie doch neben dem Elternhaus die Orte sind, an denen sich die Kinder tagsüber die meiste Zeit aufhalten. Oft werden gerade hier Probleme sichtbar, die Kinder aus Loyalität ihren Eltern gegenüber bei sich zu Hause nicht zum Ausdruck bringen.

Christian ist 10 Jahre alt und nach den Sommerferien in die vierte Klasse gekommen. Ein Kind, mit dem seine Lehrerin, die ihn schon aus der dritten Klasse kennt, immer gut zurechtgekommen ist und das ihrem Unterricht gern folgte. Deswegen fiel ihr am Anfang des neuen Schuljahres auf, dass sich Christian kaum noch meldete und stattdessen immer mehr zurückzog. In Pausen stand er abseits von seinen Klassenkameraden, kickte allein einen Papierfußball vor sich her und schien dabei ganz in seine Gedanken versunken. »Vielleicht muss er sich nach den großen Ferien wieder an den Schulalltag gewöhnen, vielleicht hat es auch mit den jetzt stärkeren Leistungsanforderungen zu tun«, vermutete sie. Doch Christian zog sich immer mehr von allem zurück und schien an nichts mehr Freude zu haben. »Bekommt er wegen des im nächsten Jahr anstehenden Schulwechsels zu viel Druck von seinen Eltern?«, fragte sie sich besorgt – besonders der Vater hatte auf sie immer sehr ehrgeizig gewirkt. Einmal erwischte sie einen Mitschüler, der Christian auf dem Schulhof ein kleines Tier, das an seinem Schulranzen baumelte, abriss und einem anderem Mitschüler mit den Worten zuwarf: »Nur Babys und Mädchen haben noch Kuscheltiere, geh doch nach Hause zu deiner Mama und lass dich wickeln.« Noch mehr als über diesen dämlichen Satz ärgerte sie sich darüber, dass sich Christian anscheinend ohne Gegenwehr davonschlich. Immer häufiger fragte sie sich, was mit dem Jungen eigentlich los war. Eine Kollegin riet ihr, doch einmal mit seinen Eltern zu sprechen, und es stellte sich heraus, dass Christians Vater während der Sommerferien von zu Hause ausgezogen war und eine neue Freundin hatte.

Auffälliges Verhalten in Kita und Schule kann viele Gründe haben und ist immer nur die Spitze eines Eisberges. Oft geht es dabei gar nicht um die Reaktion des Schülers auf seine unmittelbare Umgebung oder um absichtlich aufsässiges Verhalten gegenüber dem Lehrer oder der Lehrerin. Was zunächst als Disziplinproblem gesehen und oft entsprechend behandelt wird, ist vielmehr die Fortsetzung einer Geschichte mit anderen Mitteln, die sich ganz woanders und meistens im Zuhause oder der nächsten Umgebung des Kindes abspielt. Wenn ein Kind auffällt, dann niemals aus Selbstzweck heraus, sondern meistens, um damit die Aufmerksamkeit auf sich zu ziehen. Und oft versucht es, damit von seinen inneren Konflikten, die es mehr beschäftigen als alles andere, abzulenken oder eine innere Leere zu füllen, die es zwar empfindet, aber nicht adäquat ausdrücken kann. Und so weist auch ein Rückzug von Schulaktivitäten wie bei Christian auf ein Problem hin, mit dem das Kind sich ständig beschäftigt, ohne es nach außen mitteilen zu können. Für Erzieherinnen und Lehrerinnen, die ja nicht nur dieses eine Kind in ihrer Gruppe oder Klasse haben, ist es aber schwierig, »hinter die Kulissen« zu blicken, besonders wenn sie an ihrer Schule niemanden haben, mit dem sie über ihre Eindrücke reden und sich beraten können. Reibungsloser Unterricht ist oft das Hauptziel von Schule. Gerade deswegen ist es so wichtig, dass Eltern, die sich trennen, dies unbedingt der ihr Kind betreuenden Erzieherin oder Lehrerin mitteilen und auf diese Weise auf mögliche Gründe seines Verhaltens hinweisen. Feinfühlige Erzieherinnen und Lehrerinnen können ihrem Kind dann dabei helfen, mit den unmittelbaren Folgen der Trennung besser fertigwerden zu können.

Besonders jüngere Kinder projizieren Bindungswünsche, wenn sie Angst oder gerade Kummer haben, häufig auf ihre Erzieherinnen und Lehrer. Man kann es leicht bei jedem Ausflug einer Kindergruppe beobachten, wenn einige Kinder noch die Hand der Erzieherin oder der Lehrerin suchen, während andere die Gelegenheit nutzen, schon mal eigene Wege zu gehen, um die Welt selbstständig kennenzulernen und zu erforschen. Solche Bindungswünsche erkennt man auch daran, dass es manche Kinder nur schlecht ertragen, wenn sich die Aufmerksamkeit ihrer Erzieherin oder Lehrerin nicht nur auf sie, sondern auch auf andere Kinder richtet. Und diese Anhänglichkeit wird besonders dann sichtbar, wenn es zu Hause nicht so gut läuft, zum Beispiel die Eltern gerade dabei sind, sich zu trennen. Erzieherinnen und Lehrerinnen können dann die Suche eines Kindes nach Sicherheit und Geborgenheit aktiv unterstützen und ihm neuen Halt bieten, den es in seiner Familie vielleicht gerade vermisst. Natürlich sind sie keine Psychologen oder Therapeuten und sollen es auch nicht sein. Aber sie können gut dabei helfen, dass dem Kind sein Vertrauen in sich selbst und zu seinen wichtigsten Bezugspersonen nicht gänzlich abhandenkommt, gerade wenn es sich zum Zeitpunkt der Trennung seiner Eltern oft von allen verlassen fühlt. Kita und Schule können auf diese Weise vorübergehend zu einem geschützten Raum für Kinder werden und Eltern sollten diese Chance nutzen und sich darüber, wenn irgend möglich, mit denen, die ihr Kind tagsüber betreuen, austauschen.

Manche Eltern suchen dieses Gespräch aus Schuldgefühlen, aus Scham oder weil sie die Trennung bagatellisieren, nur ungern. Sie nehmen dadurch im Kauf, dass Kita und Schule dann nicht angemessen auf die Probleme ihres Kindes eingehen und es sogar noch stärker dadurch belasten, dass sie es aus Unkenntnis der Gründe für sein auffälliges Verhalten bestrafen. Dann gerät das Kind in einen wahren Teufelskreis. Es fühlt sich wieder einmal unverstanden und sein Verhalten wird oft noch auffälliger. Hinzu kommt, dass gerade solche Kinder, die sich schwach fühlen und nach außen einen entsprechend verletzlichen Eindruck machen, deutlich häufiger als andere Opfer von Mobbing und Hänseleien werden, auch deswegen, weil sie sich nicht zu wehren wissen. Oft verschweigen sie ihr Unglück zu Hause, weil sie ihre Eltern, die sich getrennt haben, nicht noch stärker belasten wollen. Sie sehen, wie ihre Eltern selbst unter den Folgen ihrer Trennung leiden und empfinden Mitgefühl mit der jetzt allein gelassenen Mutter oder dem Vater, der seine Sachen packen musste. Auch in diesem Fall gilt es, Konflikte, die vorhanden sind, zur Sprache zu bringen, weil sie nur dann ihre zerstörerischen Kräfte nicht im Innern des Kindes entfalten. Mitfühlende Erzieherinnen und Lehrerinnen können bei der Lösung solcher Konflikte eine wichtige Rolle spielen, indem sie das Kind stärken und seinem existenziellen Bedürfnis nach Sicherheit, Geborgenheit und Anerkennung Rechnung tragen: *Egal, wie du dich gerade fühlst, du bist wichtig und wertvoll für mich und ich will dir helfen. Kannst du mir sagen, was ich am besten für dich tun kann?*

Sicherlich sind nicht alle Pädagogen in der Lage, dem Kind auf diese Weise zu helfen, zumal auf den Beziehungsaspekt in der Lehrerausbildung nur wenig Wert gelegt wird. Aber meistens findet sich doch die eine oder der andere, bei dem das Kind oder auch der Jugendliche sich aufgehoben und akzeptiert fühlt – im Nachhinein, so berichten manche von ihnen, hätte ihnen damals genau diese Lehrerin oder dieser Lehrer in der so schwierigen Zeit »ihr Leben gerettet« – so wie im Fall von Britta, von der ich früher schon erzählt hatte:

Britta ist 16 Jahre alt, ihre Eltern haben sich vor einigen Monaten getrennt, sie lebt jetzt zusammen mit ihrer jüngeren Schwester bei ihrer Mutter. Anders als für ihre Schwester brach durch die Trennung ihrer Eltern und den Auszug des Vaters eine für sie heile Welt zusammen. Sie wurde krank, ihre Regel setzte aus und sie bekam Essprobleme. Bei ihr bereits vorhandene Probleme und Ängste wurden durch die Trennung ihrer Eltern verschärft. Das Einzige, was ihr noch Freude machte, war die Theater-AG an ihrer Schule, vielleicht auch deswegen, weil sie sich von der Leiterin der Theatergruppe immer schon akzeptiert fühlte, die ihr Schauspieltalent schnell erkannt hatte. Ihre Eltern, die kaum noch wussten, wie sie mit der Situation umgehen sollten, und zusehen mussten, wie sich die Leistungen ihrer Tochter in der Schule rapide verschlechterten, sprachen am Elterntag mit der Lehrerin und schilderten ihr kurz die häusliche Situation, unter der ihre Tochter ganz offensichtlich besonders leiden würde. Ihre Tochter und ihr Vater, der vor einigen Wochen ausgezogen war, hätten ein besonders inniges Verhältnis zueinander gehabt. Die Mutter erzählte auch von ihren Ängsten, dass sich bei ihrer Tochter eine Essstörung anbahnte, dass sie zu Hause kaum noch essen und wohl auch die Schulmensa nicht mehr besuchen würde. Sie berichtete auch von der Rivalität der beiden Schwestern. Britta hatte ihre jüngere Schwester immer um ihr fröhliches und ungezwungenes Naturell beneidet, wobei sie sich selbst als »graue Maus« bezeichnete. Die Lehrerin hörte Brittas Mutter zunächst einfach nur und ohne auf die Uhr zu blicken zu, und diese hatte zum ersten Mal seit langer Zeit das Gefühl, dass ein anderer Mensch sie und ihre Sorgen wirklich ernst nahm.

Am folgenden Tag sprach die Lehrerin mit Britta darüber, wie sehr sich ihre Mutter um sie Sorgen mache und ob sie ihr irgendwie helfen könne. Britta erzählte ihr, dass sie ihren Vater vermissen würde und wie traurig sie sei, von ihm »zurückgelassen« worden zu sein. Die Leiterin der Theater-AG schlug ihr daraufhin vor, ob sie nicht ein Theaterstück über Trennung und Scheidung schreiben wolle, natürlich mit ihrer Unterstützung. Dies sei doch ein Problem, mit dem nicht nur sie, sondern auch so viele andere zu tun hätten, und vielleicht könne man auf diese Weise auch den anderen damit weiterhelfen. Anfangs zögerlich, aber dann immer engagierter fing Britta an zu schreiben und entdeckte, dass es außer ihr noch eine Reihe anderer Trennungskinder in ihrer Klasse und Stufe gab, die sie, um sich Anregungen für ihr Stück zu holen, nach ihren Erfahrungen befragte. Besonders zur Leiterin der Theater-AG ergab sich in dieser Zeit ein inniges Verhältnis, das Britta fast wie eine Freundschaft empfand. Drei Jahre später, bei der Abiturfeier, dankte sie ihrer Lehrerin in einer kurzen Ansprache besonders. Sie habe ihr über die schwierige Zeit damals hinweggeholfen, bei ihr habe sie sich anerkannt gefühlt und so etwas wie Geborgenheit gefunden, die sie zu Hause kurz nach der Trennung ihrer Eltern so vermisst habe. Ihre Essstörung konnte sie ohne therapeutische Hilfe nach und nach in den Griff bekommen, auch wenn sie der Verlust des Vaters, der inzwischen wieder geheiratet hatte, immer noch schmerzlich berührte.

Dieses Beispiel veranschaulicht, welche bedeutende Rolle Erzieher und Lehrerinnen spielen können, um auf ihre Weise, ohne zu Therapeutinnen oder Therapeuten zu werden, Kindern und Jugendlichen ihr Selbstwertgefühl und ihr Bedürfnis nach Selbstwirksamkeit nach einer Trennung zurückzugeben. Der Leiterin der Theater-AG war es nicht hauptsächlich darum gegangen, aus Britta jetzt eine »gute Schauspielerin« zu machen, sondern ihr durch ihr Gesprächsangebot und manche Diskussionen, die sich bald nicht mehr nur um das Theaterspielen drehten, das Selbstgefühl zurückzugeben, wertvoll und anerkannt zu sein.

Neben Erzieherinnen und Lehrerinnen können auch andere nahe Bezugspersonen in der Zeit während und nach der Trennung eine wichtige Rolle spielen, insbesondere, wenn die Kinder zu ihnen eine besondere Bindung verspüren. Bei jüngeren Kindern sind es oft Verwandte, vor allem die Großeltern, die sich mit großer Offenheit ganz auf ihre Bedürfnisse konzentrieren. Wichtig dabei ist, dass sie versuchen, sich möglichst neutral zu verhalten, um das betroffene Kind oder den betroffenen Jugendlichen in keinen zusätzlichen Loyalitätskonflikt zu stürzen. Aber auch gute Freundinnen und Freunde der Eltern, die vielleicht von sich aus ihre Hilfe anbieten und die das Kind oder der Jugendliche bereits kennt, kommen infrage. Hier können Kinder einmal in der Woche oder auch für etwas längere Zeit, zum Beispiel in den Ferien, Ruhe und Abstand von den Konflikten zu Hause bekommen. Immer geht es darum, dass die Kinder das Vertrauen zu sich selbst zurückgewinnen und bei anderen, wenn vielleicht auch nur vorübergehend, die Wertschätzung genießen, zu der ihre Eltern gerade nicht so fähig sind, wie sie es von früher gewohnt waren. Die ihnen das Gefühl geben, sich bei ihnen sicher und geborgen fühlen zu können, wenn sie noch klein sind, und anerkannt und akzeptiert, wenn sie älter sind. Eltern sollten diese Art von Hilfe und Unterstützung unbedingt in Anspruch nehmen, nicht nur, wenn ihr Kind bereits Auffälligkeiten in der Kita und Schule zeigt, sondern auch, um ihm zu zeigen, dass sie ihm so gut wie möglich helfen wollen, wieder zu sich und einem glücklichen Leben zurückzufinden. Zumal solche Hilfe von außen auch sie selbst in der für sie schwierigen Zeit entlastet.

Schlussbemerkung

Im Rahmen von Elterngesprächen oder Workshops mit Familientherapeuten, Psychologen und pädagogischen Fachkräften bitte ich die Beteiligten häufig darum, auf einen Bogen Papier eine Familie, zum Beispiel Mutter, Vater und zwei Kinder zu zeichnen. Die meisten zeichnen dann (übrigens wie die Kinder selbst!) ein oder zwei Kinder in die Mitte ihrer Eltern, und oft halten sich alle an der Hand. Manchmal kommen noch ein Haus und eine Sonne dazu. Danach fordere ich dazu auf, die Familie zu zerschneiden und auf einem zweiten Blatt Papier wieder neu zusammenzufügen. Vor allem aber möchte ich von den Teilnehmern wissen, was in ihnen vorgeht, wenn sie die Familie buchstäblich auseinanderreißen. Nahezu alle Beteiligten berichten von sehr starken und tiefen Emotionen, manche kämpfen mit den Tränen und einige von ihnen fangen an zu weinen. Ich frage dann weiter, in wen sie sich besonders bei diesem virtuellen »Trennungsprozess« hineingefühlt haben und nahezu jede und jeder antwortet, dass ihnen zunächst die betroffenen Kinder eingefallen sind.

Trennung und Scheidung *vom Kind her zu denken*, zu verstehen, was in den Kindern und Jugendlichen vorgeht, war der Ausgangspunkt meines Buches. Den meisten Eltern, und dafür gibt es viele wissenschaftliche und alltägliche Belege, gelingt es von Geburt an, sich aufmerksam in die Sicht ihrer Kinder und ihre wichtigsten Bedürfnisse einzufühlen und ihnen auf diese Weise später auch zu ermöglichen, ihre Trennung gut zu bewältigen. Ihre Kinder können, trotz des anfänglichen Schmerzes, dass ihre Eltern sich getrennt haben, ihr Leben erneut ohne Verlustängste vertrauensvoll und selbstbewusst in Angriff nehmen. Sie finden zu neuer Stärke zurück, weil sie die Erfahrung gemacht haben, gemeinsam mit ihren Eltern eine für alle Beteiligten schwierige Situation gut bewältigt zu haben.

Im Rahmen meiner Arbeit, anlässlich von vielen Vorträgen, Workshops und Seminaren habe ich immer wieder viele solcher großartigen Eltern getroffen, denen es gelungen ist, ihren Kindern trotz Trennung und Scheidung gemeinsam Eltern zu bleiben. Ihnen und allen anderen, die nach ihrer Trennung mit offenen Augen weiterhin für ihre Kinder da sind, gebührt Anerkennung und Respekt für das, was sie geleistet haben.

Ohne alle diese zahlreichen Begegnungen und Gespräche mit Fachleuten, Trennungskindern und ihren Eltern hätte ich dieses Buch nicht schreiben können. Ich danke allen und besonders den Kindern und Jugendlichen, die sich mir mit großer Offenheit anvertraut haben.

Quellennachweis und Literatur

Amato, Paul; Keith, Bruce: Parental Divorce and Adult Well-Being: A Meta-Analysis
Journal of Marriage and Family Vol 53, No 1 (Feb. 1991) pp. 43-58
https://www.jstor.org/stable/353132?seq=1#page_scan_tab_contents

Amato, Paul: The Consequences of Divorce for Adults and Children: An Update. (2012)
file:///C:/Users/Claus/Downloads/di123_01amato.pdf

Beckh, Kathrin; Bröning, Sonja; Went, Eva-Verena & Walper, Sabine: Elterliche Scheidung und die Liebesbeziehungen junger Erwachsener.
Zeitschrift für Familienforschung, 25. Jahrg., 2013, Heft 3

Brecht, Bertolt: Der kaukasische Kreidekreis. In: Bertolt Brecht, Gesammelte Werke, Stücke 5. Werkausgabe Edition Suhrkamp. Frankfurt am Main 1967

Brisch, Karl Heinz: SAFE. Sichere Ausbildung für Eltern. Stuttgart: Klett-Cotta 2014

Brisch, Karl Heinz: Bindung und frühe Störungen in der Entwicklung. Stuttgart: Klett-Cotta 2017

Bröning, Sonja: Kinder im Blick. Theoretische und empirische Grundlagen eines Gruppenangebotes für Familien in konfliktbelastenden Trennungssituationen. Münster. Waxmann Verlag 2009

Burfeind, Sophie: »Und plötzlich lassen sich deine Eltern scheiden«. Süddeutsche Zeitung 4. 2. 2016
https://www.sueddeutsche.de/leben/familie-fuer-junge-erwachsene-ist-die-scheidung-der-eltern-am-schlimmsten-1.2847000

Dietrich, Angelika; Kluin, Katharina: »Trennungskinder«. Stern, 23. 6. 2016

Eckhard, Ann-Katrin: Geteilte Kinder. Eine Woche Mama, eine Woche Papa. Süddeutsche Zeitung, 6./7. Mai 2017
https://www.sueddeutsche.de/leben/scheidung-geteilte-kinder-1.3491819?reduced=true

Entleitner-Phleps, Christine/Langmeyer, Alexandra:
Coparenting, Kontakthäufigkeit und Sorgerecht in Trennungsfamilien.
In: Sabine Walper / Walter Bien / Thomas Rauschenbach (Hrsg.) Erste Befunde aus dem DJI-Survey AID:A 2015 Aufwachsen in Deutschland heute.
https://www.dji.de/fileadmin/user_upload/dasdji/news/2015/news_20151109_aida_broschuere.pdf

Fransson, Emma et. al.: Why should they live more with one of us when they are children to us both? Karolinska Institutet Stockholm (2016)
https://www.researchgate.net/publication/303358404_Why_should_they_live_more_with_one_of_us_when_they_are_children_to_us_both

Fransson, Emma et. al.: The Living Conditions of Children with Shared Residence – the Swedish Example (2017)
https://link.springer.com/article/10.1007/s12187-017-9443-1
Gemeinsame Erklärung Deutscher Kinderschutzbund, Deutsche Liga für das Kind und VAMV: Wechselmodell als gesetzlich zu verankerndes Leitmodell ungeeignet. (2017)
https://www.vamv.de/uploads/media/PM_Gemeinsame-Erklaerung-Wechselmodell_20102017.pdf

George, Carol: Die Bindungsentwicklung bei Säuglingen und Kleinkindern in getrennt lebenden und geschiedenen Familien. Effekte von Übernachtungsbesuchen. Vortrag auf der 17. Bindungskonferenz »Bindung – Scheidung – Neubeginn« in Ulm, Oktober 2018

Grossmann, Karin; Grossmann, Klaus E.: Bindungen – das Gefüge psychischer Sicherheit. Stuttgart: Klett-Cotta 2008

Grossmann, Klaus E.; Grossmann, Karin: Bindung und menschliche Entwicklung. John Bowlby, Mary Ainsworth und die Grundlagen der Bindungstheorie. Stuttgart: Klett-Cotta 2009

Handke, Peter: Die Obstdiebin. Berlin: Suhrkamp 2017 (S. 483)

Heidenreich, Ulrike: Jede vierte Alleinerziehende ist arbeitslos. Süddeutsche Zeitung 3. 8. 2018
https://www.sueddeutsche.de/politik/statistisches-bundesamt-jede-vierte-alleinerziehende-ist-arbeitslos-1.4079056

Heller, Lydia: Wechselmodell vs. Residenzmodell. Was ist das Beste für Kinder nach der Scheidung? (2017)
https://www.deutschlandfunkkultur.de/wechselmodell-vs-residenzmodell-was-ist-das-beste-fuer.976.de.html?dram:article_id=385981

Hetherington, E. Mavis; Kelly, John: Scheidung. Die Perspektiven der Kinder. Übersetzt von Andreas Nohl. Weinheim und Basel: Beltz 2003

Hörnlein, Katrin; Otto, Jeanette: Kann das gut gehen? Patchworkfamilien führen ein Leben zwischen Hoffnung und Verzweiflung. Ein Spagat, der Eltern und Kindern alles abverlangt. In: Die Zeit, Nr. 32, 2. August 2018

Hummel, Inka; Theeg, Julia: Wir erwachsenen Trennungskinder. Prägende Kindheitserfahrungen verstehen und eigene Wege gehen. Weinheim und Basel: Beltz 2023

»Immer mehr Kinder in Deutschland von Scheidungen betroffen. Viele zeigen Reaktionen in der Schule«.
https://www.news4teachers.de/2017/07/immer-mehr-kinder-in-deutschland-von-scheidungen-betroffen-viele-davon-zeigen-auch-reaktionen-in-der-schule/

Jensen, Elsebeth; Jensen Helle: Schule braucht Beziehung. Gelungene Lehrer-Eltern-Gespräche. Weinheim und Basel: Beltz Verlag

Juul, Jesper; Jensen, Helle: Vom Gehorsam zur Verantwortung. Eine neue Erziehungskultur. Weinheim und Basel: Beltz Verlag 2019

Koch, Claus: Trennung und Scheidung. Aufgaben einer bindungsorientierten Pädagogik in Kita und Schule. In: Brisch, Karl Heinz (Hrsg.): Scheidung-Neubeginn. Stuttgart: Klett-Cotta 2019

Koch, Claus: Das Recht des Kindes, unglücklich zu sein. Ängste, Frust & Co. zulassen und verstehen. Stuttgart. Patmos 2023

Koch, Claus: Wenn Jugendliche erwachsen werden. Leben und Bindung junger Menschen zwischen 18 und 30 Jahren. Stuttgart: Klett-Cotta 2024

Kuger, Susanne; Walper, Sabine; Rauschenbach, Thomas (Hrsg): Aufwachsen in Deutschland 2019. Alltagswelten von Kindern, Jugendlichen und Familien. WBV Verlag 2021

Langmeyer, Alexandra: Wohlbefinden von Kindern in unterschiedlichen Konstellationen nach Trennung der Eltern. Forum 5: Familienverlauf – Brüche und Neuanfänge.
https://www.dji.de/fileadmin/user_upload/dasdji/tagungen/2017_Jahrestagung/11_langmeyer.pdf

Li, Xuan, Zerle-Elsäßer: Können Väter alles unter einen Hut bringen? Das Vereinbarkeitsdilemma engagierter Väter. In: Walper, Sabine; Bien, Walter; Rauschenbach, Thomas (Hrsg.): Aufwachsen in Deutschland heute.

Löhning, Martin: Wo bleibt das Wohl der Pendelkinder?
Neue Juristische Wochenzeitung 9/2016
https://www.uni-regensburg.de/rechtswissenschaft/buergerliches-recht/loehnig/medien/editorial_9-2016.pdf
Mama, Papa, Pendelkind. Besser umgehen mit der Trennung – Vorstoß für ein neues Familienrecht. DER SPIEGEL Nr.7, 9.2. 2019

Mortelmans, Dimitri: Eltern und Scheidung: Was haben wir über die Auswirkungen von Scheidung aus den Studien in Flandern gelernt? Vortrag auf der 17. Internationalen Bindungskonferenz in Ulm, Oktober 2018

Nielsen, Linda: 10 Surprising Findings on Shared Parenting After Divorce or Separation. Institute for Familiy Studies
https://ifstudies.org/blog/10-surprising-findings-on-shared-parenting-after-divorce-or-separation

Pressemitteilung Nr. 251 des Statistischen Bundesamt vom 10. Juli 2018: Deutlich weniger Ehescheidungen im Jahr 2017
https://www.destatis.de/DE/Presse/Pressemitteilungen/2018/07/PD18_251_12631.html

Prantl, Heribert: Zuhause im Plural. Süddeutsche Zeitung, 11. 3. 2016
https://www.sueddeutsche.de/politik/familie-nach-scheidung-zuhause-im-plural-1.2902750

Rosenblum, Amalia: Was ist, kann nicht verschwinden. Übersetzt von Mirjam Pressler. Weinheim und Basel: Beltz & Gelberg 2018

Schaaf, Julia: Das sind Wunden, die hat man. Frankfurter Allgemeine Zeitung, 10. April 2017

Schaan, Violetta: Langzeitkonsequenzen elterlicher Scheidung für die Gesundheit im jungen Erwachsenenalter. Vortrag auf der 17. Internationalen Bindungskonferenz in Ulm. Oktober 2018

Schäfer, Eberhard, Schulte, Marc: Stark und verantwortlich. Ein Ratgeber für Väter nach Trennungen. Berlin 2012

Schmidt, Nicola: Trennung ohne Drama. Wie wir Kinder beschützt durch familiäre Veränderungen begleiten. Weinheim und Basel: Beltz 2023

Staats, Hermann: Feinfühlig arbeiten mit Kindern. Psychoanalytische Konzepte für die Praxis in Kita und Grundschule. Göttingen: Vandenhoek & Ruprecht 2014

Statistisches Bundesamt https://de.statista.com/statistik/daten/studie/484848/umfrage/ehescheidungen-mit-minderjaehrigen-kindern-in-deutschland/

Studie der Hertie School Berlin

https://www.sueddeutsche.de/projekte/artikel/wissen/scheidung-psychologie-kinder-e847485/?reduced=true

Sünderhauf, Hildegund: Wechselmodell: Psychologie – Recht – Praxis. Abwechselnde Kinderbetreuung durch Eltern nach Trennung und Scheidung. Heidelberg, Berlin: Springer VS 2013

Sünderhauf, Hildegund: Forschungsergebnisse zum Wechselmodell. Vortrag bei der Dresdner Initiative Trennungskinder beim Oberlandesgericht Dresden (2016)

https://www.youtube.com/watch?v=HpV4AXJFqHQ

Turunen, Jani: Shared Physical Custody and Children's Experience of Stress. Stockholm University Demography Unit, Department of Sociology (2017) https://ifstudies.org/blog/10-surprising-findings-on-shared-parenting-after-divorce-or-separation

Verband alleinerziehender Mütter und Väter: Vielfalt statt Regelfall ist am besten für Kinder in Trennungsfamilien. Pressemitteilung zum Wechselmodell am 12.2. 2019 www.vamv.de

Vigan, Delphine de: Loyalitäten. Roman. Übersetzt von Doris Heinemann. Köln: Dumont Verlag 2018

Wallerstein, Judith, S.; Lewis, Julia M., Blakeslee, Sandra: Scheidungsfolgen – Die Kinder tragen die Last. Eine Langzeitstudie über 25 Jahre. Übersetzt von Ulrike Stopfel. Münster: Votum Verlag 2002

Walper, Sabine: »Die Trennung kann für Kinder eine Erlösung sein« Interview mit Birgit Taffertshofer. DJI Bulletin 1/2010, Heft 89 Deutsches Jugendinstitut e.V.

http://www.schattenblick.de/infopool/sozial/psychol/spint017.html

Walper, Sabine: Die Folgen von Trennung und Scheidung für Kinder in Deutschland

ErzieherIn.de das Portal für Frühpädagogik 2011

https://www.erzieherin.de/die-folgen-von-trennung-und-scheidung.html

Walper, Sabine / Bien, Walter / Rauschenbach, Thomas (Hrsg.) Aufwachsen in Deutschland heute. Erste Befunde aus dem DJI-Survey AID:A 2015 https://www.dji.de/fileadmin/user_upload/dasdji/news/2015/news_20151109_aida_broschuere.pdf

Walper, Sabine: Elternkonsens zwischen Wunsch und Wirklichkeit: Herausforderungen aus psychologischer Sicht. Deutsches Jugendinstitut e.V. (2015) http://www.elternkonsens.de/fileadmin/user_upload/Dokumente/Fachvortrag_Prof_Dr_Walper.pdf